求 是 书 系 · 广 播 电 视 学

求是书系·广播电视学

Introduction to TV News Program

INTRODUCTION TO
TV NEWS
PROGRAM

电视新闻学

（第二版）

朱 菁 著 〉〉〉〉〉

ZHEJIANG UNIVERSITY PRESS
浙江大学出版社

图书在版编目（CIP）数据

电视新闻学／朱菁著. —2版. —杭州：浙江大学出版
社,2007(2022.1重印)
　ISBN 978-7-308-02643-7

　Ⅰ.电… 　Ⅱ.朱… 　Ⅲ.电视新闻—新闻学 　Ⅳ.G220

中国版本图书馆 CIP 数据核字(2007)第 022147 号

电视新闻学（第二版）

朱　菁　著

责任编辑	葛　娟
封面设计	周　灵
出版发行	浙江大学出版社
	（杭州市天目山路 148 号　邮政编码 310007）
	（网址：http://www.zjupress.com）
排　　版	杭州青翊图文设计有限公司
印　　刷	嘉兴华源印刷厂
开　　本	787mm×960mm　1/16
印　　张	17.75
字　　数	300 千
版 印 次	2007 年 3 月第 2 版　2022 年 1 月第 17 次印刷
书　　号	ISBN 978-7-308-02643-7
定　　价	45.00 元

目 录

第一篇　本体篇

003　第一章　电视新闻概述
003　　第一节　电视新闻的界定
006　　第二节　电视新闻的传播特性
013　　第三节　电视新闻的社会功能
026　第二章　电视新闻事业的发展
026　　第一节　电视的产生与发展
038　　第二节　电视新闻事业发展概况
043　　第三节　电视新闻发展新气象
052　第三章　电视新闻的表现元素
052　　第一节　图　　像
057　　第二节　声　　音
063　　第三节　电视新闻的视听构成

第二篇　节目篇

069　第四章　电视新闻节目分类
071　　第一节　消息类电视新闻
074　　第二节　系列(连续)报道类电视新闻
079　　第三节　专题类电视新闻
084　　第四节　评论类电视新闻

目 录

第五章　电视新闻深度报道　　　　　　　　　　099
第一节　深度报道概述　　　　　　　　　　099
第二节　深度报道与新闻思维　　　　　　　107
第三节　新闻背景　　　　　　　　　　　　110
第四节　新闻调查性报道　　　　　　　　　118
第六章　电视新闻现场报道　　　　　　　　　　122
第一节　现场报道概述　　　　　　　　　　122
第二节　现场报道与记者素质　　　　　　　126
第三节　现场直播报道　　　　　　　　　　132
第七章　电视新闻节目类型化发展　　　　　　　139
第一节　电视新闻节目　　　　　　　　　　139
第二节　电视新闻谈话节目　　　　　　　　143
第三节　电视新闻杂志节目　　　　　　　　147

第三篇　制作篇

第八章　电视新闻采访（上）　　　　　　　　　159
第一节　电视新闻采访概述　　　　　　　　159
第二节　采访类型　　　　　　　　　　　　163
第三节　采访线索　　　　　　　　　　　　168
第四节　采访准备　　　　　　　　　　　　171
第九章　电视新闻采访（下）　　　　　　　　　177
第一节　现场观察　　　　　　　　　　　　177

目 录

184　第二节　现场采访提问
207　**第十章　电视新闻拍摄**
207　第一节　摄像机及其操作
210　第二节　拍摄的基本要求
216　第三节　拍摄方式
220　第四节　采访摄影
223　**第十一章　电视新闻写作**
223　第一节　解说词写作要求
231　第二节　写作构思
238　第三节　各类新闻体裁解说词的写作特点
246　第四节　标题写作
250　**第十二章　电视新闻编辑**
250　第一节　节目内容的开发和组织
258　第二节　节目内容的处理
263　**第十三章　电视新闻节目编排**
263　第一节　新闻节目编排意识
266　第二节　新闻节目编排工作
275　**参考书目**
277　**再版后记**

第一篇

本 体 篇

第一章
电视新闻概述

电视新闻以其视听兼备、声画并茂的独特传播优势,异军突起,在新闻界确立了重要地位,成为当代三大新闻传播媒介中的主力军之一,并以深刻而广泛的影响力,成为电视节目的主体和骨干,代表着一个国家电视节目的水平。

那么,什么是电视新闻?它的传播功能有哪些?较之报纸、广播新闻媒介,电视新闻自身的传播特性和优势又在何处?本章拟对此作一概述。

第一节 电视新闻的界定

一、定义的界定

名正则言顺,名分对于事物的合理存在具有重要意义。对电视新闻而言,确定它的概念内涵,赋予其相应的名分使其规范化,应该是电视新闻理论研究关键的第一步。而定义,则是揭示事物概念内涵的最佳逻辑方法。

关于电视新闻的定义,如同界定"新闻"一词的概念,可谓见仁见智,众说纷纭。诸如:"电视新闻是用电视作为传播媒介对新近发生或正在发生的政治事件或社会事件的报道。"①"电视新闻是借助电视传播的视听符号,对变动的事实的及时报道。"②"电视新闻是凭借电视媒体传播的新闻。"③种种论述,不胜枚举。

分析上述定义,我们可以发现,概念界定的着眼点或者集中在对"新闻"一词理解的异同,或者将电视新闻概念的外延笼统化,没有阐明电视新闻的个性。因此,我们认为,上述定义并不能确切地说明电视新闻的内涵和外延。

我们知道,按照形式逻辑的定义方法,定义等于"种差"加"属"。"属"表明被定义对象的本质属性,而概念的"种差"则是由外延的界限厘定的。电视新闻作为新闻家族的一个分支,它与报纸新闻、广播新闻同属于新闻的范畴,其新闻属性是相同的,所不同的只是传播新闻的技术手段和方式,即"种差"的不同。因此,对电视新闻概念的界定应兼顾其共性与个性,其概念应包括"传播所借助的载体"、"传播所使用的符号"及"传播内容的限定"三个方面。

据此,我们认为,由全国电视学研究委员会主持完成的"电视新闻节目分类与界定"研究项目所确立的有关"电视新闻"的概念,比较符合电视新闻的传播现状。即:

"电视新闻是以现代电子技术为传播手段,以声音、画面为传播符号,对新近或正在发生、发现的事实的报道。"④

二、定义的说明

定义中,"以现代电子技术为传播手段,以声音、画面为传播符号"这一阐述,突出了电视新闻的个性特点。前一句指明电视新闻是现代电子媒介,从传播手段上区别于作为印刷媒介的报纸;后一句则指明同为电子媒介的电视新闻与广播新闻的不同。广播是以声音为传播符号的单通道媒介,而电视新闻则是声形兼备,以视觉、听觉多种符号,同时作用于观众。这种视听双通道传递信息的手段,使得单位时间内信息含量大增,并以形声并茂的形象化传播以及由此而带来的强烈的现场感,使得电视新闻具有了其他新闻媒介无可比拟的优势,并得以后来居上,成为最年轻却最具影响力的新闻媒介。

---

① 杨秉林主编:《电视辞典》,湖北辞书出版社1989年版,第7页。

② 黄匡宇:《电视新闻学》,华东师范大学出版社1990年版,第25页。

③ 张君昌:《应用电视新闻学》,中国广播电视出版社1995年版,第62页。

④ 朱羽君,王纪言,钟大年主编:《中国应用电视学》,北京师范大学出版社1993年版,第152页。

　　"对新近或正在发生、发现的事实的报道",这是对电视新闻作共性的界定。什么是新闻? 1943 年,陆定一在《我们对于新闻学的基本观点》一文中将其界定为"新闻是新近发生的事实的报道"①,这是我国新闻界公认的定义。虽然,目前有一些学者对此定义提出异议,认为其属概念"报道"的含义欠妥,新闻的"属"是信息。但我们认为,此类异议过分纠缠于文字。新闻是新近发生的事实的报道,理所当然,新闻报道的内容就是客观事实的信息,其属概念就是信息,只是阐述的方式不同罢了。诚如列宁所说:"所有的定义都只是有条件的、相对的意义,永远也不能包括充分发展的现象的各方面的联系。"②新闻事业本身在不断发展,其传播手段、传播方式及传播内容都在不断发展变化。因此,今天界定电视新闻概念时,必定要对"传播内容的限定"作必要的补充。因而,在定义中补充了"正在发生、发现的事实"这一词语,可使定义更为确切完善。

　　现场直播这一先进的电视传播手段,使电视可以在新闻事件发生和发展的同时,进行同步、直接的跟进和现场报道。它所报道的已经不是新近发生的事实,而是正在发生、正在进行中的事实。当代电视新闻的时间要素已不仅仅满足于"新近发生"的过去时态,还应包括"正在发生"的现在进行时态。当然,纯粹的"同步"传播是不可能实现的。电波再快,运行 30 万公里,也需费时 1 秒钟。即便是直播,传到受者时也会与事件发生时有极小的"时间差",这是传播规律使然。因此,有学者提出,"正在发生"是时间性要素的极限表示,是"新近"的最高形式,没有超出"新近"一词的涵盖范围。我们认为,单从字面上理解,"新近"一词确实具备了新闻的所有时间性要素,但是从受众的接受心理以及长期的新闻实践上来分析,"新近"一词只是代表了过去时态。而可视的同步新闻是电视新闻的一大优势,显示了其独特的个性。所以,在定义上提出"新近或正在发生"的概念,以示强调作用。

　　随着社会的发展,受众的收视心理也发生了变化,他们已不满足于对变动的事实作要闻简报式的报道,而是要求电视新闻不仅是"要闻总汇",更应是"舆论中心"。新闻的题材不仅是社会上所发生的事件的报道,更应有大量题材是对群众所关注的社会问题、社会现象,即所谓的社会热点、焦点问题的探讨。中央电视台的《焦点访谈》、《新闻调查》等栏目的应运而生并迅速为观

---

　　①　甘惜芬主编:《新闻学大辞典》,河南人民出版社 1993 年版,第 1 页。

　　②　《列宁选集》第六卷,人民出版社 1979 年版,第 808 页。

众所喜爱,就是一个很好的例证。这类栏目的某些报道,新闻事态是早已存在的,而报道是通过对问题、现象的分析思考而引发的观点,对事物的认识是"新"的,是记者新的"发现"。现代电视新闻已不仅仅停留在对客观事实的再现上,还有对客观事物鞭辟入里的分析和对其未来发展趋向的揭示,以进一步满足受众强烈的新闻欲和求知欲。可见,电视新闻已不单单是狭义的纯消息类报道,它是消息、专题、评论类新闻节目的总称。所以,我们在界定电视新闻时,应强调"发现的事实的报道"。

对某一事物或概念的认识,定义是至关重要的环节。它是认识的结果,同时又是更深认识的开端,是真正弄清某一事物性质的基础。所有定义都只是有条件的、相对的意义,对电视新闻概念的认识亦不例外。今天的定义只能代表我们今天对它认识的结果,它的明天还有待于我们在实践中不断去完善。

第二节　电视新闻的传播特性

电视新闻的传播特性,是指电视新闻传播所特有的性质。

电视新闻与报纸、广播新闻同属新闻的范畴,要遵循共同的新闻报道的规律,受共同的新闻理论的制约。因而,电视新闻和报纸、广播新闻一样,具有新闻的许多共性,如时效性、真实性、客观性、重要性、趣味性(人情味)等等。然而,寓个性于共性之中,是事物的普遍规律。电视新闻因其传播的方式和报道的手段与报纸、广播新闻不同,决定了它必定有自己独有的特殊点,具有"它和其他运动形式的质的区别"[①],而正是电视新闻的这些特殊点,才是我们认识电视新闻的基础,并在此基础上得以更好地发挥电视新闻的传播功能。

电视新闻的传播特性概括起来主要有四个方面:新闻传播的及时性,传播符号的综合性,事实氛围的传真性,深度涉入的参与性。

一、新闻传播的及时性

及时性,是针对新闻的传播时效而言。所谓时效,是指从事件发生到新闻发布的时间差。讲究时效,尽力缩短时间差,是各种新闻媒介努力追求的

---

① 《毛泽东选集》第一卷,人民出版社 1966 年版,第 283 页。

目标。

早年的报纸曾以出"号外"的形式争抢时效。如 1805 年英国《泰晤士报》曾为奥军向拿破仑投降而首次出版号外。1970 年 4 月 26 日，我国成功发射第一颗人造卫星，《人民日报》为此而出了号外。当广播、电视新闻出现后，报纸悄然退出这一竞争的舞台，让位于广播、电视去决一雌雄。广播、电视是以电波为载体进行传输，其速度达到每秒 30 万公里。就传播技术而言，它可以做到在事件发生的同时就将其传播到世界各个角落，其时间差几乎等于零。这一传播速度，自然是作为印刷媒介的报纸所无法比拟的，因为报纸须经过编辑、排版、校对、印刷、运输、发行、投递等多道工序，几经周折，才能最终送到读者手中。

广播与电视传播新闻的迅速、快捷，已毋庸置疑。无论是广播新闻还是电视新闻，都已经能做到对新闻事件的同步报道。而且，随着字幕新闻的大量采用，使电视新闻在争抢时效的竞赛中占据绝对的优势。因为广播仅有一个声音通道，它要作"非常性"传播，就必须中断"正常性"传播，打乱正常的传播秩序，这是顺时传播最为忌讳的做法，除非发生严重影响国计民生的重大新闻事件，一般不宜采用。电视有视听两个通道，"非常性"传播的内容可在屏幕的下方以滚动方式出现，既不中断"正常性"传播，又可及时传达最新的新闻信息，极大地提高了新闻时效。比如，1988 年 9 月 27 日汉城奥运会，上午 8 时奥委会召开新闻发布会，8 时 15 分宣布约翰逊因服用兴奋剂被撤销参赛资格的消息，中央电视台几乎同时在二套节目中以"奥运号外"为题以字幕新闻的形式播出这则轰动消息，成为国内首发该消息的媒介。而且，字幕新闻无需录像、照明、播音等工种的配合，只需按动计算机的键码，便可飞出字幕，省时省力，灵活方便。现在，利用屏幕下方滚动字幕播报新闻在各电视新闻栏目中已司空见惯，字幕新闻成了电视新闻栏目拓展报道空间和渠道的一个有效举措。可见，电视"双通道"这个传播优势是广播无法具有的。因而，电视新闻传播的及时性，比其他媒介更具有得天独厚的优势。

当然，电视新闻在理论上拥有"传播的及时性"这一优势，并不等于在实际传播中已立于不败之地。这就要求电视新闻界应确立先发制人的竞争意识，在报道新闻时，口播、字幕、影像、现场直播等多种报道方式要密切配合，协同作战，并增加新闻播出频次，注重抢拍、抢播"正在发生"、"刚刚发生"的消息，使我们的电视新闻真正成为人民群众获取信息的主要渠道。

二、传播符号的综合性

传播符号的综合性，包含了两个要素：一是传播语言符号的综合性；二是传播通道的综合性。

1. 语言符号的综合性

符号，是人类传播的要素，任何一种传播都离不开传播符号。同为大众传播，电视新闻与报纸、广播新闻都需要借助符号，将信息传递给观众，刺激观众的感觉器官，从而使其获得感知。这其中，由于传播方式和手段的不同，传播所使用的符号就有了区别。

报纸的传播手段是文字和图片。它传播的所有信息，都要转化为文字和图片，诉诸受众的视觉感官。

广播的传播手段是声音。它传播的所有信息都要转化为声音，诉诸受众的听觉感官。

可见，无论是广播还是报纸，都属于单通道传播媒介，而电视则不同，其传播手段是图像、声音、文字、色彩等多种符号的综合传播，同时作用于受众的听觉、视觉感官，是一种双通道传播媒介。受众可凭借视、听两个通道同时接受刺激，获取信息。视听结合，形声并茂，比报纸、广播具有更强的表现力。

双通道的传播方式，构成了传播形式的视觉、听觉元素的丰富多样。从视觉画面上看，它有新闻人物形态和现场环境，有照片、图表、动画以及文字图像等；从听觉形象上看，它又有旁白、解说、同期声、音乐、音响等。而这些声、形、光、色等元素在节目中并不是孤立地起作用的，而是相互组合、碰撞，发挥综合传播的优势，形成一个活跃的信息场，在扩大信息量的同时，还能产生多义引发的艺术效果，使受众获取信息时有较大的思考余地，从而加强信息力度，提高传播效果。

中国电视奖获奖新闻专题《难圆绿色梦》(中央电视台)揭示的是人与自然、人类生存的永恒主题。可以说，主题并不新鲜。但是，其成功的关键就在于记者在片中充分调动了电视诸多视听元素的表现力，并且电视化地凸现了各元素之间的组合、碰撞，加强了主题的深度、力度、厚度。片中徐治民老人听说他苦心经营的园子塔拉被人毁于一旦的消息，不顾年迈体衰，执意要去看看令他心痛不已的现实。接下来，映入观众眼帘的是一排排横七竖八、满目疮痍的树墩以及老人痛苦的表情，同样的镜头几次反复，令人触目惊心。耳畔响起的是老人抽搐的哭泣和痛苦的呢喃："这块园子算是丢了．唉，太甚了,败家货,没有人做主了嘛。"声、形元素在此处结合得是如此完美。还有,那一望无际的沙丘伴着猎猎的风声、流沙窸窸窣窣的流动声以及那高亢嘹亮的山曲,无不警示着人们"人进沙退,人退沙进"的深刻道理。这一专题的成功,充分体现了电视多种语言符号综合传播的优势。

2.传播通道的综合性

符号的综合性还包括在电视传播界面上多种传播通道的综合运用。随着电视制作技术特别是数码技术的发展,一个电视频道拥有了同时传播两个以上新闻信息的能力。比如,在正常新闻播出状态下飞字幕播报重要突发事件;采用双视窗或多视窗技术同时报道在两地或两地以上发生的事件;利用键控特技,在不改变整个画面的情况下,在画面的局部嵌入另一画面元素组成新的画面;利用色键抠像特技,将演播室主持人身后的背景换成新闻事件的现场画面,使观众既能感到现场的实况氛围,也能透过主持人的表情、语气加深对新闻事件的认识;分割屏幕,主要空间用来进行正常的新闻报道,另有一小部分空间以字幕形式提供一些与正在播出的新闻无关的其他信息。

传播通道的综合性,让观众有了"眼观六路,耳听八方"的收视可能,扩展了观众的视听空间。

传播学理论告诉我们:信息传播所获得的价值的大小,与其信息所运用的传播符号有着密切的关系。各类传播媒介只有充分发挥自己的符号优势,方可获得信息传播的最佳值。因之,电视新闻工作者要从内容需要出发,把握好视听诸元素的特点,学会综合运用并善于处理视听诸元素之间的关系,达到传播内容与形式的完美结合。这样,无论是在信息量及信息传播的力度上,还是在激发受众的注意、兴趣、情感以及保持记忆方面,都将显现出电视新闻的独特魅力。

三、事实氛围的传真性

新闻是对事实的报道,事实是第一性的,任何报道都不能超越事实,而只能是对事实的反映。

报纸、广播记者对事实的报道,主要通过记者对新闻事件的了解、观察、归纳、构思,依靠语言、文字转述出来,传达给受众。可以说,读者和听众完全处于被动的地位。广播新闻虽然有现场的实况音响和人物对话,但广播记者的转述仍占主导地位。换言之,人们从报纸上和广播中获得的新闻是经过记者主观记录、叙述的间接新闻。虽然文字可以细腻形象地描写,声音可以绘声绘色地叙述,但这毕竟不是真情实景的再现。因此,受众在获取报纸、广播所传递的信息时,只能根据其提供的材料加以想象、还原并感受事件的原始状态。由于受众的阅历、知识水平、想象力的不同,还原的程度不一,因此,"身临其境"之感也就不同。

而电视新闻却不一样,它是新闻事件发生、发展的现场记录。它通过具体、典型的形象将新闻事件的原始风貌、现场景象的氛围,如实地、不加转述地全盘托给观众,使观众对新闻事态具有直接的感知,无需想象,就能耳闻目睹,产生"身临其境"之感。这种再现事实及氛围的传真性所带来的强烈现场感、真实感,是电视新闻的一大优势。可以说,电视新闻最吸引人之处也正在于此。电视新闻的传真性使之对客观事实的报道真切实在,能把新闻事态的发生发展,新闻人物的喜怒哀乐,原原本本、原汁原味地传递给观众,并把现实的再现与思想意识的表达紧密交织起来,寓观点和立场于直观真实之中,让观众自己去品味、去感受,并从中得到启示。

相对于其他新闻媒体,电视新闻节目因其具备画面的表现力而独具魅力,这种魅力在中央电视台的获奖作品《南京冠生园:年年出炉新月饼周而复始陈馅料》一片中得到了充分的验证。这则新闻制作时间长达一年,片子以纪实的手法细数了这一年中在南京冠生园食品厂所发生的一切,即陈馅月饼生产的一个完整流程。新闻中,工人切割回收来的月饼使其皮馅分家,在回炉的时候工人把掉在地上的月饼馅扔回锅里、馅料上长出的斑斑霉迹等具有强烈视觉冲击力的画面,一一展示在观众的眼前,给观众留下了深刻、清晰的印象,精妙的画面语言展示出了无可辩驳的事实。这一报道之所以能引起广泛关注,题材重大固然是一个原因,但记者充分调动电视特有的传播手段,发挥再现事实氛围的传真性优势也不能不说是作品成功的重要因素。

再现事实氛围的传真性优势使得电视新闻的可信程度大大提高,画面传达新闻现场的视觉因素,具有"耳闻目睹"的佐证价值,给人带来不容置疑的真实感。电视新闻的画面与新闻事件发生发展共时空,它所记录的物质现实的真实和由此传达出的事情的本质的真实性是同一的,是最真实、最直接、最具体的事实的凭证。文字报道描绘的现场,是经过记者主观选择加工过的;广播中的新闻现场报道,属于耳闻非目睹的信息,需要受众通过听觉感受引起联想;而电视则是以其实录方式,确定无疑地将新闻现场展示给受众,甚至可以把文字难以勾勒、描绘的信息也原原本本地传达给观众,在受众心中具有极高的可信度,满足了受众"百闻不如一见"的求实求证心理,消除了人们对事物所持的不确定性,起到了证实新闻事实的作用,增强了信息传播的准确性和可信性。

传真性优势要求记者必须深入新闻事件发生的现场去采访、拍摄,尽可能地再现新闻事态的典型情境。所谓典型情境,指的是体现事物本质特点或结果的场面,它也是观众最为关注的新闻场面。如美国"挑战者号"飞船失事的新闻,其典型情境就是飞船升空爆炸的瞬间,如果没有拍摄到这一场面,电视新闻的现场感和可视性就将大为削弱。而且,新闻现场传达出事物特有的氛围和情境,是吸引观众注意力和情绪卷入的关键。体育新闻中运动员夺魁的狂欢气氛,救灾抢险中英雄奋不顾身的情景,无不形成强大的冲击力,诱发观众进入角色,产生情感上的共鸣。

四、深度涉入的参与性

心理学的研究表明,人类最高级的感知形态是"亲历其境",直接参与到事件的进程中去,这是人对事物感知的普遍心理追求。而实际上,事事都去身临其境、参与其事是不可能的,人们只能借助于传播媒介去感知所能了解的事物。因此,参与性在传播上的含义是指受众对于传播内容的心理介入和传播过程的亲身介入。

1. 传播内容的心理介入

所谓传播内容的心理介入,就是指传播内容能引发受传者的联想和共鸣,进而认同传播者对新闻事实的价值评判,正所谓"心由境生"。

较之报纸、广播,电视具有得天独厚的再现客观现实的能力,它能将事件及其现场氛围客观真实地再现于观众面前,符号和符号表示的事物是同一种存在。观众在接受过程中,往往能见其形,闻其声,产生身临其境的感觉,并情不自禁地卷入屏幕世界之中,随着画面的运动,事态的发生、发展而兴奋、激动,形成观众与屏幕传播内容之间的互动,使得观众与电视的传播内容之间具有一种亲近感和参与感。这就是受众往往在通过报纸、广播获得某一新闻信息后,仍希望去看电视的原因,也正是电视新闻的独特魅力之所在。

其次,电视媒体的人格化传播,也易于观众产生交流的亲切感。新闻播报者、采访记者和各式各样的采访对象直接面对观众讲述,而这些讲述一旦唤起观众的关注和信赖,就易于产生人际传播那种"面对面"交流的错觉。这种错觉正体现出观众的参与心理。传播学认为,最有效的传播途径是"面对面"的传播,面对面的传播可产生全身心的呼应和交流,而这种全身心的呼应和交流正是参与感的高级表现形式。

可见，人物讲述是电视新闻的重要表现因素。电视记者可以通过现场报道，把他们了解的消息讲给观众听，可以采用在屏幕上发表言论或对新闻人物进行采访的方式，也可以通过与采访对象探讨问题等来挖掘、拓展新闻的深度和广度，弥补画面表现的不足。这种人格化的传播方式，容易使观众产生亲近感，从而激起观众的交流欲。荷兰纪录片大师伊文思曾经说过，即使讲的是一种外国语言，这些声音也使影片中的人与观众更接近了。因此，我们在新闻实践中，重视电视采访讲话的同期声运用，努力提高记者现场采访报道的能力是十分重要的。

2. 传播过程的介入

参与性的另一个重要表现形式就是观众对传播过程的亲身介入。目前，我们的屏幕上出现了越来越多的参与类节目，这些节目拓宽了受众的参与领域，创造与发展了电视节目中的受众参与形式，使受众得以间接或直接地参与电视节目的制作与演播。如组织观众参与电视竞赛节目的即兴表演，参与主持节目，参与评选活动，与观众进行电视对话，在电视中就某一问题组织观众参加讨论等。

中央电视台新闻评论部推出的《实话实说》，就是一个典型的受众参与栏目。在每期的节目中，主持人、嘉宾及观众代表就某一当前社会普遍关注的热点问题展开热烈讨论，有时甚至唇枪舌剑。此时的观众，已成了节目中的一员，他们可以在屏幕上纵横评说，发表意见，他们的言谈举止，他们对问题的看法、观点，是这个新闻节目的重要组成部分。

加拿大著名大众传播学家马歇尔·麦克卢汉把这种观众参与、补充传播过程的现象称为"高度介入"，并在其著作《人的延伸——媒介通论》一书中就电视传播强调，"最成功的电视节目，是那些在情景中留有余地、让观众去补充完成的节目"[①]。

观众，从以往只是坐在荧屏前观看，到被请进电视演播厅做嘉宾；从给电视台写信、打电话反映情况、表达意见，到走上荧屏，"出头露面"，侃侃而谈……诸如此类的受众参与，是依靠群众办电视的重要途径。重视受众参与，是我们电视新闻走向开放、走向成熟的一个标志。随着新闻竞争的日趋

---

① ［加拿大］马歇尔·麦克卢汉：《人的延伸——媒介通论》，四川人民出版社 1992 年版，第 380 页。

激烈,新闻节目越来越重视与观众之间的互动,新闻热线、短信平台、QQ留言等不同互动方式的设置,从有奖新闻报料到职业新闻线人的出现,不仅报道观众身边的事,更让观众对新闻事实发表看法,表达意见,不仅吸引观众对节目的参与,也极大地尊重了观众对事实的话语权,实现了电视新闻参与式传播和平民化传播。

综上所述,电视新闻因其独特的传播方式和手段,使它具有了较之报纸、广播新闻明显的优势:传播迅捷,形象直观、逼真,具有强烈的现场感和真实感,受众参与度高。但它也存在着电视固有的"先天不足",主要有二:其一,转瞬即逝,缺乏复显性。如果说报纸、书刊等传媒可供受众反复阅读的话,电视则很难进行这种反复。即使安排重播,其传播瞬间性的特点依然存在,保存性差;其二,过时不候,缺乏自由度。电视传播是一种线性顺时播出方式,其传播的不可逆性,使得电视新闻传播具有一定的强制性。每次新闻节目在什么时间、用什么方式、传播什么内容都是基本固定的。因而,较之报纸、书刊,观众的选择性较差。

我们要懂得电视新闻的优势所在,也要明了它的劣势和局限。同时,应该清醒地认识到,这种优势并不是凭空而来,唾手可得的,需要电视新闻工作者不断加强电视规律的研究,在实践中自觉地运用电视的特点并发挥其优势,只有这样,电视新闻的优势才可能由理论优势转变为现实的优势。

第三节　电视新闻的社会功能

电视新闻是一种渗透力极强的大众传播媒介,它对社会生活的巨大影响已被广泛认同。传播学大师施拉姆曾这样描述道:"它使起坐间变成娱乐中心,并使我们不想到别的地方去寻求娱乐。它减少了我们的社会生活、旅行和我们闲聊的时间。它使我们的睡眠时间减少了。它创造了一系列我们可以称之为'媒介假日'的事情。"[①]

电视对社会生活的影响可以称之为功能作用。电视的社会功能具有多重性,各类电视节目各尽其职,起到了传播新闻信息,普及社会教育,提供社会服务,丰富文娱生活的作用。

在电视的诸多功能中,最重要、最本质的应该是新闻传播功能。虽然电

---

① 〔美〕威尔伯·施拉姆等:《传播学概论》,新华出版社 1984 年版,第 254 页。

视诞生之初是作为一种娱乐工具为人们所接受的,但随着社会的发展及人们对电视功能的不断开发和认识,电视的新闻传播功能日益显示出其强大的威力。今天的电视在受众眼中,首先是一种传播媒介,看新闻逐渐成了人们接触电视的第一理由。中央电视台的《新闻联播》已经成为收视率最高的节目。人们可以足不出户,通过咫尺荧屏,把国内、国际大事尽收眼底。

具体说来,电视新闻有两个基本功能:一是传播信息,二是舆论导向。

一、传播信息

新闻事业作为一项特殊的社会传播活动,其产生是为了适应人类社会对信息的需求,其发展的内在动力也是社会对信息需求的急剧增长。

电视新闻作为一种传播媒介,必须要传播一定数量的信息。信息是传播的材料,是构成电视新闻的"细胞"。离开了信息,电视新闻也就不存在了。因此,作为电视新闻节目,其首要功能是满足观众强烈的信息欲,充分地传播信息。

电视新闻的每个传播符号都承载信息、传播信息。因此,在同一单元时间内,电视新闻的信息含量要多于报纸和广播。快捷的传播速度及丰富的信息量使得电视新闻在三大媒介的竞争中后来居上,成为人们获知新闻信息的主要渠道。

信息总是和一定的信息量联系在一起的。因此,要最大限度地发挥电视新闻传播信息的职能,归根结底,就是要扩大新闻的信息量,这也是电视新闻改革的一项首要任务。

(一)树立信息服务意识

信息服务的意识是与消费社会紧密相连的。

1.文化消费

20世纪是传媒革命的飞跃时期,主导传媒形式的变化举足轻重,它不仅引起了原有艺术生态的全面变化,也改变着整个的社会经济结构。文化就是经济,文化就是市场。消费成了一切文化艺术活动的基本方式。在当代世界,消费主义漫溢于全球,商品的价值已不再是商品本身是否能满足人的需要或具有交换价值,而在于人们对个体欲望的满足。消费成了一切社会归类的基础,也成了一切文化艺术活动的基础。作为市场社会的"经济人",人们不但消费物质产品,更多的是消费广告,消费品牌,消费欲望,也消费图像,消费符号。文化商品化了，文化进入了消费。①

2.消费时代的受众

如果说计划经济是以生产者为中心，那么，市场经济就是以消费者为中心。

在市场经济时代，传媒的受众是以消费者的面貌出现的，他们对传媒的接受和抵制是以消费的方式来体现的。如果说传统传媒的概念是传媒和受众之间的两条直线的互动，那么今天的传媒概念已经是传媒、受众和广告商之间的三角形互动关系。在传媒眼里，受众本身有着双重角色，一方面，受众是精神产品的直接消费者；另一方面，受众又是传媒广告产品的潜在消费者。

受众作为消费者与作为阅读者或者节目的传播对象在概念上是不同的。作为接受者，受众是被动的，他(她)要去靠近作品，去理解作品；而作为经济学概念的消费者，是针对商品而言的，它本身具有一定程度的主动色彩，因为消费恰恰含有选择的意味，是"对社会所提供的超过基本生活需求的那部分剩余价值的选择"。② 媒介只能满足受众的需求，其产品才能被选择。需求是提供产品的动力，供给是满足需求的前提。

因此，对于中国电视新闻的今天来说，探讨由于社会的发展与变革使得人们对信息需求日益膨胀的原因已经不再重要，更为重要的是如何跟上这种需求、满足这种需求。正是在这样的终极目的的指引下，要明确树立信息服务意识，以服务的姿态去满足受众的信息需求。

(二)提高信息的内在质量

1.增加"观众未知因素"

从新闻学的角度看，新闻信息是对消息接受者来说预先不知道的报道。可见，信息量的大小，是由消息中包含的"未知因素"的多少来衡量的。电视新闻只有从题材到内容都加强了观众未知、欲知、应知的信息，观众才能从中获得非常丰富的信息。反之，观众在收看电视新闻之前，对新闻的内容如果知道得相当清楚或估计得十分正确，那么，他们从这条新闻中就得不到多少新的信息。

增加电视新闻中的"观众未知因素"，首先要在内容上求新，随时捕捉和反映客观世界的最新变化，特别是注重抓取独家新闻。

① 参见金元浦:《作为创意产业的当代中国电影》,文化研究网(http://www.culstudies.com)
② 刘宏:《中国传媒的市场对策》,北京广播学院出版社 2001 年版,第 68 页。

独家新闻和一般新闻一样,都是新近发生的、为人们所关心的重要事实的报道。但是,独家新闻比一般新闻有更丰富的信息量。因为独家新闻是"独一无二"的,其包含的内容往往比一般新闻更新鲜,观众从中获得的信息量也就更大。

独家新闻,一是指超越其他新闻单位最先发表的新闻;二是指在人们已了解的新闻事实中发现、开拓其新的价值、新的意义的那类新闻。独家新闻的抓取,需要记者有较强的新闻敏感和迅速判断信息量大小的能力。否则,即使让你碰上了,也会让它从指缝间溜走。

目前,我们的荧屏上独家新闻太少,而雷同的新闻则很多。这里有客观原因。由于频道的增多,往往是多家电视台的摄像机面对同一个新闻事件,于是乎在荧屏上此起彼伏,你方唱罢我登场,观众看到的都是相同或类似的新闻,其信息量可想而知。面对同一个新闻事件,面对数架摄像机的竞争,我们的记者应该独辟蹊径,选择独特的角度和主题,运用他人未涉及的素材,尽可能地挖掘一些新的东西提供给观众,而不是简单地人云亦云。控制论的创始人维纳在其著作《人当作人来用》中论及信息量时写道:"一些信息能够对社会的总信息有所贡献,就必须讲出某些同社会已储存的公共信息具有实质性差异的东西。"①我们的新闻报道如果多一些这种"具有实质性差异的东西",那么,电视新闻的信息量就会有所增强,可看性就会大大提高。电视读报节目之所以为观众所喜爱,恰恰就是它能提供给观众对事实的独家分析和独家解读。

其次,要增加"观众未知因素",还应加强新闻的时效。新闻的新与旧、未知与已知总是相对而言的,假如没有严格的时效,新闻会变成旧闻,未知因素会变成已知因素。

从新闻报道的自身规律来讲,新闻信息同一切信息一样,与其说旨在贮存,不如说旨在流通,贮存久了就会贬值。因此,信息的传输时间也成了衡量新闻信息量大小的标志。信息的传输时间越短,新闻的信息量就越大;反之,如果时效性差,别的新闻单位早已捷足先登,那么观众对这已经"嚼过的馍馍"一定会索然无味。

综上所述,电视新闻的内容和时效是相辅相成的。假如内容不新,时效再强,信息量也要大打折扣。同样,时效性不强,新闻就变成了旧闻。因此,

---

① 自杨伟光主编:《电视新闻论集》,人民出版社 1993 年版,第 152 页。

要增加电视新闻中的"观众未知因素",应从内容和时效两个方面同时入手。

2. 提高电视新闻的信息含量

电视新闻的信息含量,是指在单位时间内所传播的信息容量,也就是信息的浓缩度。在每条新闻信息量不变的情况下,尽量缩短新闻的长度,可以使观众在同样的收看时间内获取更多的信息。

缩短电视新闻的播出时间,提高电视新闻的信息量,必须充分调动电视新闻的每一种传播手段,发挥电视新闻的多符号综合传播优势,保证"双通道"有充足的信息量。

电视新闻传播使用了人们可以接受的几乎所有符号。图像、图表、字幕、解说、音响等多种表现元素同时作用于观众的视觉、听觉感官,形成了立体信息场的传播态势,这极大地提高了单位时间内的信息容量。

立体信息场传播态势的形成,有赖于电视新闻每一个传播符号都能负载实实在在的信息内容,声画结合、声画互补地围绕主题思想传递信息。

具体而言,首先,要让每个镜头都蕴含信息,那种动辄农田麦浪翻滚,车间机器飞转,观众司空见惯、随时随地可以"贴"上去的镜头,属于毫无信息量的"废镜头"、"闲镜头",应将它们彻底摒弃在荧屏之外。

其次,要用少而精的语言传递更多的信息。要用事实说话,少发空洞的议论,选词用语要简洁朴实,能用一句话就将信息传递出去,绝不说上两句。要力戒空话、套话。可以设想,如果我们的电视新闻充斥着诸如此类永远正确的废话,不仅会缩小电视新闻的信息容量,还会使观众对这类新闻产生厌恶,影响新闻信息的接受。

(三)注重信息的有效传播

传受关系是大众传播的核心环节之一。大众传播理论认为,传播主要分为两极,一是传播者,二是受众,双方的传受关系在很大程度上决定了传播的效果。

在电视新闻传播中,虽然信息量的大小取决于传播者一方,但是,观众并非如"枪弹论"所形容的射击场里应声而倒的靶子,"他们能排斥枪弹:或是抵抗他们,或是对之另作解释,或是把它们用于自己的目的。"[①]可见,观众是有选择地接受电视新闻,是主动地获取新闻信息。传播者不仅要加大丰富传播的内容,更要付出成本追求传播的效果,重视"信息到达"。

---

① ［美］威尔伯·施拉姆等:《传播学概论》,新华出版社1984年版,第202页。

电视新闻的信息只有被观众理解和消化之后才是有效的。否则,信息量再大也只是时间和感情的虚掷。要扩大电视新闻的信息量主要是扩大电视新闻的有效信息量。要让电视新闻信息有效地被观众接受,归根结底是要认真研究观众的接受心理。从新闻的内容选择到形式的表现上都要符合和满足观众的接受心理要求,只有这样,信息交流渠道才是畅通的。

1. 传播语态的变革

传播学认为,传播是双向的而不是一厢情愿的输送。信息的接受者也不仅仅是"靶子",而是这一过程中的"平等的伙伴"。因此,要使信息交流渠道畅通,首先要求电视新闻工作者以平等交流的心态报道新闻、传播新闻,那种板着面孔、居高临下的生硬的灌输教育式的报道,只会引起观众的反感而加以拒绝。孙玉胜在其著作《十年——从改变电视的语态开始》中回望1993年以来的电视新闻改革,认为"电视新闻改革在理念上是从实验与电视观众新的'说话方式',也就是新的电视叙述方式开始的。""'真诚面对观众'不仅仅是一个口号,不仅仅宣扬着栏目的态度,它也是一种可以指导节目操作的方法。'真诚面对'在操作上其实很简单,就是要像说话一样地说话,传播者与观众必须首先建立起一种'与话双方'的平等,平等才有可能亲近。"①

从电视媒体的传播范式来说,电视的家用性特征对于其语态有特殊要求。作为家庭媒体,电视是中国老百姓日常生活中必不可少的一部分,我们的电视新闻在取材上应该注意与家庭生活的贴近点,以平民视角找到区域内受众普遍关心的兴趣点,引起社会的关注。

正是这种电视语态的改变,电视新闻开始向大众传媒本质回归,开始倡导平民化传播,在新闻传播中注重考虑大众的接受心理,尊重大众的审美趣味。

2. 传播内容的多元

要畅通信息交流渠道,扩大电视新闻的有效信息量,新闻信息还要从内容上满足观众的普遍兴趣。

人对需求的多样性选择似乎是一种本能。人们的需要和兴趣是多方面、多层次的。既有直接兴趣,又有间接兴趣;既有眼前需要,又有长远需要。按照一般观众的心理,人们最愿意接受的是与自己的工作、学习和生活密切相关的信息,有关这方面的报道,一定会使多数观众乐于接受。电视新闻面对

---

① 孙玉胜:《十年——从改变电视的语态开始》,三联书店2003年版,第46页。

的观众是十分广泛的。不同的年龄、职业和文化程度及具体环境的影响决定其对信息的需求也各有不同,随着社会的发展和分工的日益细化,受众被分化成许多具有不同信息需求和兴趣爱好的阶层与群体,要抢占市场,就必须以受众的需求为出发点来进行内容的组织、安排,使观众能各取所需,达到较好的信息传播效果。

原美国哥伦比亚广播公司(CBS)总裁杰纳·扬可夫斯基对当代电视受众的变化情况做过论述,他认为,在传播领域中有两种基本的动向,姑且称之为受众聚集和受众分散。受众聚集是指大量受众同时关注少数几个节目。尽管这些人在性别、年龄、受教育程度、经济收入以及兴趣爱好等方面存在不少差异,但却不约而同地被少数几部电影、电视节目、书籍或录音制品吸引。与此相反,受众分散则是指由于新技术的出现,许多曾经只有印刷符号才能表现的东西,现在都通过电子符号来表现,这种变化促使那些兴趣爱好相近的人形成一个受众群,一起分享他们共同感兴趣的东西。① 这两种趋势表明,一方面,一些综合类节目仍然吸引了不同性别、不同年龄段、不同收入层次的观众,如电视剧、综合类新闻节目等等,这是聚集的趋势。另一方面,受众们越来越根据自己的需要选择与其他人不同的电视节目,年轻人需要时尚前卫,知识分子需要理性深刻等等,这就是分散的趋势。此外,随着频道的增加,电视观众的进一步分化已是不争的事实。因此,电视节目制作者与其花费大量资金、冒巨大风险去制作黄金电视节目,不如选择确定的目标受众群,进行节目和观众的"适位"传播。

在美国,三大电视网虽然开办的都是综合频道,但在目标受众的划分上并不相同,这也就决定了三大电视网节目内容和风格的差异。如 ABC 将其传播对象定位为年轻的都市成年观众,其节目的时尚感就比较强。该电视网的新闻画面富于冲击力、强化事件矛盾冲突、记者提问比较尖锐、大量使用活泼干脆的背景图标,并勇于在节目技术性制作及包装上尝试新方法。而 CBS 和 NBC 则分别以严肃性报道和相对平稳细致的报道风格形成特色,从而能在新闻竞争中以其鲜明的特色赢得稳定的受众群。

3. 传播形式的多样

进入消费社会以后,人们以消费的态度对待传媒,对待新闻。被消费的新闻常常意味着它可能被漫不经心地对待而不是被敬重,也意味着要求从新

---

① 　汪文斌,胡正荣:《世界电视前沿》,华艺出版社 2001 年版,第 5—6 页。

闻中得到信息而不仅仅是影响,得到乐趣而不仅仅是教诲。

对观众信息消费特征的关注和研究,不仅仅是出于引导社会舆论、进行议程设置的考虑,也是为了应对日益激烈的媒介竞争。与报纸相比,观众对电视的收视有更大的随意性。观众观看电视的基本收视动作往往是用遥控器搜索,而且常常是无目的性地搜索,遥控器在把观众的收视时间切割得越来越琐碎的同时,也让观众的收视行为变得越来越随意,越来越随即。如果能在某个频道停留下来 10 秒钟,观众就可能看下去。在这种情况下,一个频道或者一个节目吸引受众的主要诉求点就变得格外重要。我们说,对于新闻节目而言,人们接受新闻信息的目的是内容,"说什么"才是观众需求的最终目的,但是,在信息渠道多元的今天,人们的信息消费形式发生根本变化,内容并不是电视的一切,形式有时也可以成为制胜的手段。

陆小华在其《激活传媒》一书中分析了当代受众信息消费方式变化的四个特征:信息消费轻松化、关注焦点趋同化、需求吻合利益化、判断形成自主化。其中,所谓信息消费轻松化,是说今天的受众"偏好于在比较轻松的状态、心态下,接近、接受、接纳以轻松、活泼、个性化方式提供的新闻信息和文化产品,偏好于具有时代特征与体现生活潮流的文化产品",其外在特征还表现为"人们更群体化地认同生活化、轻松化的信息提供方式"。

在我们传统的电视新闻节目中,新闻的语言体系是官方的、正统的,语言风格是严肃的、端庄的,但现在的观众更欢迎民间的、社会化的语言体系,更欢迎谐趣的、幽默的语言风格。当前成功的"民生新闻"栏目中都在语言上采用具有地域特色的播音方式,老百姓听起来十分亲切。诸如《阿六头说新闻》(杭州电视台二套)、阿丘的《社会记录》(中央电视台)等"说"新闻、"讲"故事的新闻栏目受到普遍欢迎足以说明了这一点。同时,这种口语和平民化传播也促进了媒介构建"公共领域"的进程。费尔克劳也强调了"口语化"、"家常化"对于公共领域的作用,他认为:电视这种口语体所产生的一个影响就是公共领域与家庭个人空间的界限逐渐被打破。费尔克劳论述道:根据哈贝马斯关于"公共领域"和媒介关系的论述,公共生活(包括政治活动要素)正日益被媒体公开报道,这些内容的来源和媒体传播出去都具有公开性、权威性、距离感。然而,接收的一方却是个人和家庭,传受双方的距离感使得传播过程信息损失大,传播效果不佳。因此,为了使得公共事务深入个人家庭中去,同时使社会个体、市民阶级投入公共事务中去,媒介在传播方法上要讲究"家常化"、"口语化",架起交流和沟通的桥梁。

当然,信息消费方式轻松化,绝不是说当今人们不再愿意接触严肃、系统、深奥以及具有思想性的东西,而是说人们更加注意并更加渴求传播方式是否人性化、是否符合现代人的思维方式和信息消费需要。事实上,在信息消费轻松化背景下,过去被视为高端产品的东西,反而开始大规模进入大众文化消费领域,被更多的人接受。中央电视台的《百家讲坛》栏目的火爆就是一个很好的证明。两年前,观众甚至还不知道中央电视台有这样的栏目,这个不起眼的栏目和很多电视节目一样,在追求华丽、炫目的电视年代,被忽略了。随着节目的不断调整、改进,他们硬是靠那些没有明星相的专家、学者,把这个节目办红火了。

2005 年 5 月,由著名清史学者阎崇年主讲的《清十二帝疑案》,使本来并不被看好的《百家讲坛》收视率一路飙升,最高收视率竟达 0.57%,一跃成为科教频道收视率最高的栏目。高品位电视栏目如何在大众传媒时代生存,显然成为《百家讲坛》必须突破的问题。从"清十二帝"讲到《红楼梦》再到《红楼梦》中出现的清朝人物,《百家讲坛》一讲连着一讲,结合百姓关心的热点,采用戏剧化的讲演方式,让专家学者为百姓服务,做学术大师与普通百姓之间的桥梁,一步步把收视率做了上去,甚至影响了图书市场,以阎崇年的一系列讲座为基础扩写的《正说清朝十二帝》于 2004 年 10 月由中华书局出版后,两个月内重印五次,累计印数达到七万册。目前在北京地区的畅销书排行榜上居第五位,而 2006 年主推的讲"三国"的厦门大学教授易中天更是成了人们眼中的"学术超男"(《三联周刊》语),有了一批"意粉"。

总之,电视新闻作为要闻总汇和人们获取信息的主要渠道,要充分发挥其传播信息的功能,责无旁贷地为观众提供足够的有效信息,以满足人民群众日益增长的信息需求。

二、舆论导向

电视台是党和政府的重要舆论阵地。我国的电视新闻不仅要成为国内外要闻总汇,还应成为舆论中心。电视新闻是舆论的工具,它具有舆论导向的功能。

"舆论",英文写作 Public Opinion,直译是"公众意见",意译则为"舆论"。《美利坚百科全书》"Public Opinion"条解释说:"舆论是指群众就他们共同关心或感兴趣的问题公开表达出来的意见的综合。"舆论是公众意见的总和,它是社会和时势的晴雨表,在任何社会都是一股不可低估的政治力量。任何一个国家的执政者都不会无视社会舆论的动向。因之,出于政治需要而设法影响舆论甚或控制舆论,已经成为各国政府和各个政党的重要工作。

电视新闻与报纸等其他新闻媒介一样,对社会舆论的形成具有重要的作用。反映舆论、引导舆论并进行舆论监督是电视新闻的重要职能。

(一)反映舆论

电视新闻作为舆论界的主干,其重要使命就是表达、反映舆论,促使上情下达、下情上传,从而形成更大范围的共同意见。

任何新闻工具都是舆论的代表者,代表一定阶级、社会集团、社会群体的意见和倾向进行新闻报道,发表各种评论。置身于各种舆论之外,处于中立地位的新闻媒介是不存在的。从马克思主义的观点来说,所谓"反映舆论",其根本内涵就是充当人民的喉舌,维护人民的利益。刘少奇同志要求新闻工作者忠实反映"人民的呼声",说出"人民不敢说的、不能说的、想说又说不出来的话",并认为"如果能够经常作这样的反映,马克思主义的记者就真正上路了"[1]。

反映舆论还应注意尊重不同利益群体的舆论诉求,舆论绝不是一种声音、一种表达形态,一种利益诉求,它应是多种声音、多种表达形态、多种利益诉求的和谐统一。在一个社会中,大家都能自由、平等地表达意见,社会的离散力就会减弱,而在不同意见的表达基础上,求得核心价值同一,实现共同意见的统一,这样社会的内聚力就会增强,社会也才能和谐健康发展。

因之,对于电视新闻来说,通过事实的报道和评论,及时反映人民群众的意见和呼声,既是媒体的职责,也是社会和谐发展的需要。

(二)引导舆论

各种新闻媒介又是舆论的引导者,通过新闻传播,扩大和强化正确的、有利的舆论,抑制和减弱错误的、不利的舆论,从而正确把握舆论的发展方向。

我们党历来十分重视新闻媒介对社会舆论的引导工作。以正确的舆论引导人,是党的宣传思想战线中的一项极其重要的任务。就电视而言,由于其传播面广,声画结合,声情并茂,感染力强,在舆论引导方面更具独特的优势和魅力。在电视已进入千家万户的今天,一条重要新闻,一个社会热点报道,往往可以引起社会轰动效应;一部有吸引力的电视剧或一台精彩的晚会的播出,往往会成为街谈巷议的热门话题。电视,每时每刻、有意无意地影响

---

① 《刘少奇选集》上卷,人民出版社 1981 年版,第 404 页。

着社会舆论,影响着人们的思想和行动。这里,最现实、最直接的舆论导向源自新闻。因此,作为党和人民喉舌的电视新闻,要正确引导社会舆论,宣传党的方针政策,在思想上、政治上、行动上自觉地与党中央保持一致,始终把坚持正确的舆论导向放在首位,这是我们电视新闻的基本职责。

电视新闻引导舆论的方法,是多种多样的。通过大量的日常报道,长期的潜移默化,使观众在心目中形成了这个社会、这个时代辨别是非的舆论标准;通过新闻评论,对社会上的热点进行深刻剖析,引导一种舆论态度,等等。还有一个重要的方法,就是"议题设置"。媒介在告诉人们如何思考上可能成功的时候不多,但在告诉人们应当考虑什么问题时却是十分成功的。"[①]电视新闻通过新闻报道的选择,引导群众关注一些问题和现象或冷落一些问题和现象,把"焦点"、"热点"提请人们关注,把过分激化的事情冷却作低调处理,就会产生舆论导向的作用。当然,"议题设置"原则上不能漠视客观现实中应该普遍关注的问题和现象。

舆论引导,关键是导向正确。舆论导向正确,人心凝聚;舆论导向失误,就可能造成不良后果。如何进一步提高电视新闻舆论引导水平,使舆论引导更准确、更鲜明、更生动、更有特色以及更充分地发挥团结、稳定、鼓劲的作用,是我们电视新闻工作者需要深入研究和解决的重要课题。

(三)舆论监督

舆论监督,指群众通过舆论工具,对党和政府的工作及社会行为进行的监察督促。它集中体现了电视传媒的社会批评职能。

舆论监督是现代新闻媒介与生俱来的特点,是社会主义新闻事业的本质属性之一。党的"十三大"报告明确提出,新闻和宣传工具要"发挥舆论监督作用,支持群众批评工作中的缺点错误,反对官僚主义,同各种不正之风作斗争"。

在各种舆论监督中,新闻舆论监督是影响最广泛、作用最直接的形式,它把官僚主义、不正之风和违法乱纪行为等等置于众目睽睽之下,具有强大的威慑力。

舆论监督是由新闻批评转化来的对社会不正之风的广泛揭露与评判。因此,电视新闻要积极实施舆论监督不仅要以大量正面报道将成绩讲够,同时,也要旗帜鲜明地对那些不利于社会主义民主和法制建设、不利于社会主

---

① [美]威尔伯·施拉姆等:《传播学概论》,新华出版社1984年版,第277页。

义物质文明、精神文明建设的违法乱纪行为、腐败现象和社会丑恶现象予以揭露和批评，以弘扬正气。可以说，没有严厉广泛的新闻舆论监督，就难以健康、顺利地对社会生活实施管理。新闻舆论监督吸引广大人民群众参加，就能积极、有效地去消除腐败和犯罪，加强党和人民群众的广泛联系，保证党和国家政治生活的民主化，为社会进步出力。

在实施舆论监督时，应明确监督的目的是为了促进问题的解决，推动社会的进步。"建设性舆论监督既是对社会舆论意见的回应与疏导，也是对社会舆论进行的一种整合，对合理意见进行吸纳与反映，对不合理意见进行疏导与消解；对坏的东西既要有嫉恶如仇的态度，也要有与人为善的态度和建设性意见，要根据报道内容及产生的后果，选择最佳的监督方式和恰当的报道时机。"①增强大局意识，对舆论监督的口径、分寸、内容、数量进行适时适量的调控和统筹。另外，在形式上，由于电视媒介的特殊性，对批评报道中的某些人物应采用加"马赛克"等手段进行技术处理，以免给批评者留下长期的心理阴影，对以后的工作、成长带来不利的影响。

总而言之，电视新闻在实施舆论监督的过程中，主要工作不是放在定性质、做结论、施加压力上，而应当放在设置议题、体察民情、提供事实、开展对话上。"舆论监督从根本上说应该设想为是双方的一种对话（批评和解释，意见和答复）。"②电视新闻本身的特点，为这种对话形式的发挥提供了更为广阔的舞台和可能。利用电视"面对面"交流的长处，可以在电视新闻中开辟专访、座谈节目，就群众普遍关心的社会热点问题，组织群众与有关部门领导进行对话，畅通领导与群众之间的交流渠道，为人民群众实施舆论监督提供最广阔的空间，充分发挥新闻的舆论监督和引导作用。

当然，在社会矛盾日趋复杂多变、受众心理不断发展成熟的今天，电视新闻的舆论监督不能仅仅体现在对党和政府的工作监察督促及社会不正之风的广泛揭露方面，还应当更为深刻地体现在思想批评、文化批评、道德批评以及价值观念的引导方面。近年来，我国电视新闻在节目形式上翻新较快，谈话节目、述评报道、调查性报道等节目形式应运而生，不断完善，电视新闻栏目也日渐成熟，但对电视新闻的传播功能的开发上还亟待提高，对当今一些重大理论问题、思想问题、观念问题的介入和探讨往往是浅尝辄止，特别是电

---

① 孙伟：《舆论监督也应和谐》，《电视研究》2006年第7期。
② 张达芝：《新闻理论基本问题》，陕西人民出版社1990年版，第184页。

视媒体的商业化倾向又使一些新闻类节目产生了媚俗现象,而忽视了电视新闻在促进社会思想进步、民族观念更新以及整个中华民族精神境界的提升等方面可能发挥的巨大作用。因而,在电视新闻传播中,不仅要重视"舆",更要重视"论",不能仅仅停留在"信息传播"的单一层面上,还应导入广泛的思想批评,只有这样,我们的电视新闻才能承担起为社会公共利益服务的社会责任。

第二章
电视新闻事业的发展

电视新闻,是随电视的发展而产生的。追根溯源,要了解电视新闻事业的发展情况,就必须从电视新闻的本体——电视的发展历程谈起。

第一节　电视的产生与发展

电视,作为 20 世纪人类最伟大的发明之一,一经诞生,便以其巨大的"魔力"吸引着人们,并日渐成为人们生活中不可离却的伴侣。当然,电视发展的成功及其在大众传播领域里具有举足轻重的影响力,并非一朝一夕之功,而是凝聚着众多科学家和电视从业者的心血和智慧。

一、电视的产生

早在 1817 年,瑞典科学家琼斯·布尔兹列斯(Jones Berzelias)率先发现了化学元素硒。1873 年,英国的电气技师约瑟夫·梅发现硒元素所具有的光电转换特性,从理论上说明了图像可以用电子信号传输,为电视的发明提供了理论依据。

此后,科学家们开始着手对电视的研究。1884 年,德国科学家保罗·尼普科(Paul Nipkow)发明了机械性的电视扫描盘。这种圆盘在图像和光电管之间旋转的时候,能够把图像分解成像素(图像的小单元),并逐次变成电信号传输出去。这样,通过电传,"能使处于 A 地的物体在任意一个 B 地上被看到"。这一发明,形成了现代电视的雏形。

20 世纪 20 年代到 30 年代,许多先进的工业国家都先后开始了对电视的研究,各种有关电视的发明层出不穷。"有史可查的统计,从 1919 年到 1925 年间,世界各国的科学家们就曾提出了 100 多项有关电视发明专利权的申请。"①其中,1923 年俄裔美国物理学家瓦地密尔·兹瓦尔金(Valdimir Zworykin)在电视画面的组合上,用电子束的自动扫描取代了机械式的圆盘旋转扫描。这种电子扫描原理成为现代电视技术的理论基础。此后,美国科学家又发明了电子图像分解摄像机和阴极射线管。这些发明,推动了电子电视技术的发展。

1925 年,有"电视之父"之称的英国科学家约翰·洛吉·贝尔德(John Logie Baird)利用电视扫描盘成功地完成了传送和接收画面的实验,并于 1926 年 1 月 26 日在伦敦作了公开示范表演。此后,贝尔德又成功地将电视画面由伦敦发射到格拉斯哥和纽约,证明了电视画面可以由无线电波作长途的传递。至此,电视技术逐步趋于完善。

由于电视技术和转播工程的显著改进,30 年代初至第二次世界大战前,电视正式成型。

1936 年 11 月 2 日,英国广播公司(BBC)在伦敦郊外亚历山大宫,以播送一场歌舞盛会开始了电视的正式播出。这一天被视为世界电视的诞生日。继英国开办世界第一座电视台之后,法国于 1938 年,苏联、美国于 1939 年也都开始了电视实验播出。电视,开始成为一种大众传播媒介。随着电视机生产、销售量的增加,电视也逐渐进入人们的生活。

此后,由于第二次世界大战的爆发,各国暂时中断了对于电视的研究和推广。"二战"期间,只剩美国纽约地区还有几家电视台在轮流播出节目。

二、电视的发展

第二次世界大战结束以后,世界电视事业开始得到真正的发展,进入兴盛时期。1945 年 5 月 7 日,苏联率先恢复电视播出。英国广播公司也于 1946

---

① 苑子熙:《电视原理及其发明者》,《新闻学会通讯》1984 年第 6 期。

年 6 月从 7 年前停播的"米老鼠"节目中断处开始,重新恢复电视节目的播出。战后,美国电视台数量更是得到了迅速增长,从原来的 6 家猛增至 108 家,速度之快令美国联邦通讯委员会(FCC)不得不于 1948 年 9 月起停止了审批电视台的工作。

进入 20 世纪 50 年代,电视业更是迅猛发展。至 1958 年,开办电视的国家已达 50 个,电视机总数超过了 7000 万台。更重要的是,彩色电视广播也在 50 年代时兴起。1954 年,美国全国广播公司采用美国无线电公司研制的 NTSC 彩色电视技术标准,第一次播出了彩色电视节目。以欧洲国家为主的大部分国家也都开始了彩色电视广播。1958 年,法国科学家亨利·戴弗朗斯研制了 SECAM 彩色电视制式。1963 年,德国科学家怀特·勃济又推出 PAL 彩色电视制式。其他一些国家也先后提出过多种彩色电视制式。经过比较、竞争,终于形成了不同彩色电视制式"三家分晋"的局面:NTSC (National Television System Committee)——全国电视标准委员会制,有美国、日本及北美、太平洋沿岸部分国家使用;SECAM (Sequential Couleur Anec Memoire)——顺序传送彩色与存储制,法国、苏联、东欧各国及部分非洲国家使用;PAL (Phase Alternation Line)逐行倒相制,德国、西欧各国、中国及亚洲大部分国家使用。

利用通讯卫星传输电视节目始于 20 世纪 60 年代。1962 年 7 月 23 日,美国发射的"电星 1 号"(TelstarI)通讯卫星,把反映美国、加拿大、墨西哥等美洲国家居民生活的电视节目,传送到伦敦及巴黎,再由欧洲广播电视网传送到欧洲其他国家。第一次实现了跨洲际的电视信号传送。

1963 年 2 月 24 日,美国发射了世界上第一颗同步通讯卫星"辛康一号"(SyncomI)。1965—1980 年间,国际通讯卫星组织发射了 5 颗国际通讯卫星,实现了真正的全球通讯。

利用空间技术为电视服务,是电视的一次革命性发展。和其他通讯手段相比,通讯卫星传送距离远,容量大,信号清晰,不受复杂地形影响。有了通讯卫星,世界上任何一个地方发生的事情,可以转眼间传遍整个世界,地球仿佛变小了。所以,加拿大大传播学家马歇尔·麦克卢汉在 20 世纪 70 年代提出了这样的见解——地球村(Global Village)的时代到来了。

三、电视发展新趋势——新媒体

传播学认为,谁能够在传播的范式发展上创新开拓,谁就能够获得较大的生存发展空间,取得相对竞争优势。而传播范式的创新主要沿着三个层面展开:传播模式的更替、传播技术的改进和传播策略的权变。

电视作为一种技术媒体,任何一次的传播技术的改进,都可能引发一场电视理念的革命。"我们目睹一次次的'技术事件'造就了新的电视理念,从而深刻影响着电视发展进程。技术的支持成为电视发展的强大外力,同时技术的发展与创新也深刻改变着电视观念和观众需求,改变着电视传播于接受的旧有规律。作为从业者,不能只是简单地适应技术,而是要积极地利用这样的改变。"[①]

新媒体是利用数字电视技术、网络技术,通过互联网、宽带局域网、无线通信网和卫星等渠道,以电视、电脑和手机为终端,向用户提供视频、音频、语音数据服务、连线游戏、远程教育等集成信息和娱乐服务的一种传播形式。关于目前新媒体的形态,国家广电总局视听新媒体研究所所长董年初如是说,"目前有七类媒体形态通常被归入新媒体之列:1.移动数字电视,包括无线的、车载的、公共交通上的;2.有线数字电视;3.IPTV,狭义上指基于 TV 终端的;4.网络广播;5.网络电视,这是新媒体中发展最快的一块;6.手机电视;7.楼宇电视。它们有些是传统媒体的数字化形态,比如楼宇电视,在传播方式与服务方式上并没有本质变化,也是以广播+广告的盈利模式来支撑运营;有些则是相对于传统媒体的数字电视不同形态,如网络电视、手机电视等。"[②]

(一)数字电视

所谓数字电视指基于数字技术平台,从节目拍摄、编辑、发射、传输到接收、显示的全程数字化电视系统。根据传送方式不同,可分为卫星数字电视、有线数字电视和地面移动数字电视。通常指模拟电视的升级改造,能提供高清图像质量和丰富的频道数量。

"清晰收看"、"互动选择"——是数字电视最具吸引力的地方。因此这项技术一被推出就受到了广大"技术主义"的热烈追捧,美国、英国、德国等传媒帝国都先后制定了各自的"数字电视进程表",其中,尤以英国为最,计划在2015 年实现广播电视的全面数字化。

根据我国广电总局《广播影视科技"十五"计划和 2010 年远景规划》,到

---

① 孙玉胜:《十年——从改变电视的语态开始》,三联书店 2003 年版,第 348 页。

② 《新媒体阵营与布局》,《中国记者》资料室提供,转引自中华传媒学术网。

2005 年我国有线数字电视用户将超过 3000 万户,2010 年全面实现数字化广播电视,2015 年停止模拟广播电视的播出。

数字电视与付费电视

数字电视是一种不同于模拟信号传播的新的技术手段,而付费电视则是相对于免费电视而言的新的运营模式,两者是分属不同类别的概念。广电总局在《中国广播影视业的改革与发展》报告中已经明确指出,数字电视是公益性事业,属于政府行为。付费电视是商业性行为,属于企业行为。[①]

虽然付费电视能够给长期以来完全依赖广告份额的电视产业带来新的经济增长点,但付费电视在中国的发展面临着电视观众长期养成的免费收视习惯、内容瓶颈和推广成本太高等问题。但依据广电部门对全国大中城市进行的抽样调查表明,74%的城市居民愿意为享受数字电视付费,东部发达地区城镇有线电视用户愿意每月支付 30—50 元来收看付费电视,但前提是节目内容能够吸引人。一些城市在推广数字付费电视的过程中采用免费赠送机顶盒的办法,也较快打开了局面。可见,在成本、观念和内容三个掣肘因素中,内容是最为关键的。[②]

"内容为王"是付费电视产业的主要推动力,但现在这种动力源却是很不充足。付费,意味着质量和选择。付费电视客观上要求在资源上具有相对独占和垄断,然而,我们的数字电视几乎在所有的领域都没有办法获得独占资源的特权,即使有机会,这种高昂的代价也会使频道运营商望而却步。那么,付费电视到底该如何发展,借鉴西方付费电视发展策略,可能会给我们提供一些发展思路[③]:

首先,付费频道要发展,必须对其对手"老大哥"公共频道(开路电视频道)进行改组,应有意识地控制甚至抑制公共电视的发展。将公共电视台的人力财力从一盘散沙聚焦于公共电视的新闻与信息类节目上,行使电视信息传播的基本职能,起到宣传主流意识形态的喉舌作用和监督政府部门与社会行为的作用。

其次,加速推动频道集成,建立捆绑营销策略。数字付费电视传媒的投入产出比决定了单一频道结构在小众化范围内实现市场盈利困难重重。数

---

① 朱虹:《中国广播影视业的改革与发展》,《南方电视学刊》2004 年第 3 期。
② 王辰瑶:《2004 年广播电视研究的 10 个关键词》,中华传媒学术网。(www.mediachina.net)
③ 冷淞:《中西方对比看转型期的中国数字电视》,紫金网。(www.zijin.net)

字付费电视要形成批发规模,要求节目内容提供商业频道集成运营方式联合,为电视节目用户提供更多选择。广电业呼吁多年的"制播分离"在数字电视付费频道的运营中将得到最好的体现。众多背景各异的节目内容提供商属于"制作"环节,而监管部门把精力放在"播出"环节上。频道集成运营是数字电视抢占市场争取主流化的需要,因此锻造系列式的主题细分频道,在销售上整体打包推出成为基本手段,西方许多数字频道代理商将电影、电视剧、娱乐节目、音乐、演唱会等频道汇成套餐,吸引那些对娱乐需求较大的年轻观众进行订购。简言之,就是细分频道主题化,品牌形象综合化。

鼓励发展专业内容制片商也是数字电视发展的必要手段之一。付费电视的兴起产生了众多的专业频道,这必然对节目源提出了需求,这种需求不仅是量化的,更是专业化的。美国转播篮球、高尔夫球、演唱会以及其他一些赛事和盛会等专业性较强的节目时,都是使用专业节目制作公司。

另外,资本运作也是付费电视的必由之路,因此融资路线也大有可为。由于内容打造和市场培育需要投入高额资金和人力成本,融资可以降低数字电视业者单方面的投资压力和运营风险,这是客观因素;主观上看,融资手段可以将已高度市场化的其他金融业、地产业、旅游业等行业的管理经验和营销经验,带入新兴的电视传媒行业,从而增强数字频道本体运转的科学性和灵活性。

(二)网络电视

网络电视(IPTV),全称是 Internet Protocol Television(互联网协议电视),又称宽带网络数字电视,是一种利用宽带互联网、多媒体等,向用户提供包括数字电视在内的多种交互式服务的新电视业务。它能根据电视观众的需求通过互联网络协议(IP)为其提供多种多媒体服务功能,包括数字电视节目、视频点播(VOD)、网络电话(VoIP)、即时通信(IM)、互联网、电子邮件、游戏、远程教育以及商务信息等。用户通过两种方式享受 IPTV 服务:一是计算机;二是网络机顶盒+电视机。

那么,相较于传统电视,网络电视会有哪些改变。[①]

1. 在技术上能实现真正意义上的互动,改变受众的收视习惯

与传统电视的顺时、单向广播相比,网络电视具有主动性、个性化、交互式、多功能的独特优势。传统电视的互动主要是在现场或演播厅开展观众与

---

①　参见扬成:《IPTV 对电视意味着什么》,中华传媒学术网。(www.mediachina.net)

主持人或嘉宾的互动,场外的互动主要以电话、短信为主,这种互动并非真正意义的互动。IPTV 的互动性深入节目内容的交互,用户可随时根据自己的需求进行点播、竞猜、交流等,用户与媒介之间双向性强,反馈及时,互动频度高。电视观众通过网络电视实现对电视机的主动控制,根据个人喜好自由选择节目,并在节目观看过程中实现快进、后退、暂停等控制功能,同时也可以挑选、定制自己的节目菜单,建立自己的家庭电视节目库。

从世界广播电视业发展的历史可以看到,每一次电视技术革命必将带来一系列电视收视心理与行为的变革,网络电视的出现将彻底改变电视传统,电视观众不再"坐等电视",而是通过"参与电视",最终实现由电视观众"决定电视"的新电视收视行为模式。

2. 人际化的传播方式使电视节目更具对象化、分众化

传统电视一般以家庭为收看单位,对受众的细分有限。尽管传统电视提出要经营受众,却始终是一种单向的大众传播,很难做到人际化。IPTV 借助技术上的优势,从一开始就创造了一种个性化、人际化的传播方式,即使 IPTV 在整体上仍需以类似传统电视的栏目和频道为基础,但收看的单位分化为个人。用户可以根据自己的兴趣、爱好对节目和内容进行选择,不受时间甚至地点限制,并且能够及时反馈,双向互动。从这个意义上讲,IPTV 更具传播的人际化。人际化的传播使电视由点对面的传播转化为点对点的传播,这对传统电视的传受理论具有变革性意义。

在此基础上,IPTV 跨越了传统电视以收视率调查为主要手段的粗线条营销分析,借助电信运营商庞大的用户群和强大的用户关系管理系统,IPTV 运营商可以通过已掌握的用户资源分配状况和消费喜好,对用户进行全方位的分析,以此作为策划、设计栏目与频道的依据,变传统电视的主要对广告商负责为直接对广大用户负责,使电视频道真正做到对象化、分众化。

网络电视发展的势头有增无减,业界已经把网络电视作为具有强劲发展势头的经济增长点。到 2005 年 11 月,拿到全国第一张也是唯一一张 IPTV 执照的上海文广和中国电信合作的 IPTV 的试点城市已经达到 23 个,和中国网通合作的试点城市也达到 20 个。中国的 IT 行业对于 IP 电视的预期更加乐观,理由是中国的互联网用户截止到 2004 年底,已经达到 9400 万,其中宽带用户已经超过了 4000 万户,2005 年至今,宽带用户继续增长,互联网用户过亿是不争的事实。

然而,网络电视发展虽然迅速,网络电视台的数量不断攀升,商家也不断

表示要在这个行业投资,但是网络电视面临的两大瓶颈还极大地制约着它的发展,一是网络,二是内容。新媒体的生存和发展都是以技术的发展为基础。要在网络上为数量众多的用户提供优质音视频服务,现在的宽带还显得力不从心。其次,网络媒体要吸引受众并形成长期稳定的受众群就必须提供独特的节目内容,这种节目内容必须是传统的电视系统或是将来的数字电视和发展迅速技术成熟的卫星直播电视所不能提供的。按照现在网络电视的发展思路,其将要走付费电视的道路,而付费电视是靠内容而非广告生存的,因此它就必须"产生一种现有的免费电视提供不了的东西",这些都对网络电视的可持续发展提出了挑战。

因此,对于 IPTV 的推广,首先需要建立一个以 IPTV 为平台的互动资讯或娱乐品牌,承载平台;其次,必须形成以客户需求为导向的目标用户细分和节目内容细分策略,广电系统探讨多年的频道专业化将由此出现开拓性进展;毕竟,高质量的节目内容构成了 IPTV 业务的竞争核心。

传统媒体的网络传播

继农业社会、工业社会之后,人类社会正逐步迈入信息社会。一场由信息高速公路带来的传播革命,正日益改变着人们的生产方式和生活方式。据介绍,自从出现了国际互联网以来,美国的电视收视率减少了 30%,录像带出租业减少了 13%,报纸等印刷媒体的企业减少了 7%。[1] 面对国际互联网的冲击,越来越多的电视台、电视节目开始加入国际互联网,以适应形势变化,获得新的生存机会。互联网在诞生后的相当长一段时期内功能只是传送文件和电子邮件。1994 年 1 月,随着浏览器的推出,网上出现了包括音频、视频在内的多媒体。1995 年 8 月,美国有线电视新闻网(CNN)建立自己的网站,正式拉开了网络电视传媒的序幕。

继 CNN 之后,美国另外三大电视网哥伦比亚广播公司(CBS)、福克斯广播公司(FOX)和美国广播公司(ABC)于 1997 年 5 月之前相继上网。1996 年 7 月,微软公司与美国全国广播公司(NBC)联盟,以 MSNBC 的网站名上网,实现了电视与网络的互动。中央电视台国际互联网站(央视国际的前身),正是在这种背景下成立的,是中国最早提供中文信息的网站之一。

2000 年,中视网络成立,制作并上载央视网络视频节目,提供在线直播和点播服务。2006 年,积蓄良久的央视获得国家广电总局颁发的 IPTV、手机电

---

① 尹学东等:《中央电视台国际互联网站点建设回顾与前瞻》,《电视研究》1998 年第 2 期。

视、网络电视等基于三个终端的共 9 张牌照,加上原有的数字电视牌照(属央视旗下中数传媒公司),央视拿到新媒体所有"通行证"。新牌照到手后第一步举措是,将作为官方网站的央视国际(www.cctv.com)和作为子公司的中视网络(www.icctv.cn)合并成立新央视国际,即整合窄带视频和宽带视频业务,发展网络宽频电视。

传统媒体的网络传播经历了早期的自我宣传到今天的利用新媒体技术拉动自身产业的全面发展,形成了媒体大融合的趋势。

成立于 2001 年的北京广播电台的北京广播网(www.bjradio.com.cn)的发展更说明了媒体融合的问题。为了提高广播的传播力,北京广播电台利用网络,着力发展视频业务。他们对 8 个直播间进行了视频改造,全部安装了 3 台摄像机和专业灯光;还专门成立新媒体编辑部。并与中国网通北京分公司合作创立北京网视(www.bjiptv.com.cn),号称"中国广播界诞生的第一家网络电视",由电台旗下的翔龙传媒运作,电台专业人士把关内容。从运营模式上看,"北京网视"除了利用电台节目资源外,还有大量原创内容,譬如其最早的原创栏目《今日读报》就是由网视工作人员根据网络受众特点策划、请新闻广播的主持人张立新主持的。目前无论从运营模式的探索还是从市场口碑来看,"网视"都为北京台在网络宽频电视领域争得了一席之地。

网络视频——播客

当网络电视还在为其发展过程中遭遇的两大瓶颈问题挠头时,网络视频却已热火朝天地发展了起来。"播客"(podcasting)的概念在网络视频热潮的推动下开始为越来越多的人熟知。

2004 年,"播客"因为音频文件的大量使用而流行起来。"'播客'的推动者 DocSearls 认为,"播客"是个人能自由选择的数字广播,人们选择收听的内容、收听的时间以及收听的方式"。① 事实上,"播客"不局限于音频文件,随着技术的成熟,任何一个 P2P 文件都可能成为"播客",它可以是文字、视频、音频、图片等。

与传统电视节目的网络传播不同,"播客"更多是草根制造,网民自创。就如目前国内著名的播客网——"土豆网"站上的介绍:土豆网想要做的,是让你能够非常容易地发布你制作或者收集的个人音频和影像作品,每个人都

---

① 朱红梅:《"播客"现象与传播学观照》,中华传媒学术网。(www.mediachina.net)

是生活的导演,戴上土豆面具,每个人都是明星。① 虽然这些来自草根阶层的
"作品"生存成本低,价值也不高,有些纯粹是自娱自乐,但是这股民间力量却
是不容小觑。以全球最大的视频站点 Youtube 为例,目前已拥有 4000 万视
频,并以每天 4 万的数量递增,这些视频虽然只有几分钟甚至几秒钟时间,但
每月能吸引访客 1250 万人,7000 万次浏览量。Youtube 的火爆居然让全球
媒体大亨们惊诧万分,大呼头疼。头疼之后也只能对这种"用户生产的内容"
表示欢迎,即使欢迎的姿态显得有些尴尬和不情不愿。NBC 开始在 Youtube
上开设了 NBC 频道,专门播出一些 NBC 电视节目的片花和预告。虽然在几
个月前,NBC 还因版权问题与 Youtube 对簿公堂,起因是有人在 Youtube 上
上传了 NBC 的综艺节目《星期六晚上直播》,NBC 要求立刻撤下那段视频,但
有趣的是,后来他们发现,Youtube 上的视频竟然给这档并不怎样的节目带来
了惊人的收视率。②

技术改变了许多东西。网络视频的出现,瓦解了传播渠道的壁垒。传统
媒体把世界划分成生产者和消费者两大阵营,我们不是生产者就是消费者,
我们不是传播者就是受传者,但在新媒体前,我们既是生产者,又是消费者,
既是广播者,又是观看者。

当然,我们也应该清醒地认识到,互联网打乱了传统社会的太多规则,网
民自创视频从少数人的自娱自乐开始走向全面泛滥,正如《纽约时报》专栏作
家弗莱德曼在他的新书《世界是平的》里预言,中国"播客"的兴起将是一次自
上而下的文化革命。"如果你认真想想,'文革'之所以发生,是因为突然出现
了一种机制,让大家人人平等,老百姓都当家作主了,权威的象征都可以打
倒。如今的互联网有类似特征,技术面前人人平等,但它会变成集体的疯狂,
还是变成民间创造力的温室,没人知道。"③

(三)移动电视

移动电视是指在移动过程中接收电视、广播节目信号的一种媒体,它采
用世界上先进的数字电视广播技术,通过无线数字电视信号发射、地面接收
的方式进行电视和广播节目同步转播。

在亚洲,新加坡 2001 年初首次开始在全国试播移动电视,他们在 1500 辆

①　http://www.toodou.com.
②③　陈赛,尚进:《从草根到商业:一场网络视频的实验性表演》,《三联生活周刊》2006 年第 25
期。

公共汽车上为150万人次的乘客提供移动电视的服务;同时,节目也覆盖境内的所有地铁线路。近年来,我国内地移动电视项目开发也已取得较大进展。2002年国内首套公交数字移动电视系统已经在上海正式投入商业使用,它覆盖了90%以上的上海市区,北京"数字移动电视"节目于2006年6月正式开播,广东、湖南等省市也都相应开播数字移动电视,目前,国内的移动电视基本都以车载移动电视的形式出现。

与传统电视相比,移动电视具有以下几个特点:

1. 支持移动接收,可以在诸如汽车、火车、地铁等移动工具和移动人群中广泛使用,满足受众随时随地获取信息的需求。

2. 收视具有一定的强制性。这种强制性体现在两个方面:一是与传统媒体观众可以自选频道不同,移动电视节目播放内容无可选择,具有垄断传播、强制性收看的特点。二是由于移动电视的收视环境相对单一和封闭,人们在无聊之余、别无选择中只能被动地收看移动电视所提供的内容。关于这一点,国内知名投资人、汉理资本董事长钱学峰博士有过这么一段有趣的描述:"放眼看看大陆百富榜,前十大至少有三大巨头与无聊相关。由于无聊无所不在,所以还有人奔向无聊产业并取得成功,例如,分众传媒,它首先抓住人们离家之后要去往的各种地点,例如Office、商厦、餐厅、KTV、酒吧、健身会所、剧院等等,抓住了人们等候的时间,等电梯、等食物、等开场、等结账乃至等飞机、等磁悬浮列车,抓住人们在各种地方短暂的无聊,掠夺他们的注意力换成钱。"

移动接收的收视特点和强制收看的收视环境与心理,使得移动电视内容的提供和编排都有别于传统电视媒体,当前移动电视媒体需要解决的首要问题是实现从受众强制接收到主动观看的转变,努力为受众贴身打造节目。

北广传媒移动电视有限公司针对北京居民平均乘车时间为40分钟的特点,推出了"黄金一小时"的节目布局原则,以新闻、资讯和娱乐节目为主,在编排上实行周循环错位滚动播出,让在固定时间乘车的观众可以看到不同的节目。[①] 全国首家覆盖全省的省级数字移动电视频道——广东数字移动电视频道也在04年底正式开播,在受众调查的基础上,他们提出的频道定位是"新

---

① 江洁红:《开创移动收视新时代——北京移动电视的发展与前景》,《南方电视学刊》2004年第4期。

闻＋资讯＋服务"。[①] 还有研究者认为收视环境的嘈杂使得移动电视宜看不宜听，应开发耐看不耐听的节目品种，如魔术、杂技、哑剧等。[②]

(四)手机电视

2004 年，雅典奥运会期间，伴随着移动和联通推出的"手机看奥运"、"奥运直通车"等增值服务，手机电视业务逐渐走进平常人的视野。所谓手机电视业务，就是利用具有操作系统和视频功能的智能手机观看电视的业务，属于流媒体服务的一种，能够为用户提供基于移动终端的视频资讯服务。

从某种角度而言，手机电视也应该归属于移动电视的一种，只是它的接受终端不是电视机，而是具有 3G 功能的手机。

从理论上讲，手机电视最大的优势是随身收看。在运营商的眼里，手机电视是一种为人们带来"边走边乐"的新型媒介形态。虽然手机电视目前还仅仅停留在概念阶段，但国内外运营商和广播电视业界纷纷看好这项新业务，也不时地有试水之举。

美国哥伦比亚广播公司(CBS)为了锁定观众，动用其黄金时段的宝贵广告时间，播出完全为手机设计的电视节目——60 秒微型系列剧。福克斯电视台(Fox)也是最早一批开发专门针对移动观众微型剧的广播商，曾经开发过该台热门电视剧《24》可以下载的微型剧续集。不过，该微型剧只能在网站上看，而且主要是用作试验。

国内，目前唯一拥有广电总局颁发的手机电视牌照的上海文广(SMG)在2005 年牵手多普达，在多普达手机上可直接收看 SMG 旗下东方龙移动信息公司集成的所有电视节目；同样是 2005 年，中国联通与国内中央电视台新闻频道、央视 4 套、央视 9 套以及凤凰资讯台等 12 个电视频道联手推出"视讯新干线"手机视频服务。除了与传统电视机构内容合作之外，自制符合"手机"介质的专属内容也被认为有利可图：同年底，国内首部手机互动情景剧《白骨精外传》初次试水，这部手机电视剧，每集 5 分钟，总共 365 集，用户可以边看电视，边互动评论，预测剧情；星美传媒集团旗下友通数字与东方龙、上海移动将王小帅的获奖电影《青红》改造成手机版，并计划每月推出一部手机电影或电视剧，由香港著名导演陈可辛执导的首部国产歌舞大片《如果·爱》的手机版就是其中的一个；2005 年 9 月中国首部手机动漫连续剧《大闹西游》在网

① 彦凤，梁满收：《迎风起舞——广东数字移动电视解析》，《南方电视学刊》2004 年第 4 期。

② 金希章：《公交移动电视的长与短》，《广播电视研究》2004 年 5 期。

上提供下载,手机动漫理所当然地被新技术的拥趸者视做中国 3G 技术的应用热点。事实也如此,面对小屏幕输出图像损失的问题,并不是什么节目都可以通过手机观看的。就目前的情况而言,只有动漫可以随屏幕大小的变化量身打造而不失真。

从目前试验阶段来看,虽然手机电视蕴涵着巨大的商机,但长路漫漫,需要解决的问题还很多。3G 牌照的发放仍存悬念,手机图像质量,使用价格以及用户习惯和运营模式等问题都有待解决。

综上,电视发展史表明,每一次技术的进步都深刻影响着电视事业的发展,传播技术的变迁可以在内容和方式上影响人类对信息的使用和表达。今天的传播已经进入了"新传媒时代"。所谓"新传媒时代"具有以下一些特点:内容生成的"即时性",越来越多的内容生成和传播的过程正在重合起来;内容获取的"即地性",人们可以在任何地方以任何手段获取即时信息;内容传播的"互动性",内容的接受方对接受的内容有更多的选择权;广告投放的"定向性",广告商可以更有效地针对个人目标客户推送广告……①面对技术的推力,我们需要适应,更需要积极利用,以促进电视传播事业的新发展。

第二节　电视新闻事业发展概况

电视技术的突飞猛进,使电视新闻事业的发展如虎添翼,显示了其巨大的威力。今天,新闻已成为各电视台收视率最高的节目。电视新闻在电视节目中的骨干作用和主体地位已经确立。追溯电视新闻的发展历史,既有辉煌,也有艰难和曲折。其间,每一次质的飞跃,都离不开科学技术的重大变革。可以说,电视新闻事业始终是伴随着电视技术的发展而发展的。

一、电视新闻的起步与发展

(一)电视新闻的起步

1936 年 11 月 2 日,英国广播公司(BBC)在伦敦市郊亚历山大宫正式播送电视节目,宣告了电视的诞生,电视新闻也随之出现。开播之初,电视新闻除了有个读稿的"人像出现"外,和广播新闻无多大区别。美国的电视新闻正式开播晚于英国,但试验性的电视新闻传播早在 20 世纪 30 年代就已经开始。

---

① 孙玉胜《十年——从改变电视的语态开始》,三联书店 2003 年版,第 358 页。

1939 年 2 月 30 日,美国全国广播公司所属的 WZXBS 实验电视台,首次实况转播了纽约世界博览会的开幕式,报道了罗斯福总统主持这次开幕典礼仪式的消息,这也许是最早的电视新闻。美国的电视新闻正式播出始于 1941 年,同样也采用口播新闻的方式。

电视新闻像电影一样具有连续活动的形象画面始于 1947 年。这一年,美国的全国广播公司(NBC)和哥伦比亚广播公司(CBS)相继与电影厂家合作,推出了 16 毫米摄影机和胶片用于拍摄电视新闻。这种轻便的小型摄影机便于记者在新闻现场抢拍画面,使电视新闻较之报纸、广播新闻具有了形象传播上的优势。

纵观这一阶段的电视新闻,虽然已初步有了形象传播的优势,但新闻性并不强。以美国为例,全国广播公司(NBC)开办的一档 15 分钟新闻节目《骆驼新闻大篷车》,是骆驼牌香烟公司出钱举办的。这档节目,非常讲究拍摄技巧,讲究广告宣传,惟独不讲究新闻真实和新闻时效。这样一档新闻节目,与其说是电视新闻,还不如说是某个公司的新闻性广告。此外,由于胶片拍摄制作成本大,电视台都把电视新闻当作"赔钱"的"包袱"。

(二)电视新闻的发展

20 世纪 60 年代至 70 年代,电视新闻得以迅猛发展。

首先,电视台和电视接收工具的日益发展,使得电视事业的竞争日趋激烈。以美国为例,1946 年只有 6 座电视台和 8000 架电视接收机。1950 年分别增加到 104 座和 1000 万架。70 年代电视台增加到 1000 座,电视机达到 138 亿架。其次,为争取高额的广告收入,各电视台必须千方百计地改善自己的节目,以提高收视率,电视新闻自然也是改革的重要内容。

1961 年,哥伦比亚广播公司在洛杉矶的 KNXT 电视台创办了一个长达 45 分钟的新闻节目——《大型新闻》,采用杂志型的节目编排形式,并在节目中首次出现了新闻主持人。1968 年,美国著名电视编导、哥伦比亚广播公司的唐·休厄特创办了《60 分钟》新闻杂志节目,在每周日的晚上 7 点到 8 点之间播出,其收视率在美国三大广播公司"黄金时间"(18:30－22:30)的竞争中,占据绝对优势。电视新闻的影响开始超过了报纸。

这一时期,电视技术上的一项重大突破,使得电视新闻的发展开始逐步走向成熟。电子新闻采摄手段(Electronic News Gathering,简称 ENG)于 20 世纪 60 年代末、70 年代初期开始运用于电视新闻拍摄并迅速地被普及,逐步替代了 16 毫米摄影机。ENG 省却胶片拍摄需要的后期冲印制作过程,为提高新闻时效提供了技术保证。ENG 摄录同步功能可以将新闻现场画面及现场音响同时展现在观众面前，增强了报道的现场感、可信性。

1968 年，美国某调查研究机构询问被访者："如果得知一个互相矛盾的新闻报道时，你信任哪一个传播媒介呢？"回答电视的占 44%，报纸的占 21%。再问："你从哪里得到世界上主要的新闻呢？"回答说是电视的占 59%。可见，ENG 的运用，使电视新闻在新闻媒介的竞争中脱颖而出。

ENG 是电视新闻采摄技术的进步，而卫星传送则从传播手段上为电视新闻提供了报纸所无法比拟的优势。通过卫星收看新闻是 60 年代和 70 年代最了不起的电视成就。

卫星传播，不受高山、大海的阻隔，其传播速度快，传播范围广，实现了全世界享受"同时知道"的体验，使偌大的世界变成了"环宇一村"。

100 多年前，美国林肯总统遇刺时，由于美国和英国之间没有电报联络，伦敦在 5 天之后才知晓这一消息。而 1969 年 7 月 20 日，全世界至少有 49 个国家的 7 亿观众同时观看了 CBS 公司的新闻特别报道《"阿波罗"11 号史诗般的旅行》。卫星传播，使电视成为最有影响的大众传播媒介。电视新闻已经从"赔钱货"变成了"摇钱树"，被视为"最高尚的服务"，是电视台"赢得声誉的源泉"。从此，传播新闻成了电视的第一功能。各电视大国都用最优秀的人才、最好的时间、最大的本钱去精心创办自己的新闻节目。

二、中国电视新闻事业发展简介

世界电视事业发展进程表明，电视——当它以新兴的传播媒介步入舞台的时候，新闻界和受众都把电视视为文化娱乐的工具。而当它进入成熟期时，则又成为一个权威显赫的新闻中心。中国的电视新闻事业也经历了同样的历程。

1958 年 5 月 1 日，我国第一座电视台——北京电视台（中央电视台前身）开始试验播出。经过一段时间的实践，1958 年 9 月 2 日转为正式播出。从此，掀开了中国电视事业的历史性篇章。

中央电视台是国家电视台，她的诞生是中国电视事业起步的标志。她的发展代表了中国电视事业的总趋向。同样，中央电视台的新闻节目，经历了40 个春秋的风风雨雨，也代表了中国电视新闻事业的发展历程。

（一）艰苦创业

从 1958 年到 1965 年，是电视新闻的艰苦创业时期。当时，中央电视台的人员很少,设备奇缺,新闻是不定期播出的。初期的新闻报道形式有图片报道、图像新闻和口播简明新闻等。1960 年开始,有了固定的电视新闻栏目,每次播四至五条新闻,约 10 分钟至 15 分钟。

初创时期的国际新闻主要是苏联和东欧一些国家提供的电视新闻片和纪录片,时效很差。1960 年开始订购并选用英国维司新闻社的新闻,并先后同日本、古巴等国签订了交换电视新闻片的协定。1964 年后有了相对固定的《国际新闻》栏目,每周播三次。

这个阶段的电视新闻数量少,时效差,篇幅长,选材窄,形式单调,雷同于新闻纪录电影制片厂摄制的《新闻简报》,在社会上影响很小,还无法同报纸、广播新闻抗衡。

(二)曲折发展

正当我国的电视新闻事业有了初步基础,有待稳定发展的时候,"十年动乱"开始了。电视新闻事业受到了严重干扰和破坏。但这一时期,由于全国人民的努力,电视技术和电视事业建设还是取得了一定的进展。

1971 年,全国邮电微波干线初步建成,使电视新闻的传送范围逐步扩大,中央电视台的电视节目可以传送到 20 个省、自治区、直辖市,为建设以北京为中心的全国电视网创造了条件。

1972 年,美国总统尼克松访华。中央电视台租用卫星地面站、彩色电视转播车、彩色胶片冲洗设备,向世界发送了尼克松访华的实况报道,并首开我国利用卫星传送电视新闻节目之先河。

1973 年 5 月 1 日,彩色电视节目开始实验播出。同年 10 月 1 日,改为正式播出,当天转播了首都人民国庆游园活动实况。它标志着中国电视事业发展到了一个新的阶段。

(三)全面振兴

1976 年 10 月,粉碎"四人帮"以后,中国电视事业开始呈现勃勃生机,中国电视新闻事业的发展也进入了黄金时期。

1978 年元旦,正式创办《全国电视台新闻联播》节目,以后简称《新闻联播》。这是一个由中央电视台牵头,各地方电视台共同协作创办的面向全国的新闻节目。

20 世纪 80 年代初,中央电视台新闻部率先采用了现代化的电子设备(ENG)采制新闻。随后,地方台也陆续引进了 ENG,并运用到新闻摄制中。与此同时,各省、自治区、直辖市和部分计划单列市电视台逐步进入了利用微波干线向中央电视台传送新闻的发展阶段。ENG 和微波回传,极大地提高了新闻时效。

1981 年 4 月,在青岛召开了全国电视新闻工作座谈会。这次会议在我国电视新闻发展史上具有承前启后、继往开来的意义,对电视新闻的发展起到了重要的作用。会议明确规定各省、自治区、直辖市电视台新闻部作为中央电视台的集体记者,有责任、有义务配合中央电视台共同办好《新闻联播》。会议提出一个奋斗目标:力争在一个不太长的时间内,把《新闻联播》办成一个比较完整、比较系统的对国内、国际重要事件及时进行形象化报道的节目,使它成为电视观众获得新闻的重要途径之一。

以往,国家重大新闻事业的发布时间须等到晚上 8 点,以中央人民广播电台的《各地联播》为准。从报道党的第十二次代表大会开始,中央明确规定,中央电视台的《新闻联播》可以独立发布重要新闻,它可以比报纸早一天。这一规定,确立了电视新闻的重要地位,也是中国电视新闻事业发展的一个重要标志。从此,我国电视新闻事业进入了健康发展、全面振兴的新阶段。

为满足各种不同类型观众获取各类信息的需要,在有限的时间内最大限度地增加信息量,中央电视台经过几年的努力,新闻播出的数量、频次大幅度增加。20 世纪 80 年代初,每年只播出三四千条国内新闻。80 年代末,增加到 2 万条左右。90 年代初,国内国际新闻的年播出量达到 4 万条左右。各地方电视台新闻节目的播出时间也比过去大大增多。

为扩大报道面,增加信息量,中央电视台于 1980 年 4 月开始,通过卫星收录英国维司新闻社的国际新闻。1984 年参加了亚太广播联盟 B 区和 A 区的新闻交换。1987 年又和东欧广播联盟签订互换新闻合同。近年又在欧洲、美国等国家和地区建立了记者站。与国际广播联盟组织的合作,不仅增加了国际新闻来源,拓宽了报道面,同时也把中国的电视新闻传送到了世界,扩大了中国电视新闻的影响。

中央电视台从 1984 年起,先后增办了《午间新闻》(现更名为《新闻30′》)、《晚间新闻》(现更名为《晚间新闻报道》)、《体育新闻》、《英语新闻》和对境外播出的《中国新闻》,并于 1993 年 3 月 1 日起,实现每天滚动播出消息类新闻 13 次。1997 年 5 月 5 日,中央电视台又在原有 7 时、8 时两档《早间新闻》之前,增加了一档长达 15 分钟,以首发新闻为主的 6 时《早间新闻》(现又推出 150 分钟的新闻资讯类节目《朝闻天下》),从而使中央电视台的新闻发布时间提前了一小时。经过对新闻节目播出格局的多次重大改革,中央电视台每天的电视新闻基本上囊括了国内外要闻。中央电视台还明确规定,任何一次新闻节目都可作为新闻首发窗口,以最快的速度把刚刚收到的消息抢发出去,这极大地提高了新闻的时效性。

电视新闻所显示出的信息密集、传播迅捷的优势,在受众中树起了"要闻总汇"的形象。它后来居上,成为人们获取信息的主要渠道之一。

随着社会的发展,观众对电视新闻的需求也越来越高。为了适应这种要求,各电视台对电视新闻也投入了更多的人力、物力,一些有影响、有深度的新闻杂志性、评论性节目脱颖而出,中央电视台的《东方时空》、《焦点访谈》、《新闻调查》、《新闻会客厅》和《面对面》等栏目越来越为受众所关注和喜爱。电视作为新闻舆论中心,已被越来越多的人所认同。

2003年5月1日开播的新闻频道,更是我们面对新闻传播的全球化竞争局面的一次主动出击,是提升中国电视新闻业竞争力的一项重要举措。

随着卫星电视的发展和省级卫视的崛起,逐渐打破了以往"央视为主,一家独大"的旧电视格局,并逐渐形成央视、省级卫视、城市台三足鼎立(甚至延伸出央视、省级卫视、省级电视非卫星频道、城市台和境外电视媒体五足鼎立),多元发展的新格局。电视市场三分天下的竞争格局,也催生了中国电视新闻竞争的新态势,新闻的竞争相应呈现多元化、层级化趋势,无论是央视、凤凰卫视、省级卫视等强者在"硬新闻"上的角力,还是地面频道(省级电视非卫星频道和城市台)的"民生新闻大战",这一切都表明了中国电视新闻进入了新的发展时期。

第三节 电视新闻发展新气象

进入新世纪,在频道数量激增,观众日益分流,电视媒体竞争加剧的情势下,在经历了娱乐节目和电视剧大战之后,"新闻立台"又成为全国众多地方电视台的一项发展战略,各家电视台都加大了新闻节目的投入,许多省市电视台的新闻节目收视率超过央视新闻节目,成为广告创收的重要平台,新闻成为竞争的主战场。

在2006年上海国际电视节的电视剧市场研讨会上,权威调查机构尼尔森公布了一串数字,引起了与会者震惊:作为荧屏大战重武器的电视剧整体收视率严重滑坡,已从2002年的第一位下降到2006年的第三位,落后于在荧屏上播放的新闻和电影。① 新闻类节目的市场空间进一步加大,新闻类节目的收视比重均高于播出比重,许多广告客开始都把新闻节目作为广告投放的重点,国内很多新闻节目广告创收都很高,成为许多电视台广告创收的重要平台。

2001 年,江苏电视台城市频道广告额只有 0.28 亿元,2002 年元旦,城市频道推出新闻栏目《南京零距离》,开播第 2 周就进入 AC 尼尔森南京地区电视排行榜。2003 年 7 月,《南京零距离》平均收视率为 8.3%,最高收视率达到惊人的 17.7%。2004 年和 2005 年,《南京零距离》的广告拍卖价格都在一亿元以上。②

在市场竞争的压力下,中国电视新闻呈现出诸多令人欣喜的新景象。

一、电视新闻发展新气象

(一)重大新闻事件的同步直播报道

现场直播是最能发挥、展现电视新闻魅力的新闻报道与播出方式。现场直播报道将不可预测的事件发展过程和结果同步传达给观众,增加了报道的影响力、冲击力和渗透力。电视新闻传播将靠直播发挥它的最大效益,赢得最大价值,同步直播具有信息传递的零时差、信息传播的零损耗以及传播过程中记者与观众之间阅读新闻事件的零误差等特点,在直播状态下,新闻事件发展的不可控性、不可重复性将会极大地满足受众的获知欲。

随着我国经济、技术的发展,中国电视新闻已经具备了将国内、国际的重大事件在发生的同时传播给全国观众的能力。仅 1997 年,中央电视台就播出了《日全食——彗星天象奇观》、《'97 香港回归特别报道》、《黄河"小浪底"工程截流合龙现场直播》及《三峡工程大江截流特别报道》等,直播新闻事件之多,直播时间之长,都堪称中国电视新闻之最。因而,1997 年已成了中央电视台的直播年。而新闻频道从开播到现在,更是展现了自己的特色。比如,加大了新闻事件的现场直播力度,中央电视台 2002 年全年直播的新闻时间为 60 小时,而新闻频道在一年中大大小小的现场直播报道累计达到了 700 个小时。

重大新闻事件的同步直播报道,尤其是对重大突发事件的第一时间的直

---

① 俞亮鑫:《尼尔森:各频道电视剧整体收视率严重滑坡》,紫金网。(www.zijin.net)
② 谢耕耘:《中国电视新闻竞争新格局》,《新闻界》2005 年第二期。

播,不仅能在激烈竞争的媒介市场上抢占先机、拔得头筹,而且能借重大事件树立品牌,提升频道的竞争力和影响力。历史上媒体巨人地位的建立往往与重大新闻事件紧密相关,ABS、CBS、NBC、CNN 以及《华盛顿邮报》等的崛起及其世界地位的奠定都印证了这一点。媒体之间的相互竞争与挑战,在重大事件中表现得最充分,媒体对于重大新闻事件的理解、把握以及为此所做的安排,是其核心竞争力的最直接的体现。

"如同海湾战争成就了 CNN,'9·11'事件成就了卡塔尔半岛电视台和凤凰卫视一样,任何一次重大突发事件都会提供给全世界的媒体一个提升的机会,央视终于赶上了一班车。"①这一班车指的是 2003 年 3 月 20 日爆发的伊拉克战争,这也是央视和凤凰卫视之间正面新闻较量的开始。北京时间 3 月 20 日上午 10 点 33 分,伊拉克战争爆发。央视在第一时间,央视一套、央视四套、央视九套这三套节目根据频道特点和时差要求及时开出直播窗口,开始了对伊拉克战争进行直播报道,直播一直持续到下午 3 点半,连一向准时在中午 12 点播出的《新闻 30′》也被临时取消,为直播让路。央视四套更是暂停播出原有节目,全力直播"关注伊拉克战事"特别报道。报道的密集程度甚至超过了几天前结束的"两会"报道。

央视为了这次报道不吝金钱、人力、物力的投入,派出采访小组分赴伊拉克、约旦新闻事发第一现场,采用同步报道全方位直播的方式,在形式上调动了如演播室专访、讨论、卫星电话连线、多画面双视窗、流动字幕等各种报道方式。巨大的投入也带来了央视一套、四套、九套节目的整体收视份额迅速飙升。据央视—索福瑞的收视调查显示:伊拉克战争爆发后,央视一套、四套、九套节目的人均收视时间达到 38 分钟,较平时(13 分钟)提高 25 分钟;平均收视份额达 20.46%,比平时(7.74%)提高 12.72 个百分点。央视一套播出的《伊拉克战争特别报道》在 16 个样本地区的平均收视率达 3.7%,收视份额达 27.7%,收视率比平时提高了 8 倍,收视份额提高 20 个百分点。央视四套播出的《关注伊拉克战事》特别报道在 16 个样本地区平均收视率为 1.81%,收视份额达 10.09%,最高收视率达到了前所未有的 4.25%,收视份额达 12.79%,与平时相比,收视率及收视份额提高近 28 倍。央视九套播出的《伊拉克战争报道》在 16 个样本地区的平均收视率为 0.12%,收视份额为 0.45%,与平时相比,收视率、收视份额均提高 5 倍 3。许多观众甚至认为,央

---

① 谢耕耘,周红丰:《中国电视新闻竞争报告》,《视听界》2004 年第一期。

视伊拉克战事报道的现场感、权威性和公信度已超过境外媒体,完全可以与境外台竞争,央视此次"伊拉克战争史无前例地大规模全程直播,被业界看作中国电视媒体走向成熟和国际化的一个里程碑。"①

值得注意的是,在伊拉克战争报道中,除了凤凰卫视的连续滚动全方位直播报道之外,上海电视台和东方电视台新闻娱乐频道也采取了同样的持续滚动播报方式,全天候滚动追踪报道重大突发新闻事件。改变呼号后的上海东方卫视自开播以来,一些重大的国际新闻、卫视都做了连线,有的还派出了记者。温家宝同志出访的系列直播报道和伊拉克前领导人萨达姆被捕等的直播报道,都产生了较大的影响。可见,对于"硬新闻"的拼抢,重大新闻事件的同步直播已成为电视新闻界的共识。

长期以来,直播是作为一种特殊的报道方式存在,其特殊性体现在惟有重大事件才有"直播"礼遇,在这样的概念下,直播被理解为非常态的。

最早出现的是像奥运会、亚运会及世界杯这样的竞赛类直播,接着,开始了国庆50周年、港澳政权交接仪式等仪式类直播;近几年,对"发现类"直播的探索,开拓了直播的题材领域。"老山汉墓考古直播"、"钱江潮直播"及"云南抚仙湖水下考古直播"以及2002年美国国家地理频道直播的"金字塔探秘"等,都属于这一类直播。但无论是竞赛类直播、仪式类直播还是发现类直播,都是因为其题材重大,节目重要而采取特别节目的运作方式,直播,并未常态化。其重要表现就是:"在新闻栏目中,我们还缺少对新闻事件现场记者的连线直播报道,更缺少对新闻事件的连续式直播报道。"②

事实上,直播,作为一种最适合现代电视新闻报道的方式,应该是日常新闻报道中不可或缺的必要组成部分。我们日常的新闻报道,通常采用主持人在演播室里念导语,然后播放新闻短片的方式,但如果在节目中加入记者连线直播和突发事件的连续性直播的报道方式,会让我们的新闻节目更鲜活、更有交流感、更具贴近性和吸引力,因为,直播本身的零时差、信息的零损耗和记者与观众之间阅读新闻事件的零误差所带来的对于新闻事件掌控的同步、真实和权威,使得直播成为电视最富表现力的一种方式,也应成为一种电视对于新闻事件,尤其是突发事件快速反应的日常报道形态。

---

① 数据参见谢耕耘,周红丰:《中国电视新闻竞争报告》,《视听界》2004年第一期。
② 孙玉胜:《十年——从改变电视的语态开始》,三联书店2003年版,第514页。

(二)新闻本土化战略日渐成效

区域性电视媒体凭借新闻本土化的战略在电视新闻竞争格局中的成功突围将电视新闻的平民化传播推向了一个新的发展方向。

长期以来,体制造成的省、市频道先天不足的资源实力和地域局限,在新闻竞争中一直扮演着沉默的角色,在国际、国内重大事件上他们无法也无力与央视、凤凰和其他省级卫星频道争抢"话语权",唯一的竞争策略就是要避开硬新闻的竞争和拼抢,在"软"和"小"上大做文章,大打贴近牌。本土特色的"民生新闻"就是省级非卫星频道在这种策略思想下的一种巧思突变。

江苏是民生新闻的发源地,2002年元旦,江苏城市频道推出新闻栏目《南京零距离》,以直播60分钟的大容量,主持人孟非以平民化、个性化的姿态出现,极具亲和力。该节目定位于"民生的内容、民生的习尚、平民的视角",与传统新闻"我播你听"不同的是,该节目的不少新闻线索都是由观众提供的,还有观众自己用DV拍摄的,因而始终保持着与观众的双向互动。城市频道推出《南京零距离》后,收视率一路飙升,开播8个月,就跃居成为南京地区收视率最高的电视栏目。《南京零距离》的开播以及突如其来的红火收视情况给困惑已久找不到市场突破口的城市频道注入了一剂"强心针",由《南京零距离》提出的"民生新闻"的理念迅速得到了许多地方城市频道的认同,紧接着就是各地城市频道纷纷扯起了"民生新闻"这面旗帜,民生新闻栏目在各省市频道中遍地开花。

电视新闻的本土化战略以地缘上、心理上的接近性赢得本土观众,在新闻内容的选择上尽量贴近老百姓的生活,贴近他们的情感,贴近他们的审美情趣;在新闻播报上运用老百姓喜闻乐见的形式,主持人的亲和力自不待言,方言播报、角色化传播等形式更是创新了新闻传播形态,受到电视观众的青睐。杭州台的两档民生新闻栏目《阿六头说新闻》(西湖明珠频道)和《我和你说》(生活频道),均采用方言播报,而《阿六头说新闻》,将播报者角色化,塑造了一个土生土长,能说会道、消息灵通,又富有"杭铁头"正义感,当然有时也会失于"碎烦"的形象,正是这样一个有个性也有缺点的平民形象才使这档新闻栏目更接近于观众的审美习惯,"阿六头"的身份标记也获得了杭州观众的角色认同和心理认同。

本土化战略为城市频道在新闻大战中占据了一个制高点,赢得了生机,但是,我们不得不注意到,当下"民生新闻"遍地开花的这种同质化的竞争思路也成为民生新闻可持续发展的瓶颈,民生新闻形态的模式化、内容的低俗化、题材领域的趋同化等问题也开始被理论界所诟病,民生新闻需要在反思中前行。

(三)大时段新闻渐成气候

规模化、全覆盖的信息立体化传播方式在新闻竞争中脱颖而出,与此相适应的就是新闻栏目以大时段构筑,栏目体量增大。

中央电视台新闻频道 2006 年 6 月的第四次改版,新推时长 150 分钟的大型早间新闻资讯节目《朝闻天下》和时长 60 分钟的晚间综合新闻节目《360》。从每天早上七点开始,东方卫视也是长达两小时的晨间资讯节目《看东方》。而许多地方台的新闻节目也纷纷扩容,从以前的 20 分钟、30 分钟扩展为 45 分钟、60 分钟不等。

此前中国观众熟知的通常是长度不超过半小时的每日消息类新闻栏目,但随着观众对信息渴求度的增加以及媒体间新闻竞争的日趋激烈,电视媒体的信息提供需要扩容,向广度和深度拓展。

1. 信息提供的广度化

随着信息化时代和全球化时代的到来,新闻的信息意识越来越强烈,新闻不是只有正面报道和批评报道,新闻应该包括我们感兴趣的所有信息,就如《天气预报》曾经是央视收视率最高的节目。相应地,我们的新闻节目就应该涵盖政治、财经、文化、教育、科技、体育、社会影视、娱乐等专项领域的新闻,甚至还应包括心理咨询、旅游休闲和气象服务等方面的实用信息。

以央视的《朝闻天下》为例,150 分钟的节目分为综合新闻、媒体广场、民生社会新闻、最新国际、体育新闻等版块。通过 4 次滚动播出的"今天早知道",以及节目全程交替出现的滚动字幕,第一事件关注当天焦点事件,提升当天生活服务。并且每 30 分钟以天气预报的方式,提供一次天气出行服务,同时还将在节目中以滚屏字幕的方式全程发布天气信息,并加挂标准时钟。可见,在央视的早间新闻节目中,除了报道国内、国际重大新闻,增加了众多社会民生、天气出行、文化体育、时尚生活等多种丰富的资讯内容。

2. 信息提供的深度化

信息时代的媒体竞争,在很大意义上不仅仅是新闻题材的竞争,而是新闻挖掘方式与深度的竞争。我们不仅要告诉人们发生了些什么,还要告诉人们它为什么会发生,这件事与那件事有什么联系。正如凤凰卫视评论员阮次山所说,许多看来不相关的事,其实背后都是有关联的。媒体要做的,不是让我们的受众自己去费力地寻找那些联系,因为对他们来说,信息消费只是业余生活中的一部分,他们不可能全天候地跟踪世界的发展与变化,并且还能对这些变化做出合理的解释。这样一种跟踪与解读工作,应该是由媒体来完成的。对于目前的中国电视新闻来说,"解读新闻"这个层次亟待开发,谁能在这一层面上先人一步,高人一筹,谁就能在下一轮的新闻竞争中占据有利位置。对我们电视新闻节目来说,不仅应该提供信息,还应该提供对信息的梳理与整合、分析与判断。这就要求我们的电视新闻要从封闭型的单一报道迈向开放型的多层面报道,从单纯的信息性报道变为思辨式的深度报道,以推动社会前进。

二、发展展望

(一)新闻传播的平民化

中国电视不仅需要强大的科学与理性精神,而且必须要有充满人文精神的价值判断。这是中国电视真正走向成熟的前提之一。人文精神存在于中外古今,人们对它的内涵有种种不同的理解,但有一点是共同的,即关怀人类,弘扬人性。肯定人的价值、尊严,关注人的生活环境和生存状况,追求人的自由和解放。

人文精神的核心是人间关怀,尤其是关注社会最广大的人民群众,关心他们的喜怒哀乐,关心他们的生存状态和生存需求。因此,我们的新闻传播应适当地采取民间的立场,多从人民利益的角度来审视世事,判断是非。这就是电视新闻传播的平民化问题,也是电视传媒所可能达到的境界问题。

电视新闻的平民化实际上是要求在电视新闻报道中"将人还原成人",并深入地介入到人的生存状态和个性状态中去。传统的新闻观念从整体上看,存在着重理性轻感性,重事件轻人物,重社会整体环境轻人物内心世界的倾向。在西方新闻理论的发展过程中,这一倾向有时也会发生某些变化,如20世纪60年代新新闻主义崛起后,人们开始返回自身,着力在人的意识领域和情感领域去寻找认识与衡量世界的标准,然而,它仍然只是把人当作一种发现世界的工具去看,而不是将人当作最终目的去看。到20世纪90年代,美国一些资深记者开始亮出"亲近性新闻"招牌,昭示了美国新闻报道的平民化趋势。亲近性新闻是"关于每日生活的记录,它从普通人的视角出发,报道大众在寻找生活意义与目的时,他们的行为、动机、情感、信念、态度、忧伤、希望、恐惧和成就,亦即在平凡人生中寻找不平凡。"(有关内容可参见蒋荣耀《美国新闻报道的平民化趋势——对亲近性新闻的解读》一文)

中国电视也是自 20 世纪 90 年代开始将话语权从政府下放到人民的,由此,平民意识大大加强,老百姓的生存状态和权益受到重视,"讲述老百姓的故事"是最有代表性的提法。一些富有强烈责任感的电视工作者以深切的同情心关心民生疾苦,反映百姓的呼声,捕捉普通人身上闪耀着的人性光辉和生命活力。"如果说,80 年代中国电视新闻传播中人的主体性地位基本得以确立,那么,90 年代的中国电视,则体现出更为深刻的人文精神:人类生存的意义从更多的向度上得到表现,普通人的命运备受关注。"[①]进入新千年以来,以江苏电视台城市频道《南京零距离》为代表的电视民生新闻在各地的风生水起,更是将电视传播的平民化趋势推向一个新的高度。

在《最佳普利策新闻奖作品》的序言中有这样一段话:"新闻之所以重要,主要有一个原因,那就是:人。它写人,影响人,而且通常只有它对人有影响时,最无生气的题目才会显得重要。"电视作为一种处于科技前沿的传播工具,无论它具有多少自身的工具特点,电视关注人及其命运应该是它本性的一面,因而,我们的电视新闻应该更多地塑造平民形象,体现平民思想和民间关怀,并由此去发现和再现普通人的价值和尊严。

(二)新闻传播的两极分化

过去,由于我们的社会政治、经济、文化结构的相对统一,使得中国受众对信息传播的接受期待也相对统一。电视频道和电视栏目在受众选择上主要追求一体化,但是随着社会日趋呈现多样化、多极化和多层化的特点,媒介受众的分化和受众信息需求的分化已经成为一种必然的趋势。

新闻传播的两极分化主要体现在以下几个方面。

1. 节目内容的两极分化

传播学"两级传播"理论认为,受众更倾向于接受来自宏观和微观的信息传播。一极主要是有关宏观的有价值的信息,在社会政治、经济趋向于全球一体化的今天,了解国内、国际局势成了人们获取信息的动因之一。而内容的另一极主要是有关地域性、接近性和本土化的信息,寻求身份的认同和归属。

2. 节目类别的两极分化

资讯类和深度报道类节目呈现两极化发展。前者以丰富详尽的资讯提供让受众纵览天下风云,后者以深入探询、理性思辨让观众洞察世事变迁。

---

① 转引自《电视时代》,复旦大学出版社 1997 年版,第 39 页。

前者广中求深,后者深中求广。

3.节目风格的两极分化

一是权威、客观、庄重,这成为新闻联播类节目惯用的风格;二是个性、主观、轻松,在地面频道,尤其是民生新闻中大量采用。

第三章
电视新闻的表现元素

电视新闻是多种符号的综合传播,作用于受众的视觉和听觉感官,视听结合,形声并茂。多符号的传播特点,构成了电视新闻表现元素的丰富多样:从视觉画面上看,有人物的形象神态和现场环境,有图表、漫画、动画以及屏幕文字等;从听觉形象上看,有解说、音响、对白、音乐等。但究其根本,图像与声音无疑是它构成的两大基本元素。

第一节　图　像

电视图像也叫画面,是通过荧光屏显示出来,诉诸观众视觉感官的视频符号。它是电视新闻传播的基础,没有图像便不能称为真正意义上的电视新闻,而变成广播了。

电视图像的特性:一是"运动",二是"连续"。

电视图像不同于照片,它是活动的。它的"运动",既来自于图像内部被摄主体的运动,也来自于图像外部由运动拍摄而产生的动感。

图像的连续性,就是电视的图像是由一个个镜头组接在一起,并因此而产生画面语言,具有叙事和表意的功能。

电视图像连续运动表现的特点,能够充分展示客观世界的运动方式,使得画面具有很强的时空再现能力。

电视新闻的图像表现元素分为形象、图画与字幕。

一、形象

电视新闻传播是运用画面把具体的、可视的、典型的新闻现场的形象,通过荧屏呈现给观众,具有纪实性和直观性,并由此而形成强烈的现场感和感染力。

新闻现场生动纪实的画面形象,是电视新闻的传播基础。没有画面形象也就没有电视新闻的传播特色。有些内容,很难用文字、语言加以表达,而用画面语言来表现,寥寥几个镜头,就十分明了、生动。

在电视新闻中,最能感动人和挑起观众感情冲动的是画面形象。中国电视奖一等奖作品《朱卡嘉没有走》(浙江电视台)中,有这样一个画面:扮演朱卡嘉的演员面对朱妈妈情不自禁地双膝跪了下去,屏幕前的观众无不为之怦然心动,为英模的英年早逝而惋惜,更为英模的崇高精神所感动,此情此景,令人久久难忘。"画面的作用是强烈的,这是由于画面可以对原来的现实进行各种纯化和强化处理","画面再现了现实,随即进入第二步,即在特定环境中,触动我们的感情"①,这就是画面形象的吸引人之处。

电视新闻中的理性思维,必须建立在形象画面基础上,不然就是无的放矢的空谈,必定是毫无生命力和说服力的。中央电视台获奖新闻《还水一条畅通的路》中,先用一组极富视觉冲击力的形象画面,展示出河道上、河滩上一座座被冲或未被冲倒的房屋,特别是那座小白楼,就像一座水中孤岛,阻碍着洪水下泄,加重了洪水灾害。这组画面,画龙点睛,留给观众极强的印象。这些触动观众视觉和情感的画面形象,为记者的理性思考和主题升华奠定了坚实的事实基础。

电视新闻运用形象元素表现主题、报道事实、传播信息时,要充分考虑形象是否提供了新闻最重要的事实,是否具有启示性。换言之,你的形象取材不仅要给观众以丰富的信息量,加深观众的印象,而且还能触动观众的情感,激发观众的思维,具有形象价值。要获取有形象价值的素材,首先要求记者深入采访,尤其是深入新闻事态的第一现场,用镜头准确清楚地描述事情的

---

① ［法］马赛尔·马尔丹:《电影语言》,中国电影出版社 1980 年版,第 9 页。

来龙去脉,这也是新闻真实性原则的要求。其次,要尽量选择抓取新闻现场典型的形象细节。所谓典型的形象细节,是指那些能够代表事件的关键,展现扣人心弦的情绪,揭示问题意义的最富有表现力形象画面。对现场形象细节的捕捉既可以展示电视传媒画面的威力,又是记者寻找论据、强化论据的一个重要手段。中央电视台《焦点访谈》节目《收购季节访棉区》,报道部分棉区非法收购棉花的问题,其中有一段是记者进入朱集镇棉花加工厂的采访。这个厂以代农民加工棉花为名,非法收购棉花。当听说记者来采访,厂里立刻停产解散,展示在观众眼前的是空旷的厂房,但敏感的记者却用镜头捕捉到如下画面:办公室空无一人,但人走茶未凉,残留的收棉计划表,墙头攒动的人影,姑娘发梢的棉丝……观众早已从这组极富表现力和说服力的形象细节的展示中,判断出这里曾是一个热闹非凡的收购站。可见,现场形象细节运用得当,不仅能突出新闻现场的特点、气氛,还能巧妙地将作结论的权利留给观众,达到良好的传播效果。

在电视新闻中,充分发挥形象元素的表现作用,还涉及到画面的构图、景别、角度、运动及蒙太奇等相关因素(详见第九章有关电视新闻的拍摄及第十章电视新闻的编辑)。

二、图画

图画,包括地图、漫画、动画、图表、提示板等,也是电视新闻常用的视觉表现元素。

在新闻报道中运用地图,既能给观众从地理概念上增加感性认识,又能补充形象的不足,加深对新闻报道的理解。

新闻事件发生在何地(Where)是新闻的五要素之一。电视新闻中,当解说词在介绍新闻事件发生的地点时,都可以插入地图与之相配合。有些新闻,涉及地点较多,如产品销售网点、铁路沿线城市等,这些有关地理位置的内容,光用形象来表达,既费力又难以表达清楚;用语言表达,又过于抽象和繁琐。如果加上地图,则能使观众一目了然,十分具体清楚。

我们的屏幕上时有巧妙地运用地图的佳作出现。

图表,是表示某种情况和标明某种数字对比情况的图和表的总称。用它来表现某些内容,能收到简单、明确、一目了然的效果。比如,生产总值、销售指数等数字,用形象无法表示,光听数字又不易明确,而画出图表则十分形象、清楚。

三维动画具有极强的可视性和特殊的表现力,对于新闻中一些看不见、语言又难于说清楚的内容,特别是有关科学技术和科普知识方面的问题,用动画来表达,能收到清楚、易懂的效果。如 1997 年 3 月,我国大部分地区能观赏到日全食和波普彗星。那么,日全食现象是怎么产生的? 在我国历史上出现过多少次日全食? 在哪些范围能观察到? 等等,这些问题光用语言解释,观众没有感性认识。中央电视台在观测点作现场直播报道时,大量地运用动画,并配合天文学家深入浅出的现场解说,形象而通俗地向观众解释了这一奇妙而神秘的天文现象,使观众在欣赏赞叹大自然的神奇之余,又获得了天文知识。

漫画也可以用于表现新闻内容,但必须严格遵循新闻真实性的原则。如 1990 年 2 月,有关"伊朗门事件"法院调查的新闻,为防止泄露国家机密而禁止记者采访。因此,报道这一新闻时,没有形象性图像,而采用漫画代替。可见,新闻中采用漫画是不得已的权宜之计,一般较少采用。

值得一提的是新闻节目中提示板的运用,如果说地图、动漫、图标的运用还只是从新闻强化视觉化的角度出发增加观众对新闻事实的感性化认识,那么,提示板的运用,则是有利于新闻背景的展示,为的是方便观众了解新闻事件中当事人与事件本身的关系、当事人之间的关系、事件的发展趋势、与国内已有的类似事件以及国际类似事件的比较等。

作为电视新闻在视觉元素缺乏时的补救措施,电视图表的使用由来已久。随着对电视节目制作认识的加深和经验的积累,很多制片人已经意识到好的图表不仅仅可以帮助填补视频轨道的空白,还是帮助观众理解复杂事实的有效手段,同时还能延缓收视兴趣,保持观众注意力的持续强度。

图画作为新闻图像的元素,在具体运用中,如果巧妙、得当,不仅能成为电视新闻的一种表现手段,而且能成为具体新闻内容的有机组成部分。

三、字幕

字幕虽然属于语言符号的一种,但它是出现在屏幕上的文字,是诉诸于观众的视觉感受的。因而,也将它归类于图像元素。

作为语言符号,字幕具有独立的表意功能,它能弥补形象和声音语言的不足,在目前的电视新闻中,字幕的运用日见增多。

(一)字幕的分类

1. 说明性字幕

说明性字幕主要是对画面作辅助性介绍。如人物身份、地名、时间、地点等事实要素及资料镜头的交代,以消除画面的不确定性,增强信息的有效传达。

2. 信息性字幕

信息性字幕主要是作为一种独立的表意单元传达某种相对完整的信息。常用的有用字幕标出有关数字、内容提要、同期声讲话内容(特别是一些方言比较重的同期声)以及节目预告等。插入字幕还可以及时插报最新消息等。

在新闻资讯化、信息化的影响下,新闻节目在播出时,往往在屏幕下方同时以滚动字幕(游走字幕)的形式传递信息,信息内容既有对本节目所报道的新闻事实的提示,也有当天国际、国内最新动态消息提供,还有诸如气象信息、交通出行等服务性资讯等等,拓展新闻报道面,以大资讯、大服务的方式为观众提供多层面的信息服务。

3. 强调性字幕

强调性字幕主要是对画面或语言解说所表达的意义、重要的论点等的强调,以引起观众的注意,加深对节目内容的理解。从某种意义上说,画面和解说往往都是稍纵即逝的。画面形象不能长时间滞留荧屏,解说也不能再三重复。因此,遇到重点内容需突出强调时,打字幕往往是理想的选择方式。

首届中国新闻奖一等奖作品《粪桶畅销的启示》(浙江电视台),片中三次利用字幕突出强调了某些事实和论点。第一次是分析市场疲软现象的字幕:"现在农村市场现状,一方面是疲软,一方面是有效供给不足,形成这种局面的原因何在?"第二次字幕:"农村是一个潜力巨大的市场,启动市场应该从哪里着手?"第三次字幕是点题:"农村市场疲软的症结在于供给需求的相互错位,所以启动农村市场的关键也在于有的放矢地调整产品结构。"这些字幕的出现,增强了述评的表现力,加深了人们对新闻深层内核的印象和理解。

(二)字幕的使用

除了用整屏文字播报政令、声明的内容或节目预告外,一般而言,字幕是被叠加在形象画面上,作为形象的附加物,以"注释"的身份出现的。所以,在运用字幕时,应注意四点:

第一,必须考虑观众的收视需要。即当观众感到需要字幕起作用时,才是字幕出现的时候。

第二，由于字幕和形象都是视觉方面的表现元素，而观众在观看时，注意力只能集中于某一种视觉元素，或以形象为主，或以字幕为主。因此，除了同期声讲话和播报文件的字幕要求完整，其他字幕都要力求简洁明了，通俗易懂，以最大限度地减少字幕对画面形象的干扰。一般来说，观众在看电视新闻时，视觉的注意力往往以形象为主，字幕出现一次，就产生一次视觉注意力的转移。每转移一次的时间越长，对形象的干扰作用就越大。因而，设计字幕时，应惜墨如金。在说明问题的前提下，字幕出现的次数越少越好，出现的时间长度越短越好。但对于游走字幕，则要考虑内容重复出现的频次，由于游走字幕内容信息比较丰富，尤其对于那些与播出节目没有关联度的信息内容，至少要出现两次以上，以便于观众收视。

第三，出字幕的位置一般宜在屏幕下方，以免干扰或破坏形象主要部分的完整性。同时，要避免与衬底画面中原有文字重叠或因色彩一致被淡化或淹没。

第四，静态字幕要注意控制时间长度，如果是动态字幕，其流速也应适度，以观众看清为标准，过长或过短都会影响字幕收视效果。

总之，无论是形象、图画还是字幕，都是电视新闻重要的视觉表现元素。在具体运用中，应从新闻主题出发，根据新闻内容相互协调，有机联系，以增强新闻画面的典型性、新颖性、审美性。

第二节　声　音

作为表达思想内容的手段，从电视机喇叭中传送出来的音频信号，统称电视声音。

电视声音主要由解说、同期声（含现场音响）、音乐与音响效果三大部分组成。它们都是电视新闻的表现要素，与电视图像共同承担传播新闻事实的功能。

声音在电视新闻中的主要作用是：延伸画面，补充画面在表意上的不足，并充分挖掘和拓展画面内涵，既扩大新闻信息量，又提炼升华主题，以完整、准确、深刻地传达新闻事实。此外，声音还具有结构功能，能顺畅地联结转换画面，具有起承转合的作用。

一、解说

电视新闻中的解说,是一种附加于视像之外的声音成分。它是由新闻记者通过对客观事件进行主观描绘、处理和提炼加工后,形成文字稿,并由播音员播报出来的有关新闻内容的有声元素,是构成电视新闻的主体要素之一。

解说,是记者理性思维的直接外化,它在电视新闻中主要起补充作用与升华作用。

(一)补充作用

交代、补充画面无法说明的内容。一般而言,形象画面长于动作性,疏于情绪性;长于外在,疏于内在;长于直观,疏于逻辑。因此,在电视新闻中,画面更多地是为了表现现场实况,展示事件发展的原始面貌,它难于表现内在的东西、抽象的内容。这样,一旦出现新闻画面难以圆满回答的内容时,解说就要作补充说明。比如,解答新闻要素,交代计算题。新闻背景,解释画面深层含义等,以完善画面形象的传播功能。

例如,海南电视台《一脚油门踩到底》[①]开头的一段:

画　　面	解　说　词
车辆行驶(近景) 立交桥摇拍(全景)	"一脚油门踩到底"标志着海南省交通规费的征收进入全新阶段。
道路、加油站、街面等(中景)	今年以来,海南大胆探索适合特区发展的交通体制改革,将公路养路费、过桥费、过路费和交通费合并征收燃油附加费,不设任何关卡,方便了司机,加快了运输速度。

什么叫"一脚油门踩到底"?这个问题画面本身无法回答,而解说则一一道来,作了详细的介绍,让观众对海南率先推行的交通规费征收改革的具体内容有清晰的了解,填补了画面表现的不足。

(二)升华作用

画面无法表述的内涵,可由解说揭示出深刻含义,深化新闻主题思想,拓展画面的意义。

---

① 本书中所引用的电视新闻作品均引自《中国电视奖获奖新闻作品选评》,中国广播电视出版社1993-2005年逐年出版。不另加注。

例如,广东电视台《对 11·16 号枪声的思考》中的一段:

画　　面	解　说　词
持枪杀人犯于双戈的女友、赌友分别上法庭受审	据说社会上有些人认为于双戈的女朋友很忠,他的赌友很讲义气。这个现象很值得我们社会学家、教育工作者思索,那种支持、怂恿犯罪的行为,为什么总是在所谓忠和义气的掩盖下进行? 我们怎样以扎扎实实的、有效的法制教育来根除这类害人害己的封建道德意识?

这段解说是依据画面阐发的,但并没有介绍于犯的女友、赌友以及他们如何受审,而是从他们为什么受审的角度,一针见血地提出了发人深省的问题,深化了画面内容,耐人寻味,并促使人们对问题的实质作深层次的思考。

可见,电视新闻中的解说,并不是对画面的图解和"硬贴",而是能动地、积极地、创造性地揭示画面的内涵,深刻地反映新闻的主题。

二、同期声

所谓同期声,通常是指拍摄电视画面时,同时记录的与画面有关的人物或环境的声音。它包括记者和采访对象的谈话、人物的讲话和现场的各种实况音响。

同期声的运用,使电视摆脱新闻电影的模式,走上自己的路子,从而使电视新闻产生质的飞跃。因此说,同期声在电视新闻中有着重要的地位,发挥着重要的作用。

下面试以获中国电视奖一等奖的作品《代表民心的四次掌声》(中央电视台)为例,分析同期声在电视新闻中的作用。

画　　面	解　说　词
李鹏总理讲话	国务院总理李鹏在今天上午的八届全国人大一次会议上,仅用了 370 余字谈及中英香港问题,就赢得了 2800 多名人大代表的四次热烈的掌声。
会场第一次掌声 第二次掌声	同期声:"根据中英两国政府签订的联合声明,1997 年 7 月 1 日,我国将恢复对香港行使主权,这是中国的神圣的权力,决不允许受到任何干扰和破坏。"

画　面	解　说　词
	中英两国在 1984 年签署联合声明以来,在香港问题上的合作原本是好的,但是去年 10 月香港总督在英国政府的支持下不守信用,单方面提出对香港现行政治体制进行重大改变的方案,这种做法违背了中英两国联合声明的精神,违背了英方关于使香港政治发展同中华人民共和国香港特别行政区基本法衔接的承诺,违背了中英双方已经达成的有关谅解。香港《基本法》是充分发扬民主的产物,港英当局违背《基本法》的做法,其实质是为香港政权顺利交接、平稳过渡制造混乱的方案,而不是要不要民主的问题。我们一贯主张积极致力于香港的长期繁荣与稳定,我们希望合作,不愿意对抗,但是中国政府决不会用原则去做交易。
第三次掌声	
第四次掌声	现在英方又为合作制造了人为的障碍,由此而引起的一切严重后果只能由英国政府负完全的责任。
	许多人大代表对李鹏总理的这段讲话印象极为深刻,说它代表民心,我们坚决支持政府的立场。
	这是本台报道的。

　　这条消息,解说只用了很小的篇幅介绍了背景,其余全部采用同期声。这是一条不可多得的用同期声作为声音表现主体的佳作。可以这样说,没有同期声,就没有本片的成功。

　　(一)运用同期声,能增强电视新闻的真实性和可信性

　　李鹏总理的讲话、代表的四次掌声,都是在具体的行为时空(人大会场)中展开的,讲话和掌声都成为事件的一部分,画面和声音是同一的。这样,既使画面保持了其本来的意义,又让同期声具有了可靠的真实性。坐在电视屏幕前的观众,自然深信不疑了。

　　(二)运用同期声,能增强电视新闻的现场感和感染力

　　李鹏总理作报告一般采用舒缓平稳的语调,但他在这段近四百字的讲话中,措辞严正激烈,迅速感染了全场代表。代表们情绪激昂,掌声雷动。而当片子如实再现了这一激动人心的场面,观众似乎耳闻目睹了一切。面对此情此景此声,谁能不激动,不被现场氛围所感染?试想一下,如果没有同期声,而是全部改用画外解说,就不可能营造出这样具有强大感染力的现场氛围。

(三)运用同期声,能增强观众的参与感

新闻中同期声的运用,使得电视新闻传播构成了荧屏内外"面对面"交流的氛围,缩短了新闻与观众之间的心理距离。听其言,闻其声,让观众沿声入境,从而产生强烈的交流感与参与感。

此外,运用同期声,还能为观众提供一条参与渠道。传播学认为,受众有权直接参与传播过程,可以通过传播媒介发表意见,而传播媒介也应该为受众提供一条参与渠道。在电视新闻中,记者就群众共同关心的问题采访摄录,群众可以在话筒前畅所欲言,直抒胸臆,增强新闻节目的贴近性。

(四)运用同期声,能弥补画面形象的不足

电视画面不是万能的,它长于表现正在发生的事件,但对过去曾经发生却没有拍到的情景无能为力,对人物的内心世界和看不见的微观变化无能为力,而同期声却能负载过去的形象,表现人物的内心感受,完善画面的形象报道。

例如,中央电视台新闻专题《郭韶翔——漳州市巡警直属大队队长》中,有关郭韶翔回忆1982年某一天雨夜所受到的不公正待遇的同期声:

> 我爱人坐在这个派出所门口,全身发抖。(我)说你怎么不到派出所里面去坐啊?里面民警就喊:"坐下个屁,赶紧把钱拿来交。"哎,我这个心啊,现在我很难用语言来表达。但是我恨啊,我恨我自己怎么是个警察,也被警察欺侮这种心情。回去我爱人哭了,劝我说:"你这个警察不要当",我对她说:"这个警察我非要当不可,我当定了。但是我绝对不当那个警察,有朝一日,我管一个警察的时候,或者我管十个警察的时候,我绝对让他变个样儿"。

朴实、生动的语言,叙说着一个人民警察的心路历程,既让观众了解到有关细节,感受郭韶翔当时的痛苦与无奈,也能从中展示人物的丰富个性,体现人物的思想、感情,再配以主人公讲诉时的神情动作,人物形象便跃然屏幕,拓展了画面内在的张力,增加了新闻的感染力。

综上所述,由于运用同期声,使电视新闻报道开始从活动图像加解说词的模式中走出来,改变了以往"用电影方式做节目,用电视方式传播"的不协调状况。但是,并非打开话筒,录下的都是富有表现力、说服力的同期声。当前电视新闻报道中同期声的运用还有许多不尽如人意的地方。比如,有的采访对象选择得不够理想,缺乏权威性;有的同期声缺乏新意,冗长呆板;还有一些同期声运用欠恰当,有画蛇添足之感,等等。因而,对于同期声的运用,要认真研究，了解它在新闻报道中的地位和作用。尤其应明白，虽同属语言符号，但同期声和解说词在电视新闻报道中起着不同的作用。同期声不是万能的，不是任何新闻都可以把同期声作为主要信息传输渠道。同时，所采用的同期声要鲜活生动，富含信息量，以保持新闻事实原有的生动性和感染力。

三、音乐与音响效果

音乐、音响效果是根据节目主题的需要，经艺术加工，在后期制作中配上的乐音或效果声。

在电视片中，音乐能够渲染情绪，突出情感的表达，使视觉中的人物焕发出更深刻的感情色彩，具有表情性。同时，音乐还具有一种高度的概括性，它能够将人物抽象的精神世界淋漓尽致地体现出来，起到一种升华作用。音乐是一种具有丰富表现力和巨大情感力量的艺术。

音响效果不同于同期声中的再现性现场自然音响，它是根据节目主题的需要，由人工模拟出来的一种画外声响，意在表现。

音乐与音响效果在电视节目中要恰当运用，必须经过选择加工和剪接制作的再创作。

在我国电视作品中，音乐与音响效果运用巧妙得当的代表作，较早的有电视报告文学《雕塑家刘焕章》（中央电视台）。在这部片子中，音乐与音响效果交叉运用，大起大落，对突出主题思想，深化主题内涵，起着画龙点睛的作用。如该片的开头部分：

画　面	解　说	音　乐	效果
刘焕章（近景） 劈木桩（近景）			嗵！
（片名） 雕塑家刘焕章 住房和厨房间的夹道中俯瞰刘焕章雕刻木雕（中景）	在这几乎转不开身的小院里，曾经有数以百计的	（小提琴演奏） 6 i 7 5 6 5 - | 6 3 7 5 6 - | 6 i 7 5 6 #4 | 3 2 i 2 3 · 5 4 | 3	嗵！（渐隐）

续表

画 面	解 说	音 乐	效果
刘焕章在雕刻一尊石像（近景转中景）	"中国人"、"外国人"在刘焕章长满老茧的手中诞生	（根据画面长度反复剪接几次）	

片子开头就以"嗵!"、"嗵!"的劈木桩的效果声出人意外地首先占据了画面的空间,以先声夺人的手法给刘焕章的形象增补了一种执著和朴实的色彩。接着,解说与音乐相继出现,和效果声相叠。小提琴演奏的主旋律优美动听,平稳流畅,与解说相呼应,深情地述说着刘焕章对艺术的热爱,如歌如诉地刻画着刘焕章的形象以及他外柔内刚的性格。这时,音乐、效果和解说发挥着各自的表现力,使观众在视觉得到满足之时,又在声音的提示下,对刘焕章的形象有了更深一层的理解。

在消息类新闻中,一般很少使用音乐和音响效果,但在新闻类专题中,正在被越来越多地采用。如果运用到位,则别具特色。优秀电视新闻专题《难圆绿色梦》,片中内蒙古达拉特民歌的两次出现,就很好地说明了音乐、音响效果能加强主题的深度、力度和厚度。该片以一首流传在内蒙古达拉特旗的山曲开篇:"30里的明沙40里的水/70里的路我来寻徐治民你来寻呀你不在/你不在呀/你在园子塔拉后把树栽……"那高亢嘹亮的山曲为我们引出了作品的主人公——植树治沙模范徐治民老人,歌颂了他的英雄业绩和精神境界。在片中情感的层层铺垫中山曲又一次出现,引发了记者深层次的思考和忧虑:日益沙化直接威胁着村民的生存,该是警醒的时候了。山曲的两次出现以及风声、流沙声,这些音乐、音响效果的渲染,对主持人的"前人栽树,后人乘凉;砍了大树,后人无凉可乘"的感慨作了很好的情感积累和情绪铺垫。

实践证明,电视新闻节目的成功,除了选题准确,内容深邃,画面真实自然,剪接流畅以外,还要采用与新闻节目主题相适应的声音创作方法,充分发挥声音诸要素的作用,从而展示出更为丰富的内涵。

第三节　电视新闻的视听构成

在上述两节中,为清楚起见,我们将声像两类视听表现元素分别予以分析论述。事实上,作为视听艺术,电视图像是视觉形象和声音的复合体,任何一个画面的意义总是包含着它所运载的那一部分声音的。

一般而言,电视新闻的视听构成有如下几种方式:

一、声像同步

声像同步的构成方式是最富有真实性和现场感的形式。优秀电视新闻《内江警方围捕蒙面持枪歹徒》用自然、真切的画面和同期声记录了警方在街头围捕蒙面持枪歹徒的过程,画面同期声和谐自然,相得益彰。

画　　面	解说词	音　响
(特写)警灯闪烁,警车内指挥员喊话 (全景—特景)工程大卡车夹堵被劫越野车 (特写)人质头像 (定格)歹徒用枪劫持人质 (全景)公安各警种人员现场围捕歹徒 (特写)警灯闪烁,警笛声声 (全景)工程车围捕被劫越野车	叠出流动字幕:今天早晨8点20分,一名蒙面持枪歹徒,劫持人质和一辆日产"三菱"越野车,在逃至东兴区西林大道四号公路时,被警方拦截,记者闻讯用最快速度赶到现场。 事件发生后,我市公安各警种100余人迅速围捕歹徒。指挥员在5分钟内就从附近工地上调集12辆工程车,将被劫持的汽车团团包围,截断歹徒逃路。	现场警笛声…… 公安民警喊话…… 现场声……
(近景—特写)人质被手枪柄猛击头部,人质被迫开车冲撞大卡车,歹徒人影 (定格)(中景)公安人员在围捕现场执勤	从车窗外观察,人质被手铐锁住双手,头部已被手枪柄击破流出鲜血。为确保人质安全,警方展开强大的心理攻势。5分钟、10分钟、20分钟过去,随着时间推移,歹徒感到高度恐慌和绝望。警方在现场已获悉,歹徒身上还带有大量雷管和炸药,稍有不慎,后果不堪设想。	汽车发动机声…… 警方喊话声,汽车声混杂
(近景)人质呼救 (中景)警方暗示人质 (全景—中景)被劫人质跳车 (中景)特警狙击手瞄准射击 (全景)特警、武警冲上前抓捕歹徒	千钧一发之际,在警方暗示下,被劫人质趁歹徒恐惧时,用脚猛力蹬开车门,翻身从车中滚下。人质脱险,罪犯难逃。正义的枪声响起,特警、武警飞速冲至车前,将企图引爆炸药的歹徒当场擒获,缴获手枪、匕首。20支炸药和4枚雷管。	现场声…… 枪声…… 枪声……
(中景)歹徒被抓获 (特写)车内歹徒手枪上面沾有人质鲜血 (特写)车座上放有炸药 (特写)车门上的弹孔 (中景)警方押送歹徒 (特写)歹徒被押上警车	美丽的甜城恢复了安宁。此时,距2002年元旦已不到40个小时了。 叠出流动字幕:到记者发稿时获悉,蒙面持枪歹徒为本市东兴区胜利镇23岁的无业人员余政。此案今晚正在突击审理中……	

丰富而同步的视听语言,还原了真实的现场和现场紧张的气氛。扣人心弦的事态进程,特有的视听冲击力吸引和震撼了观众。形声一体化的构成方式,还原了生活的本来面貌,赋予了形象以运动发展的意义。它使被摄的事物更贴近人们日常生活的经验、更有逼真的效果。

二、现场声画配解说旁白

只有现场同期声画不足以构成完整的新闻节目,还应适时配上解说旁白以交代新闻要素、新闻背景并对新闻事实进行归纳、分析、预测,开掘电视新闻形象画面的内涵,使得新闻节目既有完整清晰的信息传递,又蕴含深邃的思想意义。

在这种视听构成方式中,同期声往往作为新闻现场实况必要的背景音响而存在,以增强新闻的现场感和感染力。

三、现场声画配屏幕文字

屏幕文字既能交代背景,阐释意义,又从视觉上加深观众对新闻事实的理解和印象,同时又不扰乱听觉形象的完整清晰,使信息内容在"视、听、读"三位一体的传播中得到强化。

获奖新闻《空中联欢会》(中央电视台)巧妙利用字幕的信息传输作用,在完整保留现场实况氛围的同时,以飞字幕的形式交代新闻背景:"此时此刻是葡萄牙午夜12:30,北京时间7:30,葡萄牙在静静地熟睡,北京在悄悄地苏醒。刚刚结束了美国、古巴、巴西、葡萄牙四国之行的江泽民总书记与随行人员正用歌声、笑声洗掉十几天积下的疲劳,带着友谊飞向北京。"使观众在现场感极强的画面中自然地了解背景,加深了对新闻意义的理解。

总之,电视新闻工作者应充分了解和把握好视听诸元素的职能特点,要从内容需要出发,将视听诸元素组织为统一协调的叙事系统,优势互补,共同完成信息传递任务。

第二篇

节 目 篇

第四章
电视新闻节目分类

　　在我们通常的表述中,节目与栏目往往混为一谈。在甘惜芬主编的《新闻学大辞典》中与此有关的三个条目分别是:①

　　节目:广播电视传播内容的基本编排单位和播出顺序结构。由语言、图像、音响、音乐等要素组成。一般有固定名称、特定主题、内容提要和一定的时间长度。按内容性质分,有新闻性、教育性、文艺性、服务性等节目;按内容组合分,有综合节目、专题节目等;还有不同题材的节目、不同体裁的节目、不同对象的节目等。

　　广播电视专栏:广播、电视节目中专门集中播出有关某种共性的内容的组成单位和划分形式。源于报纸专栏形式。一般以栏目名称、特定的标志图像和间奏乐等与节目其他部分区分开。其所有内容或同一主题、同类题材,或同一体裁、同一特征等,又与整个节目和谐统一。使节目布局与结构层次化、精致化、延续化。有固定和临时两种,有一定的播出时间与周期。

　　节目栏目化:把一个广播或电视节目分成多个专栏的编排形式和播出方式。可使整个节目内容系统化和类型化,编排条理化和层次化。使节目在形

---

　　①　甘惜分主编:《新闻学大辞典》,河南人民出版社1993年版,第248页。

式上灵活、多样、醒目,方便和吸引人们收听收看。

从上述概念描述中我们首先可以明确,所谓电视节目,是指电视台(或社会制作机构)为播出而制作的表达一定内容的可供人们感知理解的视听作品,是电视传播内容、形式相结合的最基本单位。需要指出的是,随着电视事业的发展,电视节目的概念不断发展,外延不断扩大。以往说到的广播电视节目一般是指广播电视传播内容、形式相结合的最基本单位。这一基本的视听单位构成微观层次的节目,比如一条新闻;广播电视栏目这一收视单位构成中观层次的节目,比如包括多条新闻的新闻栏目;而频道节目整体则构成宏观层次的节目,比如包括多个新闻栏目的新闻频道。三个层次的节目层层含纳,并通过系统优化,构成大节目系统。本章特指微观层次的节目,栏目形态将在下一章节介绍。在考察电视节目的构成中,分类,便于对事物进行比较分析,有利于准确把握事物的特性。分类,按不同的界定范围,就会有不同的分类方法。电视新闻节目分类,主要有下述几种方法:

按新闻题材的专业内容分类,有时政新闻、经济新闻、社会新闻、文教新闻、体育新闻等。

按新闻性质分类,有预知新闻与突发新闻、主体新闻与反映新闻、共有新闻与独家新闻、静态新闻与动态新闻、硬性新闻与软性新闻等。

按新闻题材涉及的地域范围分类,有国际新闻、国内新闻、地方新闻等。

按新闻体裁分类,有消息类新闻、专题类新闻、评论类新闻、系列(连续)报道类新闻。

可见,划分标准不同,电视新闻的类别就不同。而划分标准的确定,则依据不同的需要和目的。

目前,国内新闻界普遍采用以新闻体裁为划分标准的分类法。如中国电视奖的评选,就采用这一分类法。电视新闻以体裁来分类,是一种简单明了、比较科学的分类方法。它适合实际情况,具有较强的实用性。本章也采用该分类法。需要说明的是,以体裁样式来看,系列报道、连续报道均属于消息类电视新闻。但我们认为,虽然就单篇报道而言是消息,但从整体报道来看,它们已不仅限于消息新闻那样简明扼要地报道事实,而是比一般动态消息更为全面、深入地反映新闻事实,所以还是将它们单列一类加以阐述。

第一节　消息类电视新闻

消息是一种迅速及时、简明扼要地报道新闻事实的体裁，是电视新闻节目中最广泛并经常采用的新闻体裁。它是电视新闻实现国内外要闻总汇的主要渠道，是观众了解国内外大事的主要窗口。

消息类电视新闻能够迅速、简要、客观、广泛地传播报道国内外新近发生的事实，传达党和政府的法令，宣传党的路线、方针、政策，反映人民群众的呼声和要求。短、快、新、广并用客观事实说话，是消息类新闻的特点。

消息类新闻大量为动态新闻，一事一报，简洁明快。也有综合新闻和经验新闻。

消息类新闻表现形式多样，主要可分为口播新闻、字幕新闻、图片新闻与图像新闻。

一、口播新闻

这是以播音员出图像播报文字新闻稿的报道形式。口播新闻没有新闻现场的图像，以有声语言为传递信息的主要手段。

口播新闻在电视诞生之初即孕育而生。由于它具有采编灵活、制作简便等特点，在一些国家早期的电视新闻节目中曾被大量应用。我国中央电视台的前身——北京电视台 1958 年刚开播的时候，就由沈力、赵忠祥等老一辈播音员经常在屏幕前播口播新闻。虽然电视新闻事业得到了长足的发展，但口播新闻仍经久不衰，沿袭至今。其生命力在于它有着其他新闻形式不可比拟和替代的独特个性。

电视口播新闻，在传播者与受众之间，具有面对面交流的亲近性、渗透性；在新闻信息的传播中具有概括、演绎、阐释观念的权威性、可信性、庄重性；在时间与空间的流程里，具有采制的简捷性、编播的灵活性、时效的迅及性；在整体综合的新闻节目中，它具有明确的指导性、灵活的调节性；在语言文字及信息容量上，它具有简洁性、精炼性和密集性，等等。口播新闻是电视新闻提高新闻时效，增加新闻容量，扩大报道面的不可缺少的报道手段。

早期的口播新闻继承了广播新闻的播报方法，只是播音员不但出声音，而且出图像。今天的口播新闻，则力求运用抠像等电视特技，配以照片、图表、地图、动画、实物、标题字幕和活动的背景资料、形象等，用电视化手段弥补口播新闻缺少新闻现场画面的不足,增强口播新闻的可视性和生动性,扩大单位时间内的传播信息量。

屏幕上常见的口播新闻大体有两类:一是文件类。如公告、决议、命令、新闻发布稿等。对特别重要的政令等,常采用整屏字幕加画外音播报方式播出;二是简讯类。对有新闻价值,但一时又没有形象画面的新闻,采用口播形式作简要报道。电话联机播报的形式也属于这一类型。

电话联机是为了弥补卫星联机不足,第一时间在现场发出信息,虽然没有画面,但信息的紧迫性、语言的目击性,使得电话联机播报比播音员在演播室口播信息更为真实有效,是值得推广的一种报道方式。

二、字幕新闻

在电视屏幕上打出字幕,以最简洁的文字,向观众传播最新的新闻信息。这是电视新闻最简便的消息报道形式。

字幕新闻是随着电视技术的发展而出现的一个新品种。它具有时效快,运用灵活方便,传播新闻信息简洁明快等优势。

字幕新闻的运用按照不同的技术处理,分为动态和静态两类。静态是指把文字打在空白的底色上,加上播音员的播报;动态则指文字以上下滚动或左右移动的方式叠现在正常播出的节目画面上(为不干扰画面形象,一般出现在画面下方)。

(一)字幕新闻的效用

1.确保新闻的实时传达

如果说电视新闻直播概念的引进,将新闻的时效性从 TNT(Today News Today 当日新闻当天报)提升到了 NNN(Now News Now 现在新闻即时报)。在现代电视新闻理念关照下,确保新闻的实时传达成了电视新闻界的追求。每当有重要新闻需要及时传播,又赶不上整点新闻播出,常采用这种方法。字幕新闻的滚动播出以适时更新的方式满足观众对新闻时效性的高要求。也是电视面对网络媒体的一种应对策略,其时效堪与网络媲美。

2.扩展资讯的多元传达

在传统意义上,电视作为视听双通道媒体,以声音和画面传递信息。字幕新闻的出现,改变了观众收视的渠道,在新闻收视渠道上,形成了视、听、读三位一体的综合而多元的传播通道。"字幕新闻无疑丰富了电视画面,它实实在在的信息'快车'形式给观众提供了了解新闻的另一种可能。从这个意义上说,电视不仅是可视、可听,也是可'读'的媒体。"①

3.强化信息的有效传达

新闻节目在播出时,往往以字幕新闻的方式作节目内容提要或要点回放,实现信息补偿最大化,起到导引收视,加深印象的作用。

(二)字幕新闻的使用

1.鲜明性

由于字幕新闻多属标题新闻或曰一句话新闻,内容呈现不在于新闻5W俱全,而是应着力将最有新闻价值的信息用最经济的文字呈现,让观众在流动收视中一目了然。

2.准确性

字幕新闻的编辑还要求字、词不要出现错字、别字,句子不出现语法错误,避免观众产生歧义,影响对新闻信息的理解和接受。

3.有效性

字幕新闻虽是一条条地呈现荧屏(线性),但在编辑时可考虑根据新闻价值的大小排序,并采用同类型信息(如分行业,国际、国内)集纳式编辑,以有利于观众对信息的消化、吸收,强化传播效果。

此外,字幕新闻的底色与"衬底"画面的色彩应加以区别,字幕新闻滚动条数目、滚动速度等都应根据观众的收视特点及需要进行精心设计。

三、图片新闻

这是在电视屏幕上,运用新闻照片并配以文字解说的新闻报道形式。它把报纸、杂志的新闻图片报道形式移植到了电视新闻中来。

图片新闻一般尽可能地采用多幅新闻摄影照片,多侧面地反映新闻事实,阐述新闻主题。每幅照片一般均有相对独立的内容,说明事件或问题的某一方面,经过合乎逻辑的组合后,整组照片能相互呼应,较为完整地反映事实的全貌。

图片新闻可以弥补缺少新闻现场图像的不足,扩大报道面。但目前屏幕上这种报道形式已很少使用。因为随着电视事业的发展,电视新闻通讯员队伍日益扩大,家用摄像机也正逐步进入百姓家庭,这些都拓宽了图像新闻的片源。现在屏幕上偶尔也使用图片,或是编在图像新闻中,替代那些无法拍

---

① 张玉洪:《可读的电视新闻——字幕新闻》,http://www.cjr.com

到的场面;或是与口播新闻结合,把图片以抠像技术作背景处理。

四、图像新闻

图像新闻也叫影像新闻,它是采用电影摄影或电子摄像(ENG)的方式,在新闻事件现场摄录声音和画面,结合文字说明,对新闻进行报道的形式。这是电视新闻中最常见的新闻报道形式。

图像新闻最早始于美国。1947年,美国全国广播公司(NBC)和哥伦比亚广播公司(CBS)相继与电影厂商合作生产16毫米摄像机和胶片,用于拍摄电视新闻,从此开始了电视新闻以形象画面为特点的传播历史。20世纪70年代初期,电子新闻采集系统(ENG)开始逐步推广应用于电视新闻拍摄。ENG画面与声音摄录同步,而且即时成像,制作简便,更符合新闻的时效性要求。因此,ENG迅速取代了电影胶片的拍摄。我国于80年代开始陆续运用ENG拍摄电视新闻。

图像新闻最大的特点就是它有新闻现场生动形象的画面,较之口播、字幕、图片新闻,更能体现电视新闻形象直观的优势,给观众以身临其境的真实感,因之,有人称之为"纯电视新闻"。

图像新闻要求记者亲临新闻事件现场,及时捕捉能反映事物本质和新闻人物特征的最有感染力、最有形象价值的镜头,用富有表现力的现场音响和简练的文字报道新闻事实。

第二节 系列(连续)报道类电视新闻

连续报道、系列报道就其单条报道而言,其篇幅或时间长度与消息差不多,但它们以数集、十几集甚至数十集的篇幅连续播出,或与事件同步进行,或对事件作全面铺张,以其整体组合的优势和连续作用的强劲效果,冲击人们的视听感官,引起社会的普遍关注,从而起到引导社会舆论的巨大作用,其影响力和社会效果是一般消息难以比拟的。因而,系列报道、连续报道是电视新闻节目中用以作深度报道的节目形态。

一、连续报道

连续报道是对正在发生并持续发展的某一重要的、社会普遍关注的新闻事件在一段时间内进行多次、连续、及时的报道。连续报道以新闻事件自身的发展和时间顺序纵向展开,要求记者在事件演变过程中紧密追踪,不断以新的变动为依据进行后续报道,分段、分层次地将事件发展中有新闻价值的信息及时传递给观众,力争使报道完整地反映新闻事件的发生、演变、结局及影响的全过程,从而达到集中、突出的强劲效果。此外,连续报道多是事件性新闻,特别是重大灾难性事件。这类报道能满足受众追踪了解重大事态发展的心理和需求,并像电视连续剧那样,运用悬念吸引众多观众紧追不舍地收看我们的电视新闻节目,具有较好的宣传效果。

连续报道的基本特点是及时性、连续性、完整性、递进性、密集性和显著性。

(一)及时性

连续报道是在新闻事态进程中的报道。每个报道单元都是依据事件的发展进程报道事态的最新变化,是新闻事件每一天甚至更短时间内的最新进展。

例如,广东中山电视台的连续报道《广东警方迅速破获"东星"轮千万元劫案》(以下简称《劫案》),从案发开始,记者紧紧把握住案件侦破过程的信息,24小时跟踪报道破案的最新进展。先后14次报道了有关这个震惊全国的大劫案的破案过程和该案案犯被判决的过程。特别是前9天,几乎每天都播出一集,及时地向观众传递了破案过程中的最新动向。

(二)连续性

连续性的特点指两个方面:一是形式上的连续。指报道次数的连续性、多次性。记者在反映新闻事件时,不必等待事态的结局,而以时间为顺序,就新闻事态发展变化的最新动态连续追踪,随采随报;二是内容上的连续。反映了报道对象——新闻事态本身发展演变的连续性。连续报道一般取材于不可预知的事件性新闻。整个报道大体上与新闻事件相始终。事态本身的发展进程决定了各报道单元之间的次序不能颠倒,不能随意变动。

(三)完整性

连续报道从新闻事件的发生、发展,一直追踪到事件终结或告一段落。整组报道结构完整,有头有尾,让观众看清楚整个新闻事件的来龙去脉、表里因果。《劫案》从案发后警方开始侦破工作到法院判决罪犯,围绕侦破工作全过程共发连续报道14篇,使观众能全面而完整地了解这起震惊全国的大劫案。

连续报道的完整性和报道事态持续的时间跨度有关系。事态本身持续时间短,连续报道的完整性较强;反之,事态进展旷日持久,结局为期尚远,报道的完整性也就减弱了。

(四)递进性

连续报道在报道层次上是不断递进的。它根据新闻事件的发展变化,采用分段持续、层层递进的方法来报道事件发展的全过程。《劫案》利用新闻悬念,如事件进展到底如何?结局会是怎样?引起观众追究事物谜底的向往,激发观众的收视兴趣。而报道也是围绕侦破工作,根据侦破进程,不断报道侦破劫案、搜出枪支赃款、案犯投案自首、劫匪落网、押解归案、法庭判决等过程,整个报道随着案情的明朗而深入,抽丝见蛹,环环相扣,逐步递进,效果明显。

(五)密集性

连续报道是围绕同一新闻事件或受众所关注的问题而多次进行的报道,虽由若干条消息集合而成,但它以整体组合的优势使得在一段时间内形成对同一新闻事态信息的密集传播。其信息传播的大容量是单条新闻消息不可比拟的。

连续报道可对新闻事态的反映作纵向追踪、横向分析,多角度、多侧面地反映事态的方方面面,内容广博,信息量大。

《劫案》在追踪报道破案全进程的同时,又横向开拓报道广度,生动地展现了我公安干警的英勇群像。观众在了解事件进程的同时,也看到了公安干警大智大勇的风采,信息传达极为丰富。

(六)显著性

由于多次连续地对同一事件作报道,不断冲击观众的视听感官,势必引起全社会对所报道事件的关注,从而产生强烈的社会影响。因而,报道声势和传播效果的显著性使得连续报道成了反映事实真相,引导社会舆论的有力手段。尤其是一些问题性报道,一追到底,加大了舆论监督的力度。例如,辽宁电视台连续报道《一根电杆难住千人企业》中涉及的沈阳开关厂,由于一户人家的阻挠使该厂停产一个多月无人解决。连续报道播发后,不到10天时间就恢复了供电,不能不说是强大的舆论压力的结果。

传播效果的显著性特点要求连续报道的题材必须重大。从结构形式上讲,任何一个新闻事件都可以搞连续报道,但并非运用了这一结构形式就可获得深度,只有那些对全国(或全省)有深刻影响的、为社会广泛关注的重大新闻事件才适合作连续报道。报道题材与内容的选择,是保证连续报道具有深度、广度及社会影响力的关键。

二、系列报道

系列报道是围绕某一新闻题材、新闻主题,从不同侧面、不同角度进行连续、多次的报道。系列报道对于深化主题,加深观众对所报道的事物或问题的理解有重要的作用。

系列报道所反映的对象,大都是非事件性新闻。整个报道以新闻主题为依据,从不同侧面、不同角度横向展开,有目的、有计划、有选择地对彼此独立存在却反映相同本质的事物或某个典型事物进行逐一的或分解式的报道,从而全面、系统、深入地反映事物的内在本质和发展趋势。

系列报道和连续报道的共同点在于整个报道都是由多个独立的报道单元集合而成,并且都是集中在一段时间内连续播出,因而也具有信息传播的密集性和传播效果的显著性。两者的不同之处在于连续报道主要是对一个事件发展过程进行纵向展示,而系列报道侧重于事物之间的横向联系,反映事物的空间特点,透过事物的现象,反映事物的本质,说明某种主题思想。因而,系列报道各单元之间一般没有事态内容的连续性,没有时间上先后次序的连续性,只是围绕同一新闻主题进行报道。

系列报道通过对事物的多次报道,从各方面挖掘事物的共性,突出体现新闻主题,反映具有普遍意义的状况或趋势,具有较强的指导性,是电视新闻作深度报道的又一有力手段,在我国电视新闻中占有重要位置。1984 年,中央电视台推出反映我国 35 年来成就的《光辉的成就》、《"六·五"成就》,自此,中国电视屏幕上诞生了新的报道形式——系列报道。之后,系列报道显示出其旺盛的生命力,发展异常迅速,由单条新闻的系列组合发展到如《弹指一挥间》(1989 年国庆期间推出)等专栏性的系列报道。

系列报道是一项有计划的系统工程,在具体实施时,要把握题材选择、报道系统组合两个环节。

(一)题材选择

选题是电视新闻系列报道能否成功的先决条件。选题抓准了,可以说,这个系列报道已经成功了一半。

系列报道的选题,应考虑题材的重大、重要,具有全局意义,即站在全国、全省、全地区的高度来衡量,能够撞击社会生活中绷得最紧的那根弦,拍摄制作播出后,能引起广大电视观众的共鸣和全社会的普遍关注。我国新闻报道的传统是以集中强大的声势,宣传党的路线、方针、政策和成就,从而对社会起到积极的鼓舞、激励、推动作用。系列报道的题材多是配合党的方针政策和中心工作的需要,选题多以传播先进经验、成就为主,当然,也有现实问题的分析报道。可以说,密切配合形势的需要,选题的重大、重要是系列报道生命力的基础。

中央电视台相继推出的系列报道《改革在您身边》、《弹指一挥间》、《菜篮子工程》、《看今朝》等,都涉及重大、重要的题材,为人们所关心,因而,一经播出就产生良好的社会效果。纵观这些年获全国电视新闻奖的系列报道,无一不涉及重大、重要的题材。

由此可见,系列报道的成功取决于题材的选择和报道时机的把握。记者要吃透两头,凭借较高的政策水平和新闻敏感,在现实生活中及时发现、捕捉具有典型意义的人和事;同时,能闻风而动,一旦党和政府有重大决策和中心工作开展,能立即行动起来,抓准重大题材,作好配合报道。

(二)系统组合

系列报道中的系列,从词意上分析,系即连缀、系统;列即排列。也就是说,系列报道要按一定的系统来排列,要把一组反映某一相同或近似的实质问题的但又相对独立的新闻事实按一定程序和内部联系来集合成为报道整体。简言之,系列报道要讲究内部组合,以便在观众中形成系统化的接受心态。因而,系列报道各报道单元的系统组合也是报道成败的关键。

系统论的创始人贝塔朗菲给"系统"的定义是:处在一定相互联系中与环境发生关系的各组成部分的整体。意即系统是由互相联系的要素(即"各组成部分")构成的。要素,是组成系统的"单元",是构成系统的实体,离开要素,系统就不存在。没有消息,就不会有新闻节目,没有一条条、一组组的新闻排列,就不会形成系列报道。但是,系统又不是要素的简单相加,它还包括要素间的关系,各个要素有机地组织起来才构成有系统的整体。

系列报道中的每条新闻都是"单元"要素,它们独立成篇,而新闻主题则是各"单元"要素间的联系和纽带,它不仅要统帅所有的材料,还要统帅各个独立篇章的中心思想,使它们互相联系又有所侧重,并且有机地组合,使每条新闻从不同角度、不同侧面来阐述主题,以点构成面,从而体现整体报道的广度和深度。因此,记者首先要明确报道思想,在深入采访的基础上,凭借政治敏感和新闻敏感,从大量事实材料中,挖掘和提炼出最本质、最有时代性、最有思想意义和现实意义的新闻主题,同时,还要提高每条新闻的质量。只有这样,才能大大发挥系列报道系统的整体效益。

综上所述,连续报道与系列报道都是电视新闻开展深度报道的有力手段。连续报道通过对新闻事件的纵向追踪、深入挖掘来要求深度;而系列报道则侧重于新闻事件的横向联系,广度开拓,以此来体现深度,两者各有所长。在新闻实践中,应以创新意识去拓展电视新闻报道体裁,扩大报道题材,充分发挥系列报道、连续报道的共同优势。

第三节 专题类电视新闻

专题类电视新闻,也称新闻性电视专题,是指对某一个新闻题材作比较深入、具体、详尽的报道。它要求有鲜明重要的主题,或是当前的重大事件,或是群众普遍关注的焦点问题。与消息类电视新闻相比,专题类电视新闻容量更大,也更有深度,是电视新闻作深度报道的重要形式。

专题类电视新闻可分为专题新闻、专题报道、电视访问三种形式。

一、专题新闻

专题新闻是指对新近或正在发生、发现的重大新闻事实进行充分、完整、深入的报道和广泛而迅速的传播。它要求全面地反映新闻事件的概貌及其细节。不仅报道"是什么",还要说明"怎么样"和"为什么",通过详细系统的解释,分析,展现事件的来龙去脉及其内涵。专题新闻通常是当日或近日重大新闻动态报道的延伸、补充和深化,既具有动态新闻的时效,又具有专题报道的深度。

我国电视新闻屏幕上,首次出现"专题新闻"的名称始于1987年中央电视台对第六届人大第五次会议的报道。这次会议,中央电视台改变了以往会议新闻画面加解说的传统报道路子,采用现场实况录像的播出方式,报道了八场记者招待会和领导人会见港澳记者、人大代表和政协委员的专题新闻。尔后,又对中国共产党第十三次全国代表大会开幕式进行了成功的现场直播,这标志着我国的电视专题新闻走向了成熟。

就我国目前电视新闻屏幕上的专题新闻而言,题材多为党和政府重要的党务、政务活动,如党代会、人代会等;为全国人民所关注的重大新闻事件、体育赛事等,如全运会、亚运会报道等。一般而言,处理这类题材,可先以消息形式作简要的报道,再继之以专题新闻的形式作为呼应补充,以使报道更深入、详尽。

二、专题报道

专题报道相当于报纸上的通讯,是对新闻事实进行比较详尽而有深度的一种报道形式。它"常对新近发生、发现的具有典型意义的人物、事件、问题、社会现象等,进行纪录、调查、分析、解释、评述等,深入完整地反映该事物的发生、发展、结果及影响的全过程,揭示主题的深刻意义"①。

(一)专题报道的基本特征

1. 电视新闻专题报道必须具有新闻性

专题报道必须具备新闻的基本要素,必须围绕现实生活中真实存在的新闻事件和新闻人物展开节目的构思,并采用现场拍摄(采访拍摄)的纪实手法报道新闻事实,不允许扮演、补拍、摆布,以"实"为本,惟有真实才可信,可信才有冲击力。因而,新闻性是专题报道的根本属性,也是电视新闻专题报道区别于其他专题节目(如社教专题)的一个重要特征。

2. 电视新闻专题报道具有一定的深刻性和丰富性

专题报道是消息的延伸、拓展和深化,它以专题节目的篇幅来报道新闻性题材。由于它时空跨度大,报道篇幅长,可充分利用声音和画面展示新闻事实,交代计算题。新闻背景,分析新闻内涵,预测发展前景,使新闻事件和新闻人物的报道具有更丰富、更深刻的内涵。专题报道通过对某一主题的深入报道与阐述,能够挖掘出一定的思想深度,由现象到本质,由典型至全局,显现出思辨的品格,也给观众留下更为广阔的思维空间。

3. 电视新闻专题报道具有一定的艺术表现性

专题报道并不是一般新闻的简单延长。较之消息,专题报道具有较为完整而精当的构思,在画面、解说、音乐、音响等电视手法的运用上都比消息更为灵活,更为讲究,也更具表现力和感染力。专题报道在综合运用电视语言的同时,亦可适当运用对比、联想等艺术手法,在不失真实原则的前提下,尽可能调动相宜的表现手法与播出方式,增强可视性,从而鲜明、生动、深刻地传达主题意义。如山西电视台、中央电视台联合摄制的专题报道《兄弟情》,片中运用大量的定格镜头,仿佛历史又重现于今天,值得观众回味、品尝;同时,通过画面语言的强烈对比,展现了今日与往昔、历史与现实的交叉,示意

---

① 冯健总主编:《中国新闻实用大辞典》,新华出版社 1996 年版,第 96 页。

观众:兄弟情、人性美是贯通历史的纽带,真情无价。这些手法的运用,开掘了专题报道的内在美,提高了新闻专题的艺术品位。离开了新闻性,就不成为电视新闻专题报道;离开了艺术性,专题报道仅仅是拉长了的消息。所以说,电视新闻专题报道具有新闻性和艺术性的双重属性。

(二)专题报道的表现形式

我国的电视新闻专题报道,较长时间主要是一些先进经验、成就及先进人物的典型报道,报道形式也比较单一。近年来,在坚持正确舆论导向、多出精品的编播实践中,电视新闻界十分注意拓宽专题报道的选题和选材,只要是为观众所关心和感兴趣的题材,无论是先进个人、集体,还是众所瞩目的重大、重要的新闻事件以及社会问题、社会现象等都属于报道的题材范畴。报道形式也不断更新、突破,由单一的画面加解说的方式,发展到今天多种形式并用。

传统的电视新闻专题报道,沿用新闻纪录电影的结构格式,用画面配解说的方式对新闻事实作客观报道。随着电视创作观念的更新,以纪实手法的全面运用为突破口,新闻类节目都在探索新的电视语言、新的表达方式,以适应广大观众对现代电视节目的收视要求。专题报道的传统报道模式也受到了新的电视观念的冲击。目前,屏幕上常见的专题报道表现形式主要有以下几种。

1.事件的现场报道

这类专题报道采用现场报道手法,或及时追踪,伴随事件进展做详尽报道,或以记者对事件现场的采访报道为主要表现形式还原和展现新闻事件,具有极强的时效性和现场感。

(1)现场追踪纪实报道

报道以纯客观纪录的方式追踪反映事件,通过"原生态"的生活现状的展示,寓理于事。受到人们普遍关注的重大事件,记者能及时赶到现场,对事件的发展过程以较长的篇幅作出较详尽深入的报道,使观众如同身临其境,直观地、满足地获得他所需要的信息。西藏电视台获奖专题报道《十世班禅转世灵童"金瓶掣签"仪式在拉萨举行》所报道的事件,既是佛门盛事,又是国内、国际社会关注的焦点。记者凭借自己的新闻敏感和过硬功夫,在狭小的现场,完整、准确地拍摄了掣签仪式的全过程,录下现场各种同期声,具有极强的现场感和真实性。专题报道以无可置疑的实况纪实,向世人披露了坚赞诺布中签,完全按照藏传佛教仪轨和历史定制,有力地粉碎了达赖集团妄图利用班禅转世灵童问题,分裂祖国、搞乱西藏的政治阴谋。

（2）现场采访报道

这一表现形式的特点是记者以报道者或主持人的身份出现,在现场进行采访和报道。整个报道以画面的客观形象和记者的现场报道、采访、点评相结合,以记者的所见、所闻、所问、所感引出对新闻事实的完整报道。

山西大同电视台获奖专题《矿山小英雄张喜忠》,报道"全国十佳少年"张喜忠不顾生命危险,下到20多厘米宽、45米深的地缝中勇救一名两岁幼儿的英雄壮举。由于事情已过去一个多月,而当时救人现场又没有留下任何图文资料,如何去表现小英雄？在片中我们看到,记者突破了画面配解说的电影纪录片模式,成功地采用了现场采访报道形式,全部内容主要通过记者在镜头前的采访来完成,用大量的现场同期访谈来丰富人物心灵,最大限度地展示人物的内心世界。张喜忠救人的事情是在旁人的多侧面介绍下逐渐清楚完整的。人物形象和性格特征除了镜头的直接表现外,是在周围群众的描述介绍下逐渐清晰丰满的。

2. 重大事件的综述回顾

当重大事件发生后,因其影响面广和受众关注程度高,再以专题的形式把事件发生的动态性报道内容在一个明确主题思想贯穿下予以汇总编辑报道。中央电视台制作的大型专题片《敢问苍穹》就属于这一类型的专题片。

"神州五号"载人航天飞行的成功,是中国航天史上的一个壮举,以专题报道的形式重新展现这一重大事件,既是对过去的回顾,也是对今人的启示。《敢问苍穹》一片,不仅重现"神州五号"载人飞船发射和回收的令人荡气回肠的过程,讴歌了中国数代航天人为中国航天事业的发展所做出的巨大努力和牺牲,还拓展思路,辐射世界航天史的发展以及对于整个人类航天技术的前景展望。片子制作精良,在纪实的基础上,巧妙运用电视艺术手段,使题材本身的感染力得到极大的发挥,达到良好的传播效果。

重大事件的综述回顾,不仅为观众提供了一次重温和思考历史事件的机会,也为社会、为时代留下了珍贵的历史资料。

3. 思辨性报道

思辨性报道是新闻专题节目作为深度报道的重要类型。它是对社会问题、社会现象的分析、解释和思辨,中央电视台《经济半小时》特别节目《秋天的故事》,堪称思辨性报道的优秀力作。以其中一集《谁是多余的人》为例,这篇报道反映了下岗职工再就业问题。先通过记者的现场采访了解下岗职工对再就业的看法和要求;再通过许多真实生动的画面,记录了下岗职工在求职过程中的遭遇。之后,镜头切到演播室,既有记者的分析、评论,也有经济学家、企业界人士等就这一社会问题展开的讨论。报道从感性到理性,有理有据,具有很强的说服力。同样,中央电视台播出的《萨达姆被捕》节目,没有停留在对萨达姆被捕事实的简单回顾上,而是对萨达姆被捕后对伊拉克地区的安全会不会带来实质性的影响、伊拉克以及萨达姆的未来命运等问题做了理性的分析和思考,通过对伊拉克问题专家的采访,使观众获取了具有权威性的信息。

电视新闻专题的表现形式当然不只这样几种,而且各种表现形式也不可能截然分开。一个专题报道往往是诸种手段交叉运用,多种形式并存,既有追踪纪实,也有现场采访,专家、主持人的评说可以在演播室,也可以在现场等等。

三、电视访问

新闻性题材的专题访问,也是电视专题类新闻节目中常用的、进行深度报道的一种形式。它以人物谈话为主要表达方式,通常也称电视专访。专访,可以构成独立完整的新闻节目播出,也可以作为新闻节目中的一个小栏目播出,如中央电视台《东方时空·东方之子》专栏。

电视访问,是电视记者(或新闻主持人)对新闻人物或有关部门进行的专题访问报道。报道以访问、谈话的形式展开叙述视角,所有的话题都围绕主题,记者的鲜明倾向和观点依靠被采访者体现,有比较明确的目的性。报道中的人物谈话不同于消息类新闻中的人物采访,必须独立而完整,具有时空的一致性,而不是答问的片言只语。

电视访问的最大优势,是能够及时、准确、畅通地与观众沟通、交流,形成共识,做到上情下达、下情上传。相比较而言,它的制作简捷,更符合电视"直接向观众传播"的特点。

电视访问根据所访对象和内容的不同,可分为人物访问和专题访问两种。

(一)人物访问

人物访问是对新闻人物进行的专访报道。其社会效果首先取决于所选人物的新闻价值。因此,人物访问要注意被访对象的知名度和权威性。中央电视台名牌栏目《东方之子》,自 1993 年 5 月 1 日开播至今,相继推出了逾1000 期的优秀人物。他们中有社会名流,追波逐浪的风云人物,各行各业的杰出英才,也有廉洁自律、为民办实事的领导干部。人物访问向观众展示了他们的业绩、经历、思想及独特的性格和风采,让观众从访谈中有所收获和启示。

人物访问是通过记者或主持人与被访者的双向交流完成的。因此,记者(主持人)应对被访者独特的背景、经历、成就及个性等有深入的了解,并以此作为交流的核心,展开话题。例如,中央电视台在香港回归特别报道中,记者对香港特别行政区行政长官董建华进行了专访。采访前,记者研究了大量有关董建华的传记资料,最后确定,通过访谈不仅要让观众了解作为行政长官的董建华,还要让观众感受到香港这个社会的气氛。意即通过董建华本人,折射出他背后的社会,他和香港的关系。围绕这个核心,在访谈中,主持人和董建华就特区政府的成立、运转和香港的前途、发展及个人经历、信心、对人对事的原则等话题,展开了面对面的交流。

(二)专题访问

专题访问,是电视记者就某一重大事件或某一社会问题、社会现象对有关人士和单位进行的访问报道。

专题访问通常选择人们普遍关注或较重要的题材,并且需要准确的提炼主题和确定访问对象。主题应具有特定的新闻背景,有强烈的时代感和现实感;访问对象要有代表性和权威性(即使是街头市民,对某一热门话题也是具有代表性的)。在访问中,记者的提问是谈话的指向根据,记者问什么,被访对象就回答什么。从这个意义上说,访问的成败,在很大程度上取决于记者的提问水平。而成功的提问来自于访问前的精心准备和巧妙设计。此外,节目制作手段的运用上也应当灵活多样。例如插入相关的具有说服力的形象资料,活跃图像,以避免一问一答式的单调乏味,增强可视性。

第四节　评论类电视新闻

电视新闻评论节目,是电视机构就新近发生的事件、当前社会生活中存在的现象或思想倾向以及公众普遍关注的问题等发表意见,阐析电视台对新闻事实的观点、立场的一种节目形式,在电视新闻节目中具有十分重要的地位。电视新闻只有善于运用新闻评论,才能更有效地发挥党和人民的喉舌作用,更好地履行反映、影响、引导和组织舆论的政治使命,满足社会的需要。

一、电视新闻评论的特点,主要有新闻性、政论性、形象性

(一)新闻性

新闻性是一切新闻体裁,包括电视新闻评论共有的特点。电视新闻评论的新闻性,除了如同消息、专题类电视新闻一样讲究时效外,还有自己的特殊内涵和要求,即评论的时宜性和直接的针对性。

时宜性包括时间和时机两个因素。电视新闻评论对时间的要求,有时几乎与新闻报道一样强烈,特别是关于新闻事件的评论,赢得时间就意味着赢得主动权,赢得先声夺人的优势;而忽视时间因素则可能削弱评论的战斗力,甚至于丧失评论的意义。例如,1995 年 3 月 20 日上午,日本东京地铁发生投毒事件,造成极为严重的后果,立即成为国际社会关注的焦点。中央电视台《东方时空·焦点时刻》(现更改为《时空报道》)连夜投入工作,第二天一早就播出了《东京地铁有人投毒》一片,不仅介绍了事件本身,还采访了有关专家,获得了良好的社会效果。不过,对电视新闻评论而言,更为重要的是在"快"的基础上选准最佳时机,做到"言当其时"。这种最佳时机就是评论的新闻价值最大的时候。当快不快,会使评论内容成为明日黄花,失去应有的价值和作用;不当快而快,则可能添乱,使问题复杂化。因而,每个电视新闻评论节目都应力求在最佳时机播出。原广电部部长孙家正在谈到如何把握评论的最佳播出时机时认为:"一是要服从形势发展的需求,节目内容适宜于配合相关的重要政策出台、重大活动、重大会议、重要纪念日和节日播出的,就应尽量予以配合,以取得更大的社会效益;二是要服从党的总体工作部署,根据某一阶段的工作重点,安排相应题材的节目播出。"[①]

中央电视台《焦点访谈》1994 年 6 月 24 日播出的《触目惊心假发票》,时机就选择得比较好。正如节目采编者所介绍的,这个问题他们在 1993 年底就已经注意到了,那时候就有买卖假增值税发票现象,但当时我国政府还没有出台有效的防止措施,如果做了这类节目,既容易诱发犯罪分子仿效,又会使人们对税制改革能否顺利实施产生怀疑。直到国务院召开了会议,部署了打击假发票犯罪活动,全国人大常委会也在法律上做出了相应的补充规定,国家税务总局已宣布将在 7 月 1 日启用新版防伪增值税发票以后,他们认为评论的时机成熟了,才正式播出了该节目。这个评论有力地配合了打击伪造、

---

① 孙家正:《努力办好新闻评论性节目,提高舆论引导水平》,载《电视研究》1995 年第 10 期。

倒卖增值税发票的犯罪活动,为新版增值税发票的顺利启用创造了良好的舆论环境。

直接针对性强调要面对现实,指导实际。电视新闻评论直接触及现实生活中的某一具体问题或倾向,从特定的事实出发,分析、解剖事实,从而引发具有实践指导意义的观点和见解,起到帮助观众正确理解形势、识别事物、辨别方向、解疑释惑的作用。因此,新闻评论在分析论述某一特定事实时,总是根据客观实际的需要选择突破口,确定评论的重点,力求切中时弊,触动绷得最紧的那根社会神经。如《焦点访谈》节目中《洋货也要打假》,揭露了进口商品中存在的假冒伪劣现象,批评了社会中流行的盲目崇洋的思想。电视新闻评论《惜哉文化》,通过对吉林博物馆遭受严重火灾原因的探究,揭露了官僚主义所造成的严重危害和恶劣后果,向社会再次敲响了警钟:官僚主义仍在作祟。所以,有观众评价《焦点访谈》是"一双明亮的、警觉的、敏锐的眼睛,每日扫描着祖国大地和世界风云,哪儿是阳光明媚的春天,哪儿有藏垢纳污的阴暗角落,它看得见、道得明,它关切着改革大业,敢于大声疾呼;它关怀着广大民众的疾苦,敢于伸张正义,直言不讳;它明辨是非,扬善惩恶"①。可见,电视新闻评论应专注于时事,选题和论述都应注意切中时弊。因为,是否具有直接针对性,是衡量电视新闻评论新闻性强弱的重要标志,也是评论作品能否打动人心、收到指导实践的预期效果的重要因素。

总之,新闻性是电视新闻评论区别于一般政论的鲜明特征。

(二)政论性

政论性主要包括三个方面:第一,明确阐述对于事物——论述对象的看法;第二,以说理为主要目的;第三,着重从政治、思想角度而非专业的、学术的角度分析问题。

政论性是电视新闻评论不同于消息、专题的特征。与消息、专题侧重于客观反映事物不同,政论性的特点要求电视新闻评论不管论述什么,都要旗帜鲜明,观点明确;不论对事物持什么看法,都要言之成理,持之有故。通过对事物由表及里、由浅入深的分析,引出具有普遍指导意义的规律性认识。

当然,电视新闻评论的政论性并不排斥对新闻事实的叙述,甚至在一些评论中叙事的篇幅可能很大。不过,这一切都是为说理服务的。如何选择、

---

① 《杨伟光副部长在广播电视新闻评论性节目研讨会上的讲话》,载《电视研究》1995年第10期。

剪裁事实,如何叙述,完全以论证、论点的需要为转移,因而,丝毫不影响说理的主导地位。例如,中央电视台获奖评论《洋河污染导致大片农田绝收》中的事实交代:

> 洋河水给两岸百姓带来的从来都是丰收和富足。从1988年开始,1992年、1993年,洋河水的污染使他们辛勤的汗水一次次付诸东流,丰收的希望成了泡影。洋河水成了毒水、祸水。
>
> (采访)农民吴连成:"今年一亩地连100斤也到不了,那儿还长得高点儿,像这个地方孬的,抽了穗也收不了。看上来是绿的,其实里头没瓤,吃什么?都是瘪谷!"
>
> 这是用没被污染的井水浇灌的水稻田,现已进入正常抽穗期。

在这里,事实并非是独立的,而是道理的一部分,起增强道理的说服力和感染力的作用。所以,理解电视新闻评论的政论性特点,要看实质,而不应停留在表面上。

(三)形象性

电视声像兼备的传播方式,决定了电视新闻评论具有形象性的特点。而形象性正是电视评论有别于报纸、广播评论的鲜明特征,也是电视评论的优势所在。

报纸的评论自有其优势,以论证的深刻性见长。但是它的弱点在于抽象,多是理性的概念叙述,缺乏具体性、生动性。而电视评论则不同,视听双通道的传输方式,将新闻事实直接展示在受众眼前,同时又通过语言和文字,描述事实,表达观点和态度,使评论的内在逻辑以鲜明的形象展示作用于观众的头脑,其感染力和说服力自然要强于报纸或广播。例如,三角债的症结在哪里?海狸鼠养殖为什么不能再发展了?如何投资才能更科学、见效益?等等,像这些经济问题、管理问题,都可以写上数万字的论文。但中央电视台的《焦点访谈》节目中,采编人员不做过多的推理论证,而是用实事求是的调查、询问,用尽可能全面的意见、反映,用一目了然的对比、展示,寓复杂于简洁,寓层层剖析于无声的镜头运动,"铁的逻辑"变成了不可移易的画面组合,道理讲得朴素、明白且深入人心。

由此可见,形象性是电视新闻评论的独有优势。传播者在从事电视评论时,充分利用电视最本质的优势,发挥形象在电视评论中的主体作用,注重形象取材,充分利用现场画面来体现事态流程,敏锐地捕捉那些可以作为论据的关键形象和细节,做到理性思辨与形象展示相结合,逻辑思维的说服力与形象表现的感染力相结合,使电视新闻评论真正具有鲜明的电视个性。

二、电视新闻评论基本形态

我国电视新闻起步时,评论只有"编者的话"、"编后语"等小言论,由播音员对着写好的文字稿口播,缺乏电视特色,评论的深度和力度也不够,难以在观众中产生深刻而广泛的影响。

电子技术的发展,为电视新闻评论多样化的表现形式提供了可能。传播者对电视本体特点的认知和开发,使电视新闻评论的传播形式、节目形态都得到了不断发展和完善,电视屏幕上涌现出了一批有电视特色、有深度的电视评论力作。《桐乡粪桶畅销的启示》(浙江电视台)、《评评假冒伪劣商品》(陕西电视台)等优秀评论在社会上产生了较大影响,获得全国电视新闻评论类大奖。至此,电视新闻评论开始逐步成熟,走上良性发展的道路。近些年来,以中央电视台《焦点访谈》为标志的电视评论性节目更是异军突起,它们干预生活、引导舆论的作用越来越大。评论,不再是电视新闻的薄弱环节。

目前,我国电视新闻屏幕上,评论的基本形态有:主持人议论、电视短评、电视新闻述评等。

(一)主持人评论

主持人评论是由新闻主持人就某一社会问题或社会现象发表自己的见解和看法的节目形式。它与由播音员口播的编后语、短评不同。编后语、短评代表的是新闻编辑部的意见,而主持人评论则体现了主持人对当前具有普遍意义的新闻事件、社会现象的分析和思辨能力。它要求主持人有较高的政治理论水平,有丰富、广博的知识以及对新闻敏锐的分析判断能力。评论要做到立意新颖,见解独到,并具有熟练的口头表达技巧,以自己良好的新闻素质和个性魅力去吸引观众,透视新闻的意义。

一般来说,主持人评论讲究论题的具体、单纯,立论集中、显豁,说理浅显、平易,语言表达符合听知规律,有利于缩短评论与观众之间的距离,将大众传播"还原"为"面对面"的"人际交流"。主持人评论具有下列优势。

1. 人际传播与大众传播的统一和同化

按照传播学的观点,传播类型主要包括内向传播、人际传播、组织传播和大众传播四种。其中,人际传播以其传播形式灵活多样和信息交流双向互动性强的优势,被公认为是信息传输质量最高的传播形式。但是与大众传播的制度化和专业制作相比,人际传播同时存在传输效率低下、传播范围小的弱点。过去理论界总是把人际传播放在现实的人际交往之间,把大众传播归于传媒,使这两种传播方式长期处于对立和分化的状态下。随着多媒体信息技术的飞速发展和受众观念的变革,人际传播和大众传播已经跨过了人为分化的鸿沟,在大众传媒中汇合同化。

电视评论的改革,就是基于这种理论观念的转变。电视主持人评论是在传统的"一对多"的高效传播优势的基础上,引入人际传播的"优良基因"的结果,它实际上是一种对大众传播和人际传播的"混合"传播尝试。主持人以平易的形象出现在屏幕上,把他的意见、观点带进每一个收看节目的家庭中,使受众感受到一种自由平和的传播氛围,使传统的"一对多"的传输形式模拟出崭新的"一对一"的对象化传播环境,传者和受者双方的对象感都会因此而更加真实。

另外,制作评论节目时创造出人际传播的模拟环境使主持人的评论语言更加细腻、生动和生活化。这种传播方式对受众来讲会有一种对象化的亲切感,这种"真实的错觉"使受众有一种就在自家客厅里有针对性地讨论的现场感,因为感到受尊重而获得心理满足,因而他们会更乐于参与到信息传播过程当中,接受传播者——电视媒介发出的信息。这种革新本身就隐含了人文关怀的因素,因此它在提高信息传播效率的同时,也顺应了呼吁"人本位"和"个性色彩"的时代的要求。

2. 鲜明的个性风格

希腊哲学家海拉里特斯说过:"个性即人的命运。"同样,对节目来讲就是"个性即节目的生命"。鲜明的个性可以塑造出特色鲜明的评论节目,给观众留下深刻的印象。对任何一种评论节目而言,有了受众才能谈到传播效果。电子媒介本身存在着信号不易保存、稍纵即逝的弱点,因此电视若想做出可与报纸相媲美的权威评论节目,如果没有鲜明的个性就不能给受众以强烈的印象,也就无法实现传播意图。

在电视新闻评论中,专业主持人直接与观众面对面交流的评论形态大致有两种:一种是结语或串词式的评论,这是一种主持人在主持节目(主要是现场直播)时对新闻事实或现象所做的简短评论,如《新闻调查》主持人在评论前的导语和评论当中的串联词,《东方时空》总主持人的现场评点等。这种评论其特点是短小精悍、形式自由。另一种则是独立成篇的评论或者多篇短评的集合构成,在电视节目中占有独立的时段,并辟有专栏或子栏目。

目前,屏幕上常见的读报类节目,采用主持人读报加点评的播报方式,由事及理地对时事进行解读,是一种比较有效的主持人评论的方式。

主持人评论也是培养电视评论员的有效途径之一。

(四)电视短评

电视短评是新闻报道前后配发的编者按语。包括编后话、编前话、编辑点评等。

短评,顾名思义就是短小的评论。因之,电视短评的特点是"评其一点,不及其余",即议论要紧扣事实,集中一点,言简意赅,一针见血地道出新闻事实所蕴含的现实意义和指导意义。为电视新闻画龙点睛,使观众提神醒脑,引导观众思考领悟新闻的深层内核。它不是新闻事实的重复,而是更深层次的延伸,是新闻主题的升华。

例如,《浙江工业企业在困境中崛起》系列报道(浙江电视台),每一则单篇报道均配发短评。其中第三篇《冤枉钱不冤枉》报道的是杭州娃哈哈儿童营养食品厂在一年内共拿出近300万元支援教育事业,以社会效益来带动经济效益。短评在肯定了娃哈哈厂这一利国利民最终也利己的棋高一着的经营之道后,又着重指出:

> 在我们的社会主义制度下,每个企业,不论是国有企业,还是集
> 体企业,都有它的两重性。这就是说,企业在完成经济指标的同时,
> 也应承担相应的社会责任,并且把两者辩证地统一起来,以社会效
> 益促进经济效益,以所取得的经济效益更好地对社会多做贡献。娃
> 哈哈营养食品厂的这种做法,值得各行各业的经营者借鉴。

评论由一点推及全体,阐发了报道后面蕴藏的对观众具有启示意义的思想、观点,使得新闻报道能由表及里,实现由点到面的升华。可见,短评应有感而发,惜墨如金,而不应画蛇添足,故弄玄虚,只有那些本身具有评论价值的电视新闻才应配发短评。

电视短评的播出形式多样。可以由编辑撰写,播音员播念;在新闻杂志节目中,则可以由新闻主持人对消息新闻进行简短评说;也可以如《困境中崛起》所采用的方式,邀请经济界专家、学者、领导以"特邀评论员"的形式点评报道;或者干脆由记者、编辑出镜,在新闻现场或演播室作有感而发的简短评说。如《走南闯北看浙货》(浙江电视台)的"编辑点评"、《迎接检查,菜场三天迟开业》(南京电视台)的现场短评。由播音员播念的短评形式沿袭了广播评论的方式,缺少电视个性,后几种,尤其是记者在新闻现场的即兴点评,记者那随便的装束,普通的相貌,可能不太标准的普通话,能消除观众在收看播音

员正规播出时的那种仰视感,缩短了评论与观众间的心理距离,使观众感觉到一种平等的交谈和交流,从而增强了评论本身的可信性和感染力,引起观众的共鸣和关注。

(五)电视新闻述评

电视新闻述评融叙述与评论为一体,既有对事件的客观叙述,又有对新闻事实的分析评论。它以对事实的报道为基础,但这种报道不是新闻事件的平铺直叙,而是力求透过纷繁复杂的事态表层,通过对事物内在逻辑的揭示,抓住事物的本质和内在规律,达到引导观众思考、判断的目的。这种评论形式由事及理,以理评事,事理相连,对观众更有吸引力和说服力。电视新闻述评将新闻的客观性与说理性结合起来,其表现形式是以纪实性的事实为基础,以现场图像和实况音响为手段,由大众参与评说,最后经主持人或专家、官员点评,进行正确的舆论引导。无疑,这种评论方式具有鲜明的电视个性,为电视评论开辟出一条符合自己特点和规律的新路。

1. 电视新闻述评的基本特点

(1)选题注意贴近性

电视传播对象广泛的特点,决定了电视新闻述评选题应该有更广泛的贴近性。要贴近群众,贴近生活,贴近实际,注意现实的针对性。

优化选题是搞好评论的基础,也是评论节目能否在观众中产生良好效应的第一步。笔墨当随时代,电视新闻述评应时刻关注时代发展中的主流和矛盾,重视抓焦点问题,即评论的事件或问题,不仅为党和政府所关注,也是广大老百姓所关心的,是具有普遍意义的。以中央电视台《焦点访谈》为例,自节目开播以来,可以说,绝大部分的节目在观众中产生了较大的影响,有的还形成了街谈巷议、经久不衰的传播效果。例如,以发行国库券利在何方为话题的《行情看好——94国债发行第一天》;以人类灵魂工程师出卖灵魂为抨击点的《从教不仁——共和国招生受贿第一大案》;以发展经济为名,大建坟墓,实质却是非法占地为议题的《北京郊区——耕地上修起一片坟墓》;以揭露假冒伪劣产品坑人害人,保护儿童合法权益为目的的《婴儿何以夭折》、《情暖童心》以及弘扬主旋律的《神圣与崇高——当国旗升起的时候》、《远亲不如近邻》等等。这些社会问题、经济现象以及国际风云都成了《焦点访谈》的选材范围。由于反映的事实是群众普遍关心和关注的,自然会引起观众的共鸣。

因此,只有注意选题的贴近性,才能把党和政府的方针政策、法令法规及时地传达到亿万群众中去,才能把下情如实地传达给党和政府,使评论节目真正成为上下沟通的桥梁和纽带。

（2）论据讲究形象性

电视最突出的优势是形象，是画面。在评论中，一个清晰的、有表现力的画面就是有力的论据。优秀电视新闻述评《愿圣火点燃不灭》（上海电视台）是对东亚运动会的回顾与思考，其中论述到上海市民的文明礼貌尚需加强的时候，用画面展示有的观众在看台上边看比赛边嗑瓜子，有的观众在比赛尚未结束时便匆匆提前退场，画面生动有力，有代表性。又如北京电视台"今日话题"《同住小区，各有忧喜》中，记者敏锐地捕捉到了居民用卸掉自行车的一个车轮的办法来保全车子不被盗窃及安装在自行车上的大防盗锁等镜头，通过这些画面细节的展示，小区的治安管理不善就不言而喻了。画面将无可辩驳的事实活生生地展现在观众面前，能够引起观众的共鸣，加强了论点的说服力。形象性还包括人物的语言形象，被采访对象充满感情色彩的个性化语言等，都能为评论提供充分而典型的论据。

（3）论证过程具有群体参与性

即在节目中，大众参与话题的评说，包括主持人听取当事人诉说，听取社会各界发表看法，专家或官员表示权威性见解。例如，中央电视台新闻述评《历史岂能否认》，片中记者采访几位"九·一八"事变见证人、南京大屠杀幸存者，还有两位原日军士兵（南京大屠杀的参加者），以他们的亲身经历控诉了日军在中国的暴行；走访了中国现代国际关系研究所研究员，让他谈谈日本右翼掩盖侵略历史的所作所为；采访了几位正在中国抗日纪念馆的参观者，让他们谈观感，发表看法。最后，主持人作总结性论证，严厉驳斥日本右翼企图美化侵略中国、掩盖历史的丑恶行径，严正指出，历史是不能否认的，只有正确对待历史才是中日友好的政治基础。在片中，我们没有看到主持人（评论员）的夸夸其谈或过多的引经据典，也没有主持人的先入为主，而是让事实说话，用大众评说去增加评论的说服力、权威性。

这种大众评说方式十分符合一般观众愿"兼听"不愿"偏听"的认知心理，是使评论避免"一言堂"，淡化说教，实施正确舆论引导，形成大众舆论的一种有效的传播艺术。坐在电视机前的观众，通过大众评说，专家、官员评点，从感性到理性，从具体到抽象，在平等的双向交流的氛围中，弄清了是非曲直，提高了认识，不同程度地接受了节目所想要引导的舆论。这种平等交谈的传播方式，能较好地激发观众的参与意识，让群众自己教育自己，效果自然、实在。

2. 电视新闻述评的表现手法

电视新闻述评是新闻述评在电视媒介中的具体运用,但不是将这一体裁简单的照抄照搬,而是依据媒介的传播特点对新闻述评进行适应性改造,按照内容要求,灵活安排"述"与"评"在节目中的位置和比例。一般来说,有如下两种安排形式:

(1)将"述"与"评"结合在一起,整个节目是事件的叙述过程与对论点进行逻辑论证过程的统一。

这种过程化论证的形式中,主持人不直接对事件进行评论,而是注重对事实的分析、背景材料的介绍,由节目所反映的客观事实来引导观众做出合乎情理的判断。它摒弃了以往电视述评那种带着观点找例子的说教模式,尽量避免由记者站出来指点江山,臧否人物,喋喋不休,而是把观点蕴含于巧妙的结构安排、恰当的内容选择上,通过大众的评说,专家、官员的点评来证明记者所表明的观点,指出其意义,驳斥记者想驳斥的诡辩。这样,整个论证过程水到渠成,观点不言自明。例如,电视评论《惜哉,文化!》,针对吉林博物馆、图书馆被大火烧毁的新闻事实,记者不只拍下了火灾现场,还通过对市长、副市长、工商局长、博物馆工作人员、消防支队负责人及普通市民的采访,把截然相反的态度、损失认定、着火原因的判断等充分展露,又对火灾之前多方面的情况做了实事求是、证据确凿的调查,引导观众挖出了隐藏在火灾背后的官僚主义,使节目主题得以深化。这种形式,论证过程蕴藏于件的叙述过程中。新闻事件既是评论中的论据,同时,记者又通过对所记录的过程进行辩证的安排,如对比编辑、矛盾编辑等,使事件的展开又是逻辑论证的展开。在强调逻辑性的前提下,它充分发挥了电视直观、形象的作用,以事实胜于雄辩的方式,实实在在地说理,赢得了观众的信服。又如,中国电视奖获奖评论《咸宁工商取财有"道"》(中央电视台)中的两段采访安排:

记者:有没有罚款后放走的?

咸宁市工商局车管所所长张跃进:没有罚款,一分钱也没有罚,就扣这一部车等待处理,都没罚款,不能罚款。现在中央三令五申不得罚款。

解说:虽然这位所长也明白,国家工商局明文规定,查没走私物品不得以罚代扣。可是我们在车管所这面墙上,还是看到这么一幅"任务完成进度表",这上面赫然写着,光是今年 2 月份,车管所就共计罚款 44 万元,那么这 44 万元是怎么罚来的呢?

············

记者：扣了以后，怎样才能给你们放行呢？

四川省巫山县广播电视局副局长谭宜清：给5万块钱吧……后来，我们请（咸宁）市政府一个主任，请了（咸宁）市广播电视局的一个局长去跟他们（工商局）说情以后，改成罚我们2万元。

新疆石油管理局驻广州办事处董永：最后的处理意见，说是要罚款50%，我这辆车的造价是53万8千元。

记者：50%就得罚20多万呢！

……珠海市建伟建筑工程有限公司刘昕辉：当地（咸宁）交警也开了证明给我，让他们（工商局）放行。交警说没问题，交警还盖了章。

记者：……有这东西他们（工商局）还是不放？刘：对，还是不放。人家说了：没钱，没门！

记者紧紧抓住咸宁工商局擅自扣车之后，就是否收取罚款这一关键问题，展开采访。以被扣车司机的话驳斥了咸宁市工商局车管所所长的空口假话。观众从这些相互矛盾的回答中，亦能清晰地判断是非，得出结论。

（2）"述"与"评"分立，由主持人（记者）旗帜鲜明，亮出观点。

这种形式，可以夹叙夹议，也可以先叙后议。在这里，叙议并不是脱节的，也不是简单混合，而是以议为灵魂，叙为基础，叙的着眼点在于议。

例如，中央电视台新闻述评《洋河污染导致大片农田绝收》，就是一则成功的夹叙夹议的新闻述评。片中，记者先是介绍洋河水污染的情况，采访吴连成等四位农民和受洋河水污染最严重的八里村的村长，请他们谈农作物遭污染后绝收的情况。接下来，采访市环保局的负责人，请专家指出污染的根源。然后，又将镜头对准污染水源的农药厂，用现场纪实的手段再现直接责任者的推托辩解，并依据事实指出"很难让人信服"。第二天，记者到市政府讨"说法"，但几次都没见到当地政府负责人，据市政府办事人员说正忙于地市合并，尚未研究消除污染问题。于是，记者在市政府门前即席评点："从上午8点20分我们就来到张家口市政府要求采访市长，可到中午12点，市政府办公室负责人还不知市长哪儿去了，说因为地、市合并，工作很忙，但我们以为，老百姓的吃饭问题也是很重要的。"看似温柔，实则振聋发聩的犀利点评，开拓了评论的深度。这还不够，片中结尾，主持人又引领观众作了更深层次的思考，指出污染问题的症结所在是企业的短期行为和缺少健全的法制，提醒人们认识保护环境的重要性。同样,获奖作品《"罚"要依法》中,在真实记录了执法者知法犯法的丑行后,演播室主持人的议论更加精彩:"法律是有尊严的。我们相信,每一个司机在出车的时候,都应该考虑到自己要严格地遵守这些交通法规。因为只有这样,才是对自己,也是对他人生命的最好的保护。同时,法律也要求执法者必须遵守这些法律。执法者必须遵守法律,才是公正、严格执行法律的一个最基本的前提。"演播室主持人直抒论点的评论部分,使节目中的采访报道成了评论的依据,事实的展现被包裹在一个展开的论证里。

无论是哪种形式,记者的目的都是一样的,那就是有意无意地把观众由一个浅显的话题引向深入的思考,由浅入深,由表及里,深入浅出,发人深省,令人口服心服。

电视新闻述评节目的出现,标志着真正属于电视自身的评论有了一个新的起点,是电视新闻评论工作的令人振奋的创造性发展。可以断言,经过不断完善和提高,它的生命力将不可限量。

3.关于电视新闻述评节目的思考

目前,从屏幕上的电视新闻述评节目来看,还有几个问题要引起重视。

(1)要廓清新闻评论与专题报道的界限

专题报道归根到底是对新闻事实本身的报道,尽管有广阔的背景介绍,有记者向当事人和观众的调查了解,它仍是围绕事实本身在进行报道,向观众传递的是事实信息。而作为评论,一是必有主持人(记者)对事实的分析,分析是由事到理的桥梁,体现作者思考的缜密性,尽管这种分析可以寓于问题的提出和访谈之中;二是有大众参与评说,摆出自己的看法和道理来;三是必须表达明确的观点或倾向。当然,这种观点可以由主持人直接说出来,也可以在事实的叙述中通过各种暗示表达出来。因为,评论传递的是意见性信息。造成评论与专题报道界限模糊的原因,可能在于记者在"述"与"评"的"度"的把握上。电视评论中的事实论据在多数情况下要介绍被评论事物的概貌及背景,并以此为依据提出问题。但一定要注意把握"度",介绍太多了,便成了报道。一定要明确评论的主体是论证说理,虽然有对事实的报道,也不排斥报道的纪实性手法,但是新闻述评不能纠缠于对事实的调查,它的目的不在于揭示事实而在于提炼意义。报道的部分既是展现事实,也是对事实的分析、调查、透视,是论点、观点赖以形成的基础。事实的展示是为论证提供依据的,其根本目的在于最充分地说明论点。因此,新闻述评对事实的安排必须具有跳跃性、逻辑性,一切游离于论据之外的图像展示都应在后期制作中剪去。同样,访谈中,专家评说都是为论证某一观点服务的,与此无关的内容,都应割爱。不然,只能是"述"有余而"评"不足,以"述"代"评",缺乏理性魅力和穿透力,停留在就事论事的浅层面上,使得评论变成了深度报道式的新闻专题。

(2)要进一步提高电视评论的质量

要提高评论的质量,关键在于深度问题。一是在坚持正确舆论导向的原则指导下,评论的话题要抓准,要善于发现,敢于发现。党和政府以及老百姓普遍关注的焦点问题不一定就是热点问题。记者要在热点尚未形成之前发现问题、提出问题、解决问题,才能显示出评论的预见性和某种警示性,引起人们的关注。二是要明确深入浅出不等于浅显,强调形象不排斥抽象。信息论认为,信息一旦与人联系起来,就具有不同的层次,包括反映事物运动状态的语义信息以及阐明事物状态的价值、效用的语用信息。消息、专题擅长于描摹事物,主要向观众提供语义信息,而提供语义和语用信息的电视评论,则应当是在新闻信息这个物质基础上,以理性的引申、哲理的思辨去阐述、评论信息某一方面的深层意义或价值,从而达到说理的目的。这应该是电视评论的本质所在。三是要注意主持人(记者)在发议论时,评说的话不一定要多,但要求揭示出事物的本质,道理要精辟到位,见解要独特,能入木三分,防止泛泛的议论和不必要的表态。这就有赖于主持人(记者)社会实际的深入和必不可少的理论政策修养。

三、电视评论节目的发展

电视新闻述评因为充分运用电视手段,发挥了电视特点,是目前电视评论中的主要品种。但它终究只是电视评论的一种形式,我们还应从实际出发,提倡多样化,要创造、设计出更多的电视评论形式。如利用电视手段,围绕一个大主题制作系列电视评论。中央电视台《焦点访谈》栏目在 1997 年 6 月中旬就推出了可持续性发展系列评论,围绕可持续性发展这一社会发展领域的大问题,从不同角度、不同侧面反复进行评述,犹如集团作战,给观众留下很深刻的印象,使评论的舆论引导功能得到更好的发挥。

1. 新闻评论员评论形式

新闻评论节目作为电视台的旗帜和灵魂,是掌控新闻话语权和树立权威的关键所在,而拥有个性化的新闻评论员更是电视台成熟的标志。评论员的个性化语言,使得节目在呈现出个性化之余又增添了人格化的魅力。"主持人、评论员将个体化的经历与感受融入到评论中,体现出了某种独特的人文关怀。媒介的意向与'个人言论'相结合,拉近了媒体与受众之间的心理距离,媒介借主持人、评论员树立了品牌形象,主持人、评论员也找到了赞扬个性的空间。"①

凤凰卫视时事评论员曹景行、阮次山、何亮亮等就是凭借独特的个人经历,个性化的表达方式,人格化的个人魅力,在公众中产生广泛的影响力。中央电视台新闻评论部从《东方时空》、《焦点访谈》开始,就致力于培养中国第一代电视新闻评论员,2003年5月1日中央电视台开播新闻频道,推出了一档新闻评论栏目《央视论坛》,发言者们由一支相对稳定的专家评论队伍组成,他们被称为"本台评论员"或"特邀评论员"。上海东方卫视也在新闻节目中尝试评论员对当天重大事件进行分析和评论。评论员的出现,满足了第一时间快速、深入、间接地阐发意见,引导舆论的需求,其特点就是显山露水,观点鲜明。

2. 谈话、交流的论坛形式

与电视述评方式不同,谈话、交流的论坛式评论方式体现了"以事实为中心"到"以观点为中心"的转变,节目中,通过参与双方(多方)的交流甚至交锋,多侧面、多角度地揭示超乎新闻之外的背景和观点,为受众披沙拣金、拨云见日,洞开观点之门。以中央电视台的两档新闻评论节目《焦点访谈》和《央视论坛》为例,《焦点访谈》始终以"事实"为核心,坚持用形象的画面为观点提供有利的证据,对"事实"的追求,保证评论的力度和舆论相对的准确性。而《央视论坛》不同于"用事实说话"的《焦点访谈》,它"借事实说话",提出了"透过现象说本质"的理念,节目追求"展现观点的过程",节目中,主持人往往预设各种不同的观点对特约评论员的表述提出质疑,从而给谈话过程赋予一定的"论辩"色彩,通过这种开放式的评论方式,主持人和评论员层层剥笋般地揭示事件真相,发表权威的观点,为观众提供思考和观察世界的方向和角度。

谈话、交流的论坛式评论方式,比较符合现代观众的审美期待,"从传播方式上看,以前的电视评论性节目在阐释观点的时候,新闻评论员多是直接面对镜头,观众成为了被凝视的对象。而谈话、交流的论坛形式,赋予了观众

---

① 叶子:《现代电视新闻学》,中国广播电视出版社2005年版,第368页。

一种特权性的视点,观众不再被强迫接受观点,观众被隐喻性地编织进整个评论的过程,渐渐使他们忘记了在观看一个节目"。①

此外,作为一种开放式的评论方式,谈话、交流的论坛式评论不应囿于演播室主持人和评论员之间的观点交流,还可以借鉴网络媒体的优势,通过增强互动性拓展大众话语的空间,以呈现多元化的观点意见,提升言论的开放性,利于形成良好的舆论环境,更好地体现"公共论坛"的功能。

电视评论正在走一条符合电视自身运作规律的道路。我们相信,电视评论发展的路必将是宽广的。

---

① 叶子:《现代电视新闻学》,中国广播电视出版社 2005 年版,第 364 页。

第五章
电视新闻深度报道

电视新闻深度报道是当今各种新闻媒介激烈竞争的产物;是电视新闻面临新的挑战,为改变"短、平、快"状态而积极探索的结果。它标志着电视新闻由起步走向成熟,由浅层走向深层的深刻变化。

本章拟就电视新闻深度报道概念的界说,电视新闻深度报道的特点,有关深度报道中的全方位意识及背景材料的运用等问题进行探讨,以求对电视新闻深度报道有更深入的认识。

第一节　深度报道概述

一、电视新闻深度报道概念界说

(一)什么是深度报道

深度报道(in-depthreports),作为新闻学上一个专用术语,起源于西方新闻学,是西方新闻传播媒介竞争的产物。在英美,深度报道也称大标题后报道。在法国,被称为大报道。它的雏形发端于第一次世界大战期间的解释性新闻。在第二次世界大战之后,报纸面对迅速发展的广播、电视新闻的竞争,认为只有开掘新闻报道的深度和广度,才是报纸能在与广播、电视的竞争中立于不败之地的有效方法。于是,在原有解释性新闻基础上加以扩展,从而形成了现代意义的"深度报道"。

那么,什么是深度报道呢?代表性的解释有以下几种:

其一,深度报道是"一种阐明事件因果关系、预测事件发展趋向的报道形式"。

其二,深度报道是"一种通过系统地提供新闻事件的背景,用客观形式解释和分析来延伸和拓展新闻领域的一种报道方式"。

其三,深度报道是"一种以'深'见长的新闻体裁"。

以上诸种解释大体上概括了深度报道的基本特征,即深度报道要对新闻事实作全面、深入的报道,它不仅交代事实,更侧重于揭示、说明事实产生的原因、发展过程及其后果、趋向等,它对事实进行解释、分析,使受众对新闻事实的本质与意义有全面、纵深的理解。这是诸种解释的共识,只是表述略异。诸种解释有争议的是,深度报道究竟是一种新闻体裁,抑或是报道形式,还是一种报道方式?我们认为,将深度报道界说为一种"报道方式"比较合理。因为报道方式是指报道客观事物或问题时所采用的方法和形式。这就表明,深度报道既包含有各种新闻体裁形式,又有诸多体裁的组合方式;既有报道对象的独特内容,又有报道主体的反映方式。所以,深度报道是一个有特定内涵的关于报道方式的概念,而不是一个关于新闻体裁的概念。

综上所述,我们认为,深度报道是一种系统反映重大新闻事件和社会问题,深入挖掘和阐明事件的因果关系以揭示其实质和意义、追踪和探索其发展趋向的报道方式。

另外,还有一点值得注意,即深度报道与报道深度,是不同的概念,后者是对所有新闻报道本质的要求,应该是所有记者都追求的目标。

(二)电视新闻深度报道

深度报道一度是报纸的优势,是报纸与广播、电视新闻竞争的重要手段。然而,面对报纸的挑战,电视新闻界也不甘示弱,它们借鉴报纸这一报道方式,结合电视特点,发展了具有电视特色的深度报道,并出现了许多深度报道的节目样式,弥补了传统电视新闻"只知其然,而不知其所以然"的客观报道的缺陷。中外电视新闻实践都有力地证明了这一点。

美国20世纪50年代开始加强电视新闻报道,同时在电视上就出现了与动态新闻配合的深度报道。如哥伦比亚广播公司的《现在请看》节目。60年代和 70 年代,是电视新闻深度报道的蓬勃发展时期。这时期的佼佼者是哥伦比亚广播公司创办于 1968 年的《60 分钟》新闻时事杂志节目。节目在内容与形式上都吸取新闻杂志的长处,扩大报道面,及时反映社会热点,使此前美国电视新闻中存在的报道面窄、不能反映社会面貌及新闻内容肤浅、使人不知所云等问题得到一定的改善。美国一些社会学家甚至这样说,要想了解美国现今社会和人民就去看《60 分钟》。节目推出后在很短时间内就创了收视率的最高记录。随后,美国其他广播公司也相继推出了各自的深度报道节目。

在我国,自 20 世纪 80 年代以来,电视新闻工作者一直在探索具有电视特点的电视新闻深度报道,荧屏上也涌现了一批具有广泛社会影响的深度报道。以 1988 年度全国电视好新闻评选为例,就有 11 个深度报道节目获奖。其中浙江电视台的四集连续报道《七号台风袭击浙江》,以其生动活泼的形式和真实、深广的内容,受到评委们的赞扬,从而获得特等奖。1989 年秋后,中央电视台又以深度报道的形式,在《新闻联播》节目中开办了《弹指一挥间》、《看今朝》等专题小栏目,获得了观众的好评。此后,《观察思考》(1994 年 4 月停办)、《东方时空》、《新闻调查》等深度报道的新闻专栏相继推出,成为电视新闻加强重大题材报道、引导社会舆论的重要途径之一。电视新闻深度报道,是电视新闻深化改革的重要成果,以其较强的理性思辨色彩、立体化的报道、多层次的分析、多样化的表现手法崛起于电视新闻界,显示出强劲的生命力。

什么是电视新闻深度报道?

电视新闻深度报道是凭借声画形象,系统反映重大新闻事件和有影响力的社会问题、社会现象,通过对新闻背景的准确交代计算题、事件因果关系的缜密探究、相关问题的恰当分析以揭示其实质、追踪和探索其发展趋向的一种报道方式。这种报道方式是把报道对象作为一个整体、一个过程来加以反映,并以此与那种"一事一报"、"一人一报"、"一时一报"的动态信息相区别。

二、电视新闻深度报道的发展缘由

电视新闻报道由浅至深,既是社会发展的需要,也是电视新闻自身发展的必然趋势。

首先,社会发展的需要使电视新闻报道由浅至深成为一种必然。

媒介的社会消费量达到一定规模,有了相当的社会接触率之后,受众对它的传播内容的质量要求就会突现出来。换言之,随着社会的发展,受众对信息的接受将呈多层次需求。他们不仅要了解所生活的这个世界已经或正在发生什么,将要发生什么,他们还想或者说更想知道"为何发生"、"如何发生的"、"最新进展情况如何"、"将产生怎样的变化"、"与自己的关系程度深浅"等相关背景的分析、透视,希望超越感知和经验、直观和肤浅的表面化物质世界的表达而进入到深刻抽象的层次。除此以外,观众作为社会成员,随着社会的进步,自身文化素养的提高,参与愿望也日渐强烈,对某一信息,总愿听听别人的评析,说说自己的看法。这就给我们的传媒提出更进一步的要求,促使我们对丰富的新闻资源进行最有效的"增值加工"。

所谓"增值加工",就是记者深入已经引起或可能引起受众关注的新闻事件、新闻现象背后,挖掘深层次的东西,在新闻中找新闻,在新闻中剖析新闻,不仅满足受众探个"究竟"的愿望,而且引导他们进一步探索,作更深层次、更高境界上的思考。实践一再证明,哪一家媒体对新闻资源"加工"得深入、彻底、有意义,哪一家媒体的新闻"含金量"就大,就"增值",就有广阔的"市场",就会拥有众多的受众。这是一个既浅显而又极深刻的道理,电视新闻也不例外。

此外,事实具有不同的分量与品位。有的事实简朴单一,因而一般仅可作资讯报道(消息类新闻),但另一类事实意义重大、影响深远,具有历时性和延展度,具有开掘和拓展的潜力,本身就呈现出意犹未尽的"深度",有深度报道的可能。

其次,就媒体自身而言,深度报道是扩大影响力的有效途径。

我国的电视新闻曾经有很长一段时间以播报动态新闻为主,以短、平、快取胜。由于电视的介入,世界上任何地方所发生的重大事件,都可以通过电子信号瞬时传遍世界各个角落,到共时、共地的视听效果,为观众及时了解当今世界、把握生活的脉搏提供了极大的便利。但是,电视快捷的优势之下也存在着它的弱区,即简约、肤浅,对事实的反映不够深入、全面,更多地停留在"告知"的层次。这一现象,在我国电视新闻中一度表现得相当突出。外国专家约翰·沃伦在分析了我国的电视新闻后曾指出:在新闻报道中,"中国电视……没能提供多少比一闪而过的电视图像更多的东西……一次又一次送到电视观众眼前的是在国际舞台上发生冲突的战斗群体的画面,而有关冲突原因和意义的线索却几乎没有。即使是有关政府官员及其活动的新闻,着重都放在单纯的活动和会议上,几乎完全忽视了要把单纯的访问放到易于理解的上下文中"①。这段话一针见血地指出了电视新闻缺乏对事件本身作更深层的挖掘和剖析这一问题。可见,电视新闻如果只停留在对新闻事实作简要报道的消息传播上,而缺乏就重大题材或问题进行开掘和有独到见解的深度报道,只会给人一种浮光掠影或轻描淡写的感觉,也就难以确立其作为舆论中心的地位。电视新闻不仅要传播信息,更应以正确的舆论引导人,要充分发挥电视新闻影响、引导舆论的作用。换言之,新闻报道的目的不仅在于传播信息,更在于影响人们的意识和行为。

宣传心理学认为:"任何信息的报道,某些事实的描述,如果不加专门的解释和评论,对人们的定势是几乎不能产生影响的。"②

深度报道正是以解释和分析为特点,揭示事物的本质规律,预示事物的发展方向的,它能够对社会生活、人民的思想产生深刻的影响。"这样做,我们就能有效地影响人民的活动、理性、意识,促使他们的行动符合于我们社会的崇高理想。"③

有人称,目前媒体已经进入品牌营销时代,新闻报道则进入解读和观点时代。不管这个说法是否准确,在传媒业看作影响力经济、真知灼见成为构成媒体影响力重要因素的今天,具有高品质信息"附加值"的新闻深度报道,必须受到广泛关注和厚爱。

总之,深度报道是新闻发展到较高水平的产物,是为了适应受众的更高要求而产生的。它在电视荧屏上的出现,标志着电视新闻又迈上了一个新的台阶。

三、电视新闻深度报道的特点

分析众多的电视新闻深度报道,不难看出,它们有以下共同特征。

(一)题材具有重要性

深度报道所报道的事件和问题无论就其题材、主题和对生活干预的强度来说,都是比较重要和重大的。它往往通过对重大的新闻事件进行追踪调查,做整体上的解剖,使人们对这些问题有更深刻、更明晰的了解。

江苏电视台的《军民奋力扑救南炼三一号油罐大火》,及时生动地报道了扑救国内迄今为止最大的轻质油火灾及其善后处理的全过程。连续报道随

---

① 转引自《上海广播电视研究》1989 年第 1 期。
②③ 〔苏〕阿·肖·纳奇拉什维里著:《宣传心理学》,新华出版社 1984 年版,第 27 页。

着事件的进程展开,既把纵向追踪报道火灾最新动向作为主线,又横向开拓报道广度,谱写了军民合力灭火救灾的颂歌。同时,记者没有停留在事件的简单报道上,而是在火险解除后,再对火灾的前因后果作后续报道,探寻事件原因,挖掘事实真相,剖析事故责任。由表及里、层层递进、鞭辟入里地开掘事件的本质,使报道具有相当的深度和力度。

深度报道还对现实生活中的强点信息(热点、难点和工作重点)作宏观上的思考,以此引起社会的普遍关注。系列报道《优胜劣汰促进经济繁荣》从六个不同侧面,报道了重庆针织总厂破产前后所引发的一系列问题,围绕中心,有理有据地分析论证,层层深入,纵横勾连,剖析破产的艰难与必然。报道揭示了经济生活中的深层次问题,给人以深刻的启示。

选题是报道成功的关键。深度报道要给人以启发思考,引起社会巨大反响,题材的选择具有举足轻重的地位。记者要以灵敏的新闻嗅觉和对事物发展的预见性,抓住现实生活中重大、尖锐、亟待解决的新情况、新问题,这是做好深度报道的重要前提。

(二)思辨性强

即对报道题材的开拓要具有深层次性,揭示新闻事实本身所固有的内在联系和价值,揭示其所蕴含的丰富内涵和深刻哲理,显现较强的理性思辨力度。深度报道不仅要写出五个"W",更重要的是要回答五个"W"中的"Why"(为什么),是新闻的五个"W"和一个"H"(How 怎么样)和"M"(Meaning 意义)进一步深入的发展。它要求记者深入采访,深入分析,深层开拓,力求分析和解释新闻现象的性质、起因、后果、趋向等,力求对社会现象、经济现象、生活现象作深层次的思考,清晰地展示出事物发展的因果脉络,深入发掘事物的本质,使报道能独树一帜,见人之所未见,言人之所未言,给人以深刻的思想启迪。这样,记者不再是单纯地、客观地报道事实,而是以"释析"的笔调剖析一连串相关的事实,揭示事物的内在意义。系列报道《优胜劣汰促进经济繁荣》就是紧紧抓住重庆针织总厂的破产实例,深入采访,调查研究,并依据事实材料高屋建瓴地分析比较,辩证地指出破产的难度与生机,具有较好的启示性。同时,导语的运用和记者的点评相得益彰,引领观众认识优胜劣汰的深层含义。节目以理服人,切中要害,抓住了观众,表现出新闻工作者干预生活、正视现实的勇气,而这正是记者以理性的目光审视社会现实、对客观事物作出深刻思辨的结果。

客观事物是不断发展的,报道的深度其实就是客观事物深入发展的反映。新闻不仅仅只是对某一事实的报道,还应包括一种新的认识。事实报道只是一种表现形式,事实后面隐藏着的应该是记者经过理性思辨而深化的认识。由此,正确认识事实,挖掘其内在本质并提出有针对性、前瞻性的见解,以引发观众的收视兴趣,启迪观众的积极思考,是电视新闻进行深度报道应遵循的原则。

(三)报道立体化

立体,原指由空间坐标系构成的三维空间,它具有深、宽、高三个方向和多个侧面。报道立体化,要求对新闻事实进行多侧面的剖析,多角度的扫描,多层次的分析,力求真实、全面、客观地反映报道对象。我们知道,新闻是时代的镜子,是现实生活的快速反应。社会生活本身的纷繁复杂,决定了存在于社会之中的人和事,都不是孤立的、静止的,而是立体的、发展变化的;客观事物之间的关系也不是单因果的,而是多因果的。因此,深度报道应立体地反映客观事物,全方位地透视生活。具体地说,它不是简单地报道事件的结果,而是着重于过程和原因的分析,对事物进行多角度、多方面、多因素、多变量的系统考察,以求得对该事物的全面认识。《优胜劣汰促进经济繁荣》这组系列报道,抓住优胜劣汰促进经济繁荣这个主题,全方位地报道全国最典型的破产企业重庆针织总厂,用"解剖麻雀"的方法,从六个不同的侧面,层层深入地引发观众进行思考。节目开门见山,抛出"对当前的企业破产应当如何看待"的问题,通过同期声采访,明确表示:一个企业如果没有活力,负债累累又扭亏无望就应该破产,从某种意义上来说,破产对企业和职工是一种新生。记者观点鲜明的阐述,形成了正确的舆论导向。接着,报道又从"搞好职工安置是企业破产成功的前提"、"银行应当如何看待企业破产"、"规范担保成为企业破产的当务之急"、"不能企业破产、政府收摊"、"现行《破产法》亟待完善"五个方面反映了中国经济建设中令人瞩目的破产现象所包含的生机和苦涩,分析、阐述了推进国有企业依法破产,建立和完善优胜劣汰机制是发展市场经济的必然要求,并一针见血地指出当前实施《破产法》的利弊得失及如何扬长避短、趋利避害。报道真正做到了点明症结,以理服人,引人深思。

"所谓深度,就是对事实的占有,作为记者,获得事实越多,你离深度越近。"[①]新闻事实不仅是具体的新闻事件本身,更重要的是新闻事件与社会、新

---

① 孙玉胜:《十年——从改变电视的语态开始》,三联书店 2003 年版,第 93 页。

闻事件与人的关系。"深度报道的指向是社会关系的总和。"①因此,报道立体化是电视新闻搞好深度报道的重要途径。它使深度报道内容丰富,背景翔实,让观众不只了解到事物的一点、一线、一面,而且看到一个立体交叉的信息网络;它不是那种由单因果关系构架的"信息短缺式"报道,而是多因果综合考察的"全息摄影式"报道。

(四)报道形式多样化

报道形式的多样化,体现在能承载深度报道内容的表现形式是多样的。如系列报道、连续报道、组合式报道等。

系列报道、连续报道由于其对同一主题、同一题材作多层次、多角度的报道进而形成总体报道的深度,是电视新闻中进行深度报道常见的报道形式。

组合式报道,这种报道形式最早见于中央电视台《新闻30′》,从编排上看,它是对一些同类消息的有序组合。从内容上看,却不同于以往新闻中的"归类式报道"。所谓"归类式报道",实际上是相同信息的简单重复,如《戒烟日的报道》,把各地开展宣传戒烟的报道放在一起。《各地喜迎香港回归报道》,就把全国各地开展各项活动、迎接香港回归的消息归成一类,进行综合报道,内容大同小异,信息重复,有效信息少。而以"组合式报道"方式来处理,是把各地动态归为一条简讯,然后配发几条与之相关而内容迥异的消息。外国新闻界则将这种组合式报道称之为"包裹式新闻"。比如中央电视台有关戒烟日的组合报道包括五条新闻:《戒烟宣传咨询活动今天举行》(动态消息)、《吸烟带来的经济损害》(背景性新闻)、《吸烟热止从西方转向东方》(结合中央电视台驻美记者和国内记者采访制作的消息)、《我国青少年吸烟人数明显上升》(以现场采访和抓拍为主的消息)、《中国戒烟现状》(消息)。这组报道几乎没有重复的信息,每条都是消息,并无专题的深度和厚度,但组合在一起则互为背景,使报道有了相当的厚度,与系列报道、连续报道有异曲同工之妙,这也是消息类节目进行深度报道,提高权威性的一种可行的选择。

此外,专题报道、电视专访、新闻杂志节目等都是适合作深度报道的节目形态。

(五)表现手段丰富

表现手段的丰富,体现在一个节目内,可运用的报道手段多种多样。画面、声音、字幕、图表、照片、特技以及蒙太奇的剪辑手法,极大地增加了作品

---

① 孙玉胜:《十年—从改变电视的语态开始》,三联书店 2003 年版,第 100 页。

的深度和可信性。如《优胜劣汰促进经济繁荣》,充分调动电视视听双通道的传播优势为其深刻的内涵服务。它以准确精到的解说,纵横勾连的评述,现场采访的同期声,综合开掘了深度报道的视听效果和可信度。山西电视台新闻《两座商厦在治理整顿中呈现出不同景观》,通过太原市天龙大厦和新星商场呈现出的繁荣与冷落的不同景观,有力地论证了治理整顿的必要性。片中先用一个天龙大厦内众多的购货人流乘电梯而上的全摇镜头,把天龙的繁荣景象直观地呈现给观众。然后通过特技转向新星商场,一个从上摇下的大全景镜头同前一个镜头形成强烈对比,新星的冷落状况也形象、直观地展现在观众眼前。这两个镜头先声夺人,富有代表性。接着,片中又采用对比蒙太奇的手法,用一组对比镜头把两座商厦的管理、服务和兴衰展示给观众,天龙的顾客盈门和新星的门庭冷落,通过反差强烈的画面语言充分体现了出来。图像选择的对比性赋予画面一种特殊含义,增加了画面的意蕴,观众面对对比强烈的景象,已深刻地领悟了记者想要说些什么。此外,片中还运用资料镜头进行说明,丰富了电视屏幕的语言符号和全篇的思想内涵。

据此,我们认为,电视新闻深度报道选材要精,开掘要深,视野要宽,分析要透。惟有如此,才能真正起到新闻的导向作用。

第二节　深度报道与新闻思维

存在决定意识,这一唯物论的基本命题告诉我们,面对社会生活的多侧面,单个客观事实的多因果,受众信息需求的多层次,我们的新闻工作者在从事电视新闻报道时,应树立全方位的意识才能与之相适应。这不是权宜之计,而是历史发展的大趋势。

但意识又反作用于存在。在现实生活中,我们经常会遇到这样一种情况:同是一件新闻事实,同是一个新闻人物,不同的记者采写的新闻,无论是角度还是立意,都不会完全相同,甚至连报道方式也完全不同。比如,浙江桐乡商品交易会塑料粪桶畅销一事,有的记者可能只作客观事实的简要报道,作为桐乡商交会的一则花絮新闻传播给受众,而浙江电视台的记者则敏锐地将它置于社会大背景下加以考察,并与产品结构调整这个经济领域的大问题联系起来,透过事实表象挖掘其深刻的内涵。因此,如果用心理学的眼光看新闻,新闻作品是记者的实践活动、心理活动的结晶。新闻作品的品位高下,总是由记者心灵的深度和广度决定的。其中,记者的思维方式又是其心灵的深度和广度的重要标志。记者思维方式的完善与否,直接关系到他对报道对象的处理方式、表现方式,从根本上决定了记者对报道对象的认识和把握。所以,新闻报道的优化程度,就其报道主体而言,在很大程度上决定于记者思维方式的优化程度。没有思维的高度,也就没有报道的深度。成功的深度报道无一不是记者宏观思维、立体思维能力的综合体现。

一、宏观思维方式

顾名思义,宏观思维方式就是要求记者从社会发展的全局和整体出发,用高屋建瓴的综合系统方法思考问题,并将其放在更加广泛的社会背景之中进行透视。

宏观思维是与微观思维相对立的。后者往往只从一个局部、一个方面、一种因果联系去思考问题、分析问题,只考虑事物的局部、表层,而对事物的全局、事物的本质考虑得不多。这种思维方式使得我们的新闻只见树木,不见森林,报道常常显得"小家子气",产生不了深远的影响。而宏观思维则要求记者全局在胸,站在一定的思想高度,全景式地认识事物、观察事物。所谓站得高看得远,只有高屋建瓴地观察问题和分析问题,并在报道中提出关系全局、影响全局的重大问题,才能使深度报道具有强烈的现实针对性和指导性,甚至具有一定的前瞻性,使报道真正做到言近旨远,在观众中产生深刻而久远的影响。

当然,我们提倡宏观思维方式并非说记者在进行宏观思维时可以忽视微观部分,可以忽视局部的东西。恰恰相反,记者的宏观思维、对问题的分析判断必须以微观的新闻事实为依托,只有这样,记者的宏观思维才有坚实的基础,才不会成为空中楼阁,虚无缥缈,也才能避免记者闭门想观点、出门找例子的荒谬的报道思想。所谓"胸中有全局,手中有典型",就是要求记者在报道中寓理于生动的事实之中。以"实"证"虚",以典型观全局,以"一滴水"折射太阳的光辉,只有这样,报道才能深入人心,才能显示其深邃的思想内涵。

《优胜劣汰促进经济繁荣》就是这样一则深度报道。在片中,记者紧紧抓住重庆针织总厂破产的实例,从他们由国有大企业滑坡至债台高筑,陷入绝境,被依法宣告破产入手,以小见大,以典型观全局,旗帜鲜明地指出:优胜劣汰,适者生存,是繁荣经济的根本之策。当今是计划经济体制向市场经济体制的转轨期,企业破产不仅可以推动企业进入市场,促进优胜劣汰,而且是建立现代企业制度的重要条件。少数企业依法破产可以化做多数企业发展的动力,才能促进经济繁荣。节目播出几个月后,国家《关于推进国有企业依法破产的实施意见》付诸实施,表现出了节目的前瞻性与现实性。

二、立体思维方式

所谓立体思维方式,就是要求记者对于一个认识对象进行多方位、多层次、多角度的思考和探索,揭示其内在联系,以真实地反映这个事物的整体。

记者的立体思维是相对于线性思维、平面思维而言的。后者习惯于从一个方面、一个层次去看待事物,习惯于只写一人、一事、一时、一地,追求一种效应,习惯于作简单的肯定或否定。这种思维方式,使得报道内容单纯而又单一。曾经一度在我们的屏幕上大量充斥着的这类报道,使得电视新闻报道在迅速传播信息的同时,又给人留下浅薄无力的印象。

列宁曾经指出,事物的辩证法创造观念上的辩证法,而不是相反。社会生活的纷繁复杂,必然要求记者改变这种线性的、平面的新闻思维方式,代之以立体思维方式。它要求记者跳出点、线、面的限制,善于从上下左右、四面八方去思考报道对象。它使得新闻报道在时间上,不仅说明现在,还要追溯既往,推测未来;在地点上,不仅报道新闻发生的现场,还注意地点的延伸与波及范围;在人物上,不仅报道当事人,还涉及一切有关人员;在新闻事实上,尽量搜集与新闻事实有关的情形和细节;在原因和经过上,不仅说明来龙去脉,前因后果,而且还分析它的意义,预见未来的发展和影响。可以说,立体思维是一种全方位、发散型的思维方式。渗透和体现这种思维方式的电视新闻深度报道,自然也以其对事物深层次的全方位开拓和本质的揭示而显示出强大的生命力。

中央电视台、河北电视台联合采制的《原材料涨价,产品成本降低的奥秘——邯钢成本否决法采访纪实》,通过对邯郸钢铁厂采用"成本否决法"使产品在原材料涨价的情况下降低成本、大幅赢利的事实进行横切竖剖,纵深开掘,取得了令人称道的社会效果和宣传效应。片中,记者采用宏观环视与微观剖析相结合的纪实采访,从四个侧面对邯钢实施"成本否决法"进行企业改革的历史与现状、困难与成就、前景与影响作了多角度、全方位的扫描,报道透过平面的、普遍的社会现象,立体地、思辨地论述了事件的本质:邯钢上下思想意识的变革与更新,才是现代企业改革获得成功的深层内核。记者的主体化思维方式,使得报道具有了"深"的实质和"宽"的视野。

事实上,在深度报道中,宏观思维和立体思维是不可割裂的。它要求记者在进行报道时,既能"钻进去",熟悉事物的内在联系及各个侧面,又能"跳出来",将报道对象置于广阔的社会历史背景下加以观照,确定其在全局中的地位,进而从全局的高度加以把握。唯有如此,才可能透过纷繁变幻的社会现象,抓住问题的本质,使报道既有深度,又有广度,给人以深刻的思想启迪,并对舆论进行正确的引导。

第三节 新闻背景

深度不是凭空而来的,深度是从让人信服的事实中来的,深度还是从事实关系的梳理中建构起来的。"新闻背景"被引入节目因素中,成为事实的一个组成部分。电视新闻深度报道要求内容丰富,背景翔实。在报道中必须占有并善于运用新闻背景材料。否则,传输的东西就不是立体的、全方位的,而是平面的、浮在表面的东西。新闻背景材料是深度报道必不可少的有机组成部分。

一、新闻背景

《新闻学大辞典》对新闻背景的界定是:关于新闻事件的历史和环境等材料,是新闻的有机组成部分,是补充、反衬或烘托新闻事实和新闻主题的重要内容[①]。

可见,除"快讯"和"一句话新闻"外,新闻一般都要交代必要的背景材料。

新闻背景材料可以分为横向背景材料和纵向背景材料。

横向背景材料是以空间条件为背景材料的,也就是在报道中交代新闻事件与其他事物之间的相互联系和影响以及它在这个事件相互联系的环境中所处的地位。如《优胜劣汰促进经济繁荣》第一集谈到破产率问题,与欧洲国家进行了横向对比:"优胜劣汰,适者生存,这本是市场竞争机制下的自然法则。但从我国近年来的情况看,破产申请率仅为万分之零点九。平均每年宣告破产案件的数量仅为欧洲国家平均水平的 0.7%。"在比照中,说明了企业破产是自然规律。

纵向背景材料是以时间条件为背景材料的,也就是追根溯源,在报道中交代所报道的新闻事件的发展历史以及它在历史中所处的地位。例如,《江

---

① 甘惜芬主编:《新闻学大辞典》,河南人民出版社 1993 年版,第 164 页。

总书记重访永常村》中,交代1990年江泽民同志曾经到过永常村的事实,就属于纵向背景材料:"6年前,永常村是田阳县的特困村之一。全村人均收入只有200多元,人均有粮不足100公斤。苏其权一家住在一间茅草当瓦、四面漏风的破房子里,没有一件像样的家具,全部家产不足500元。来永常村考察的江泽民走东家,访西家,与村民们促膝交谈。看到群众生活的贫困状况,江泽民的心情十分沉重,他嘱咐广西党政领导,扶贫的任务很艰巨,你们的工作任重道远。"背景材料的运用,突出了今日永常村的变化,体现了党对扶贫工作的重视。

由此可见,在报道中灵活运用新闻背景材料,有助于受众了解所报道的新闻事件的起因、发生和发展的条件,同周围事物的联系,揭示新闻事件深层次的意义,使报道更丰富、更深厚。此外,背景材料的运用,还能烘托主题,传播知识,增添情趣,有时甚至能帮助记者表达自己的观点。如《生猪私屠滥宰贻害无穷》,片中结尾处,记者就是巧妙地借用了背景材料表达自己的观点:"国务院早在1987年生猪放开经营之初就提出了生猪'定点屠宰,集中检疫,统一收税,分散经营'的16字方针,也就是说放开的只能是生猪经营的'万杆秤',而不能是生猪屠宰这'一把刀'。"借16字方针,表明记者对这一问题的看法,使报道真正做到"用事实说话",这种巧妙运用背景材料的方法,值得借鉴。

二、新闻背景的分类与运用

电视新闻深度报道要求对事实作来龙去脉、前因后果的分析、解释,离不开新闻背景材料的交代。从某种意义上说,缺少了新闻背景材料,就构不成深度报道。事实上,不仅深度报道需要交代有关背景材料,即使是消息报道,也需要借助背景材料来加强报道深度。因之,了解和掌握新闻背景材料在报道中的运用,是电视新闻工作者的迫切需要。

(一)依据新闻背景材料在电视新闻中的主要功用,可分为说明性的背景材料、比较性的背景材料和注释性的背景材料

1. 说明性的背景材料

指用以说明和解释新闻事实发生的原因、环境、条件和人物身份特点的背景材料。它包括新闻中有关的时代背景、历史演变、地理环境、物质条件以及人物的身份、资历、性格特征等材料。

例如,黑龙江电视台获奖新闻《肖老汉不上访了》的开篇,利用口播将肖老汉的经历、身份作了介绍:

（口播）观众朋友：曾经被人们称为上访专业户的肇源县永利乡孟克里村农民肖俭，近年来种了200亩水田发了家，连续向国家交售了50万公斤粮食，成为当地有名的卖粮大户。然而，三天前当记者去采访他时，肖老汉却说，他还要上访。请看报道。

"上访——不上访——重新上访——不再上访"，报道正是通过这一波三折的事实，揭示了"要不折不扣地执行党在农村中的各项政策，以保证农村的安定团结"这一重大主题。这条新闻如果没有肖老汉的背景介绍，报道就会逊色不少。

又如宁夏电视台新闻专题《西海固连着中南海》一片中，把宁夏西海固地区的地理环境、贫困人口的现状作为背景资料，以揭示和体现党和国家领导人对中西部贫困地区人民的亲切关怀这一重大主题：

宁夏西海固地区素以"苦瘠甲天下"而闻名全国，是我国的贫困之冠。西海固地区总土地面积、人口都占全自治区的一半。这一地区群众生活贫困问题十分突出，全地区还有139万8千人生活在温饱线以下。其中有60多万极贫人口，年人均收入不足300元。目前，我国12亿人口中，贫困人口有7000万，而宁夏仅有500万人口，贫困人口却达到130多万。

报道中这一组调查数据的运用，使宁夏扬黄灌溉工程的建设有更强的典型意义和社会意义。对全篇主题内涵的丰富和深化，引导观众提高对新闻事实的进一步认识，无疑是有积极意义的。

2. 比较性的背景材料

指对事物进行前后、左右、上下、正反等方面对比衬托的新闻背景材料，也包括用来进行对比的数字。它可以增强表达效果，以突出新闻的意义，加强新闻主题的表达。

如《6000万元巨额亏损为何无人知晓》中所运用的背景材料：

记者从厂劳资科了解到，从1989年到1993年，全厂发放的工资奖金总额为3700多万元。换句话说，如果这五年当中，全厂职工全部回家休息，工厂关门，工资照发，还不至于有近6000万元的亏损。要是由于经营决策上的失误，或者市场因素造成一定的亏损，也不至于有如此之大的缺口。6000万，这个数字着实令人吃惊，令人费解。

更令人费解的是，从原来账面上看，除了去年该厂盈利为0以外,1989 年以来是连年盈利。这个虚假的盈利额达到 1400 多万元。

3700 多万元与 6000 万元是个比较,账上盈利 1400 多万元与实际亏损 6000 万元又是一个比较。报道中这种比较性的背景材料举不胜举,如此之多的背景材料雄辩地说明了事件的严重性,发人深省。

3. 注释性的背景材料

指对新闻中难懂的或观众不熟悉的内容,进行通俗易懂的注释。注释性的背景材料包括名词术语的注释、技术性问题的解释、科技成果的通俗介绍、专业知识的简要解说等等,有助于增强观众对新闻的理解,增长知识和见闻。

如《生猪私屠滥宰贻害无穷》中,对"囊虫病"这一涉及医学知识的名词,作了简要解说:

囊虫病主要是由于食用了带有囊虫的猪肉而感染的,对人体的危害极大,严重的可以导致癫痫、失明、昏迷以至死亡。

这就是一个 23 岁的小伙子因患脑囊虫病死亡后留下的大脑切片标本。这一粒粒白色的小痘就是置他于死地的囊虫。

这一背景材料的运用,既让观众了解囊虫病的危害性,又加强了新闻主题的表达。

(二)依据电视新闻报道运用背景材料的方式,可分为叙述式背景材料和插入式背景材料

1. 叙述式背景材料

叙述式背景材料是指以叙述的方式提供的新闻背景材料。它包括记者在新闻事件现场的述说、被采访者对记者提问的解答。

如《南浦、南原两村党支部作用不同结果不同》中:

画　面	解　说　词
记者进入南原村老百姓院子	南浦、南原相距不到一公里,解放初期本为同一村庄。两村天时地利基本相同。但是,30 年过后,南原村依然是一派凄残景象。

画　面	解　说　词
记者在南原村采访	（记者）南原村多少年没有发展党员了？ （南原村老支书）23年。 （记者）村里支部有没有活动？ （南原村老支书）没什么活动。 （南原村村民）党的领导是空架子，实际上不存在了。 ……………

　　这里背景材料的提供既有记者的现场解说，又来自于采访对象对记者所提问题的回答之中，增强了报道的可信性和说服力。

　　叙述式背景材料是在电视新闻采制的前期，即在现场报道、现场采访阶段获取的。它要求记者在采访报道前，能对所报道的事态和有关方面知识有一定了解。如果是突发性事件，背景材料则依靠记者日常的积累和现场采访中的有意识提问。

　　2. 插入式背景材料

　　插入式背景材料，是指电视新闻节目制作进入后期编辑阶段时所插入的与新闻事件有关的电影、录像、图片、动画、图表、字幕等具有直观性的影像资料。

　　插入式背景材料，很多都是历史事实的真实纪录。"今天的新闻就是明天的历史"，而且是活动的、形象的、最生动的、最有说服力的历史，将它们作为新闻背景用在报道中，既能起到历史的印证作用，又能给观众留下深刻的印象，有很强的感染力。

　　例如，山东电视台《山东灾民挥泪哭送人民子弟兵》一片中，插入式背景材料的运用：

画　面	解　说　词
灾民争相给解放军送食品	观众朋友：今天一大早，郓城县受灾最严重的潘渡乡、肖皮口乡一万七千多名灾民自发地集结在郓城金堤上，翘首等待人民子弟兵的到来。今天是济南军区某部舟桥部队圆满完成抗洪救灾任务，奉命撤出的日子，当官兵和群众告别的时候，十里金堤的灾民自发地拿着自己舍不得吃的食物满含热泪为人民子弟兵送行。

老大娘哭着送别解放军	灾民（一）："你背我出来的，是你们救了我。" 灾民（二）："要不是解放军，怎么能活了？解放军背了这个背那个，老百姓都让他们背出来了。" 灾民（三）："水这么深，我要自己趟水的话，会摔在那里。他们看见我不能趟水，有的背着有的扶着，到半路又看到一个，接着又背。"
解放军在洪水中解救灾民的场面	在过去十天的日日夜夜里……哪里水最深哪里就有解放军的身影；哪里最危险哪里就有人民子弟兵的足迹。灾区人民永远忘不了是解放军驾驶冲锋舟、橡皮艇，趟着齐腰的深水，舍生忘死救出一万多名被大水围困的灾民和两千六百吨粮食、家具和衣物，并为群众运送食品和水。在抗洪抢险中……再一次谱写了一曲军民抗灾的新篇章。

可以说，这是一则巧用图像资料，深化主题的新闻佳作。片中如果记者的摄像机只注重表现挥泪哭送这一幕，观众兴许会受到一丝感动，但远不如这条新闻产生的震撼力来得强烈。原因就在于记者运用了录像这一基本的插入式背景材料，为观众再现了解放军抢险救灾的动人场景：战士们三五成群，在齐腰深的水中奋力划动冲锋舟，把受灾群众送至安全地带；年轻战士背负老大娘在湍急的洪水中艰难跋涉；官兵们轮流抢救落水儿童。这些镜头的运用，既再现了当时抗洪抢险的惊心动魄的情景，又充满了浓浓的人情味，为别离哭送做了很好的感情铺垫，使电视新闻的主题思想得以升华。

除影视资料外，电视新闻还常用图表、动画、图示等介绍有关新闻事件的知识。1997年3月9日，中央电视台多点现场直播《日全食——彗星天象奇观》，报道中配发了大量的相关背景材料，其中，及时插播电脑制作的日全食模拟图像，对于观众了解日全食很有帮助。在这里，新闻资料成了适时传播相关知识的重要手段。

插入式背景材料是电视新闻的一大优势。它的直观形象，带给观众的是真实可信，所以，被大量运用于电视新闻报道中。

总之，现实生活中发生的任何事件都不会是孤立的，都有其历史的、社会的、环境的原因和条件，只有把它放到特定的背景中来报道，事件的意义才会由暗转明，由轻变重。因此，在电视新闻报道中，根据事件进展适当配发一些相关背景材料，既能延伸、扩展新闻报道的内容，又能使新闻报道突现出强烈的现实意义和震撼人心的力量。

三、深度报道中的新闻背景

"最高境界的追求深度的操作方法,也就是获得更多的事实,并建立事实存在的背景,从背景中去寻找新的事实关联和对事实的解释。利用事实表达来达到理性的深度。"①可见,背景能够引领报道的深度和方向。正如凤凰卫视《时事开讲》节目宣传词:许多看来不相关的事,其实都是相互有关联的。背景,构成事实存在的那个环境,建构着事实间的关系。

按照认知规律,人们在接受外来信息时,不是让各种信息杂乱无章地进入大脑,而需要进行组织、分类、评价、判断。但这种思维过程不是抛开其原有的关于事物的整体认识去简单地"就事论事",而总是将个别事物置于事物整体的认识结构和认识框架之下进行定位、释义和理解的。而新闻背景的提供,恰恰为受众建立起了接受和理解新闻事实的参照语境。"背景具有更全面、更结构化和更侧重历史的特点。事实上,新闻事件的背景可以包括现实事件的历史缘由及其语境。"②

杜骏飞、胡翼青所著《深度报道原理》一书中提出了一个接近新闻事实的基础追问:③

> 发生了什么事件?
>
> 谁对这件事负责?
>
> 他们为什么做这件事?
>
> 是什么促使他们做这件事?

这些基础追问中,当涉及的问题从事件发生到原因追寻的时候,报道已经在走向深刻。而当对原因的追寻不仅仅停留在新闻当事人的个体原因(为什么这样做),而是更深入地关注导致当事人行为动机的动因和环境因素甚至制度因素的时候(是什么促使他们这么做?),此时的追问已经不仅仅在追究单体事件,不仅仅是在"就事论事"了,而是在追究关系,追究"新闻背后的新闻"。

中央电视台的《追踪矿难瞒报真相》,面对矿难中或许存在的严重瞒报,记者没有轻信表面的证据,而是行程三个省,历时半个多月的多方取证、艰苦调查,使那些被人竭力掩盖的深层事实水落石出。到底是谁策划了这起瞒报

---

① 孙玉胜:《十年》,三联书店 2003 年版,第 104 页。
② [荷]托伊恩·A 梵·迪克著,曾庆香译《作为话语的新闻》,华夏出版社 2003 年版,第 55 页。
③ 孙玉胜:《十年》,三联书店 2003 年版,第 100 页。

的事件？是谁为这起矿难的瞒报出钱消灾？为什么层层的监管部门视而不见？为什么一个漏洞百出的死亡名单会得到有关部门的认可和采用？为什么这些行为会失去监管、为所欲为、一路绿灯？这些问题的提出和探究，节目的深度也会相应地被提升。

四、新闻背景——作为一种电视新闻体裁

我国电视新闻消息类节目中，出现了一种新的新闻体裁，即新闻背景。它存在于"组合式报道"的编排中，往往紧跟某条重要新闻或热点新闻之后，补充、解释与之相关的新闻信息。

这种作为独立的新闻体裁的"新闻背景"，与作为构成一则新闻的有机组成部分的新闻背景材料相关，但不尽相同。相同之处在于它是前一条新闻的背景材料的扩展。而不同之处在于其扩展的信息之丰富，足够成为一条独立的新闻，介绍前一条新闻发生的具体原因和条件，补充说明新闻事实。

以下是一条完整的"新闻背景式"电视新闻。

中央电视台在播发主体新闻《浙江钱塘江海塘治理工作全面进行》之后，配发了一则"新闻背景"《钱塘江海塘》：

> 钱塘江是浙江的母亲河，养育着两岸人民，但古往今来，钱塘江一直也是浙江人的一个心腹之患。
>
> 钱塘江河口古海塘位于杭州湾两岸，始建于唐朝。现有海塘总长 336 公里，是保护杭嘉湖、萧绍平原等经济发达地区免受洪水、涌潮、台风、暴潮侵袭的大型防护工程。保护区内有约 1000 万人口、1000 万亩左右的良田，以及铁路、高速公路、国际机场等大量事关国计民生的基础设施。据史书记载，自北宋至新中国建立前的近千年中，钱塘江海塘共发生大小溃堤 227 次，平均不到五年一次，海水直入内陆，远及上海、江苏吴江等地。新中国成立后，浙江省政府投入了大量人力、物力治江护堤，但由于长期的强潮冲刷，钱塘江海塘多处险象环生，不少地段防潮能力不足，塘内人民生活、国民经济发展受到了严重威胁。

分析屏幕上的"新闻背景"，它有以下一些特征。

（一）可以无新闻由头，可以无导语

新闻背景是对主体新闻（《浙江钱塘江海塘治理工作全面进行》）中所报道的新闻事实的补充。其新闻由头、基本要素在主体新闻中都已有了交代计

算题。,自然不用再进行说明,也可不用写导语。新闻背景写作一定要注意针对性和适度,防止随意性和画蛇添足。

(二)电视新闻背景的图像一般为资料镜头

新闻背景是新闻中的背景材料的扩张。一般地说,新闻背景有两种:一种是新闻纵断面,一种是新闻的横剖面。纵断面交代计算题。事件发生的历史背景;横剖面就是这一事物与其他事物的相互联系,相互影响。《钱塘江海塘》是两者兼备。它的纵断面是从唐宋到新中国成立后近千年的时间里,人民对钱塘江海塘的治理情况和两岸人民的受灾情况。横剖面介绍的是钱塘江海塘保护的人口、良田、基础设施等情况。新闻背景的功能和特点,决定了这种题材只能运用大量资料镜头。在这个新闻背景中,表现台风、洪水的肆虐及被冲垮的海塘、人民流离失所等的资料镜头,把前面那条主体新闻的必要性和意义表现得非常清楚。

(三)新闻背景的非独立性

新闻背景是由新闻中的背景材料衍生而来的,必须依托主体新闻才能显示其意义,这也决定了它的依赖性,一般不单独播发,而需与主体新闻配合播发。换言之,新闻背景依托主要新闻信息而存在,而新闻报道也有赖于新闻背景得到延伸和拓展。

无论是作为新闻有机组成部分的背景材料,还是作为独立体裁的新闻背景,都是电视新闻为改变有闻必录、浅层次的报道状况,使报道更趋丰富、深入的有效途径之一,更是电视新闻深度报道进行纵横开拓必不可缺的重要构成因素,不可轻视。中国广播电视学会新闻资料委员会名誉会长罗明曾就成立新闻资料委员会发表看法,他指出:"新闻资料委员会的成立和工作的开展是非常重要的,它将不仅推动新闻资料工作的深入开展,同时也将促进整个新闻事业,尤其是广播电视事业的发展。"新闻背景材料之于新闻报道的重要性可以从中窥见一斑。

第四节　新闻调查性报道

在信息渠道多元化的今天,我们已进入了一个信息时代。信息时代的一个明显特征即是:稀缺资源不再是信息,而是人的注意力。人的注意力是一种不可再生和复制的准天然资源。在媒介之间争夺"眼球"(人的注意力)的竞争中,电视新闻传播在追求信息量的同时,开始越来越注重质的传播。以中央电视台《新闻调查》为标志的新闻调查性报道应运而生,成为电视新闻深度报道的重要类型。

一、调查报道分析

新闻调查报道,在《新闻学大词典》中的解释是:"一种以较为系统、深入地揭露问题为主旨的报道形式。此为西方新闻学术语,中国新闻界类似的提法为批评性报道。"①

在美国,调查性报道由传统的揭丑新闻发展而来。20 世纪 70 年代,由《华盛顿邮报》两名年轻记者发起的关于"水门事件"的报道,引发了媒介的高度关注,电视也在"水门事件"的报道中促进了一系列调查性电视新闻节目的产生和发展。其中,CBS 的《60 分钟》节目影响最大,可谓电视调查性新闻报道的鼻祖,并长期成为美国收视率最高的节目之一。它的进攻性采访和提问方式以及用摄像机毫不留情地表现新闻事件现场的方式被称为"伏击式新闻"。这种"伏击式"的采访和报道方式成为该节目的显著特点,并影响着其他调查性新闻报道如 ABC 的名牌栏目《20/20》风格的形成。

我国的电视新闻节目中,以中央电视台为例,早期的《观察思考》中有些报道已有新闻调查的雏形。这以后,《焦点访谈》栏目中也出现了一些调查性新闻报道。1996 年 5 月,新闻调查性栏目《新闻调查》的开辟以及该栏目在实践中的不断完善,终于在中国电视荧屏上创立了典型的"电视调查文体"。

二、电视调查报道结构形式

就电视新闻调查报道而言,无论是如西方新闻界所推崇的揭秘、揭丑式的报道,还是如我国的结合党和政府的工作中心,针对群众关心的热门话题所做的专题调查,都应以展示记者的调查行为为主,以记者不断寻找真相的采访过程为结构主体,它应具备以下几个因素。

(一)调查样式

新闻调查性报道记录和展示的是记者如何通过各种各样的手段进入事实本身,一步步获取事实真相的过程,而不是报道一个事物单纯的发生、发展过程。调查过程是节目的核心,是取得观众信任的基础,也是节目引人注目之所在。因此,在调查性报道中,没有过去时的概念,事态永远是现在进行

---

① 甘惜芬主编:《新闻学大词典》,河南人民出版社 1993 年版,第 53 页。

时,所有发生的事态,对新闻调查性报道而言,都是一个起点。无论是关于慰安妇的调查《羊泉村的记忆》,还是对艾滋病人生存权利和生活状况的调查《名誉的价值》,或是对广西南丹煤矿内幕的调查《南丹矿难大内幕》,一切都是从记者进入调查的那一刻开始的。

(二)调查手段

调查是通过记者来完成的。在这里,记者既是调查主体,同时也是调查报道的结构元素。"调查的事实必须是你自己发掘出来的"[①],因此,调查记者的独立调查行为是构成调查性报道的基础。调查记者是开展调查报道不可或缺的要素,对于调查记者而言,他(她)既是调查行为的实施者,又是调查过程的表现者,一个没有调查记者出现的报道,是决不能算作电视新闻调查报道的。正如中央电视台《新闻调查》栏目组的工作手册中所言:一个调查节目的完成,需要调动多种电视语汇,但是惟独调查记者的行为以及由此展开的调查过程,是《新闻调查》最具调查个性和最具优势的语汇。

调查记者的行为也是结构节目的根本线索,调查报道展示的应该是记者循着碎片般的蛛丝马迹所进行一个环环相扣的调查过程,而不是报道一个事物单纯的发生、发展的过程。

(三)调查路径

记者的调查路径是围绕悬念展开的,每一次调查行为都是通过悬念的提出、悬念的求证和悬念的解决来完成的,调查过程是悬念的延续和发展。所谓悬念的提出,关键是设问,将带有疑惑的事实亮出,从而设置一定的悬念,悬念的开始是调查的开始,悬念的结束也是调查的结束。例如,《新闻调查》播出的关于广西南丹煤矿特大事故的内幕调查,没有简单地对事故的发生、发展及事故造成的损失等问题进行报道,而是围绕这些事故中,有一些官员卷入其中并故意隐瞒事实真相不报的问题展开调查,"他们为什么这样做?""他们隐瞒真相的目的是什么?""他们又是怎样隐瞒事实真相的?""他们在其中充当了什么角色?"通过记者的层层深入调查,为观众逐一解开了这些谜团。

悬念设置的根本出发点是把握好观众的心理,在节目中,记者不停地代表观众提出问题,不断地寻找答案使调查层层展现于观众面前。调查报道的魅力就在于事实的讲述和事实中疑问的解开。

---

① 〔美〕特德·怀特等:《广播电视新闻报道写作与制作》,中国广播电视出版社1987年版,第294页。

三、记者的调查意识

在新闻调查报道中,记者的表现对于调查报道的实施和完成显得尤为重要,因此,记者调查意识的培养也是电视新闻调查报道工作者必须认真对待的问题。

(一)真相意识

作为揭秘调查,记者要有探询事实真相和对复杂问题的深层探究意识,因此,真相意识也可以称为揭秘意识。所谓真相,就是正在或一直被遮蔽的事实,有的真相被权利遮蔽,有的被利益遮蔽,有的被道德观念和世俗偏见遮蔽,有的被我们狭窄的生活圈子和集体无意识遮蔽。如果仔细分析,这些真相呈现两种状态:一种是通常所说的内幕和黑幕,那是被权利和利益遮蔽的真相,如《南丹矿难大内幕》,《运城渗灌工程的透视》等;另一种是复杂事物的混沌状态,那是被道德观念和认识水平所遮蔽的真相,如艾滋病人生存权利的调查,毒品的危害性调查《戒毒者的自白》等。总之,真相意识的培养有利于记者发现新闻背后的新闻。

(二)问题意识

新闻调查性报道最基本的特色,无非是疑问、质问、追问,对进入调查的人物和事件来说,总是要有问题存在的,要有一些大家常识以外的事实。换言之,调查记者要有质疑的精神,要有怀疑一切的介入态度和打破沙锅问到底的工作作风。记者展开调查,它不仅仅是揭秘性的,还应是对事物的重新审视。对事物的步步追问,有助于追出一个比较丰富的、自然也是深刻的真实来,也有助于对事物作出更准确的判断。

以质疑作为新闻采访的起点,作为新闻的切入点,质疑之后的事实才是最有真实感和说服力的。换言之,质疑,不是要去直接质疑你的采访对象,去怀疑一切,而是质疑节目中的表述方法和目的是否使节目有了真实感和可信度。《新闻调查》对河北"黑脸姜瑞峰"的调查,就是从质疑开始的,让观众感到了一名秉公执法、嫉恶如仇的共产党纪检干部的鲜活形象。

(三)平衡意识

平衡意识的培养,是要求记者在调查报道中应该让事件中的冲突双方和不同的利益集团有同等发言的机会,形成一种均衡的话语机制。在调查报道中,记者应保持一种独立的身份和姿态来观察事物,探究真相。多一点理性,少一点冲动,对调查报道的深入和客观是十分重要的。

第六章
电视新闻现场报道

对于新闻而言,电视最根本的优势是真实直观。为了尽可能利用这一优势,提高电视新闻的传播效果,电视新闻的表现形式被不断更新和创造,使我们的荧屏异彩纷呈,面貌常新。从我国目前的荧屏上看,电视新闻的报道形式已由简单的文字口播、图片报道、录像新闻,发展为现场报道、现场直播等多种形式。作为电视新闻摄制诸种方式中的一种,现场报道是一种最具有电视特点,从电视新闻制作角度来讲现场表现手段调动得最为充分的报道形式,也是深受电视观众欢迎,需要大力提倡的电视新闻报道形式之一。

第一节 现场报道概述

电视新闻现场报道在国际上起始于 20 世纪 60 年代,在我国则兴起于 20 世纪 80 年代。现场报道的出现,打破了电视新闻"现场画面加画外音解说"的电影纪录片式的报道格局,开创了电视新闻独特的表现形式。

一、概念释义

电视新闻现场报道,是指电视记者在新闻现场,面对摄像机镜头,直接向观众口头报道新闻事件的真实情况的一种报道形式。它标志着电视新闻记者的工作方式正逐步由"采摄合一"向"采摄分离"方向发展,也表明真正意义上的电视新闻记者应具备在新闻现场对正在发生或刚刚发生的事件作现场口头播报的能力。

电视记者在新闻事件现场,在镜头前结合画面内容进行口头报道,新闻的播报是由电视记者在新闻事件现场完成的,而不是由播音员在后期进行画外解说词配音。电视记者以新闻事件"目击者"抑或"参与者"的身份进行报道,有利于增强报道的可信性。因此,现场报道是一种颇具电视特色的报道形式。

二、基本要素

基于上述概念分析,现场报道应该具备以下要素。

(一)新闻现场的事态应该是正在发生、发展之中的

"现场"的概念,对于电视记者而言,不仅具有空间因素,即指事件发生的所在地;而且具有时间因素,即指事件发生时的现场,或事件正在进行过程中的现场。从这个意义层面上看,现场报道应该是一种对正在发生或发展中的事件的"现场现在进行时"的报道。因而,记者的报道也同样是进行式的,整个报道进程中应该让观众感受到记者自始至终地在新闻现场作报道和采访。例如,现场报道《五名遇险矿工安全脱险》(太原电视台)中,记者以时间为序,完整地交代计算题。了整个遇险抢险过程,新闻的画面、解说、同期声三元素都是伴随着事件的发展同步完成的,具有强烈的现场感。

中央电视台《巴格达遭空袭纪实》,记者登上巴格达新闻中心二楼平台,以炮火为背景,在隆隆的炮火声中对整个轰炸过程和现状进行了现场实时的介绍,观众在记者的带领下,亲眼目睹了导弹从空中袭击建筑物的过程。炮声,火光以及记者对现场的介绍,"空袭"的概念通过记者的现场报道,在视觉上和听觉上带给观众前所未有的直观感受。

(二)记者在新闻现场随着事件的发生、发展进程,边观察、边采访、边报道,具有同步性

报道的现在进行时态,不仅要求记者在现场对事件同步摄录形象画面的同时报道新闻内容,报道与新闻事件保持时间上的同步;而且,要求随着事件的发展进程,画面表现时空的变化,记者的报道内容、角度上也要相应随之变化,形成一种声画一致、视听同步的真实的现场播报效果。在这里,同步性有

两层意思:报道与思维同步,即边看边想边说;两者(报道与思维)又与新闻事件的发展同步。

例如,现场报道《台湾宜兰苏澳各界为大陆死难渔工举行公祭》:

画　面	解　说　词
公祭现场全景祭台 焦仁和参加公祭 焦仁和接受 记者采访	按照预定的日程,今天上午为大陆死难渔工举行公祭活动。上午九点,公祭会开始后,台湾海基会副董事长兼秘书长焦仁和代表海基会以及辜振甫董事长向死难的大陆渔工致意并向遇难者家属表示慰问。当记者问焦仁和先生对"上好三号"业主迟迟不与大陆渔工家属见面的看法时,他说:"我站在海基会协调的立场对这个事情表示非常的遗憾,我们希望这件事情能够有个合情、合理、合法的解决。"
"上好三号"船主参加公祭	焦仁和先生离开现场之后,"上好三号"船主张锡明才在上午11点多钟在众多保安人员的护卫下,第一次出现在公祭现场……

记者的目击阐述始终与现场新闻事态发生、发展保持同步,使报道与观众的接受具有同时性,极大地激发了观众的参与意识。

(三)具有完整而连贯的同期声

完整而连贯地运用同期声,是保证电视新闻现场感、增强报道的可信性和感染力、真实而全面地反映新闻事件本来面目的一个重要方面。对于现场报道而言,同期声是必不可少的因素。要将观众"带"到新闻发生的现场,仅让观众看到画面还不够,还要让他们听到现场的声音。惟有如此,才能令他们感受到现场气氛,产生身临其境的现场感。它要求记者不仅应该在新闻事件现场环境中间,还应在现场背景声源的氛围中向观众作口头报道,以强化现场效果和临场感受。

此外,记者的同期解说(现场播报)应贯穿始终,这一点至关重要。现场报道《台湾宜兰苏澳各界为大陆死难渔工举行公祭》的同期声运用是成功的。记者自始至终出现在现场,口述公祭现场的情况。其间有采访焦仁和的同期声,公祭现场的背景音响,再结合公祭现场的画面形象,引领观众"进入"公祭现场,去体味,去感受。我们在日常所见的有些"现场报道",往往只是在开头说上一句"各位观众,现在我们在××地向你作现场报道",之后,便退避三舍,再也不见其踪影,而接下去的解说则是在播音室的事后录制,形同一般的图像新闻。这种"戴帽式"的"现场报道",徒有其名,未见其实,应是排除在现场报道之外的。

三、传播优势

相对于画面加解说的录像报道方式,现场报道更能显示其颇具电视特点的传播优势,主要表现在三方面。

(一)现场感强

画面加解说的录像报道方式,虽然其画面展示具有现场性,但由于解说是事后配的,因而是一种复述式的报道,观众的临场感受不强。而现场报道自始至终是对新闻事件的"现在进行时"的报道。这种"行进式"的报道角度和方式,对于观众来说,其中所展现的都是"不可预测"的新闻事态,易于使观众产生与事件同步进行的现场感受。

此外,在报道方法上,记者进入画面以目击者身份采访并口述报道,犹如见证人和导游那样成为观众和现场之间的中介,不仅把观众引领进屏幕所展现的新闻现场,目睹新闻事态的发展变化,而且,通过记者的生动描述,帮助观众感知现场,使观众产生身临其境的现场感。

(二)可信度高

传播学理论认为,人们在接受信息传播时,其信任程度与传播层次成反比。换言之,信息转述层次越多,信息损耗或变形越严重,可信性越差;反之,传播层次越少,可信度也就越高。一般录像报道中画面不能表现的内容,需经记者—文字—播音员三个转述层次才能将新闻信息传播给观众。而现场报道,通过记者在新闻现场的口头报道、现场评析以及记者对有关人士的现场采访等,直接向观众进行面对面的语言传播,缩短了传者与受者之间的距离,减去了中间的转述层次,使信息直达观众,其传播的真实性、可信性自然大为增强。

同时,在现场报道中,记者是以新闻事件的目击者或参与者的身份,向观众讲述事件发生、发展的变化过程的。而新闻事件的目击者或参与者是为传播学所公认的最有权威、最有效力的信息源之一。因此,当电视记者以目击者或参与者的身份出现在观众面前时,他的报道就更加显得真实、可信。

(三)参与感强

在现场报道中,记者的报道是与新闻事件的发生、发展同步的。这种"现在进行时"的规定环境,使得记者与观众对"下面将要发生什么"都难以预测,于是,带着对未知事物的探求欲和新鲜感,双方共同进入现场。同步式的报道方式使观众由旁观者变为参与者。当记者与观众面对着同样的新闻现场,观众的视角和记者的视角合二为一,彼此之间便有更多的"共同语言",心理上更为接近,甚至可以达到气息相通的境界。此时此刻,记者根据目击阐述的事实正是观众期望得到的信息,他向当事人或目击者提出的问题也正是观众欲知未知、想问而没有机会提问的问题。这种记者在场的即时报道,具有强烈的纪实性,易于激发观众的参与意识,增强观众的参与感,有利于增强新闻传播的效果。

此外,现场报道还改变了过去那种先摄活动画面,后写文字解说,再由播音员配音播出的旧的电视新闻制作模式。而是由记者在新闻现场边采录、边报道,省略了后期配音的工作程序,保证了播出时效。甚至还可以采用多机摄影,现场合成的方式,省却了编辑合成工序,使新闻事件的发展进程和报道播出与观众的接收处于同一时态之中,从而把时效性提高到极限。所以,现场报道既是提高新闻时效的强有力的手段,也是最能体现电视新闻特点的报道形式。它应该是电视新闻当前需要着力推举的一种表现形式。

当然,需要说明的是,现场报道仅仅只是电视新闻摄制诸种方式中的一种,它不可能也不应该替代其他表现形式。而且,也不是所有的新闻题材都适合采用这种形式。一般来说,现场报道这种形式不适合用来表现时间、空间跨度过大以及内容涉及面较广、牵涉因素众多的新闻题材,而比较适宜于报道那些时空相对集中,事件过程比较单一,事件的发展进程对观众具有吸引力的新闻事件,以增强观众目击式的临场感受。

第二节　现场报道与记者素质

在现场报道中,记者既是报道的核心,也是报道成败的关键。他(她)是以目击者的身份、第一人称的口吻,以及在新闻事件的现场环境中的动作、表情,向观众展示事件的发展、变化并引领观众理解新闻的深层内涵。因此,优秀的现场报道是电视记者业务素质的综合体现。擅长于电视现场报道的中央电视台记者高丽萍在谈到采录现场报道的体会时说:

　　　　一次现场报道从某种意义上说相当于一次直播。它要求记者有驾驭现场的能力。这种能力包括:搞现场报道时,要在有限的时间和空间内,选题、选材、构思报道的总结构,设计如何开头、结尾;

迅速物色合适的采访对象;选择最能表现现场气氛的谈话场景;负责拍摄的记者要临场不乱,镜头始终跟得上;担任采访任务的记者要掌握采访进程,有把握地进行现场发挥等。①

可见,成功的现场报道,取决于记者驾驭和把握现场的能力。具体来说,需要记者具备现场观察能力、现场判断能力、现场解说能力、现场提问能力、现场评述能力、现场控制能力及临场应变能力。

一、现场观察

观察是报道的基础。电视记者亲临新闻事件现场,目击新闻事态的发生、发展,捕捉新闻现场最精彩的场面、最典型的细节,并通过声画两个渠道向观众鲜明地展示现场场景和氛围。例如,现场报道《迎接检查,菜场三天迟开业》(南京电视台),记者的镜头突出了菜场排队等候、拥挤的人流、气愤的群众和经过精心布置的菜场两者之间的强烈对比,使不在场的观众受到了强烈的现场冲击。

记者不仅要深入现场,而且要开启自己的视听感官,认真细致地观察、体验现场。在此基础上,记者的摄录、报道才能深刻体现现场的本质。此外,记者的现场观察还应包括迅速准确地物色理想的采访对象,并选择极具现场特色的采访场景,以保证现场采访的顺利进行。

二、现场判断

每一个新闻现场都是由时间、空间以及人的活动等因素构成的。这多种因素的共存和各自的、相互的运动,使新闻现场具有多种多样的可能性。在复杂的现场之中,捕捉什么,舍弃什么,什么该详,什么该略,正是记者现场判断能力的体现。记者应凭借较高的新闻素养,在现场观察的基础上,尽快地分析现场,迅速地对事件作出归纳和判断,理清思路,抓住现场的本质,确定报道的重点,捕捉最能体现本质的人物及其活动、事件的场面氛围,以反映新闻事件的本质和内涵。反之,对现场缺乏足够的分析和判断,胡子眉毛一把抓,这样的现场报道不仅不能使观众感受现场,领悟报道的内涵和意义,反而会使观众感到杂乱无章。

例如,现场报道《城里人下乡购时装》(浙江电视台),记者的镜头着力抓

① 王纪言主编:《电视现场短新闻赏析》,辽宁人民出版社1993年版,第16页。

住那些来自上海、杭州、南京等大、中城市的购物者的活动来表现思想,体现党的改革开放政策给农村带来的历史性变化,使报道既显得鲜活,有可视性,又增加了作品的力度。这正是得益于记者对新闻现场的正确判断和分析。

三、现场解说

记者在深入、细致地观察新闻现场、理解新闻事件的基础上,以现场目击者的身份向观众描述所见所闻。通过记者准确的现场解说,让观众感受新闻事件现场中最重要、最有价值的事实。在《迎接检查,菜场三天迟开业》的报道中,记者的现场解说虽然只有三句:"大家都排着队等候买菜,我们看到绝大部分是老同志,年轻的同志因为要上班已等不及了";"今天我们在菜场看到各种蔬菜,排列得整整齐齐,有红的、绿的、白的,样样都有";"我们看到菜场的确布置得很整齐、很漂亮,挂了横幅,贴了很多标语。"通过记者对新闻现场客观状况的叙述,并配以三个长镜头(一个长移:长长的队伍;一个长摇:各色各样排列整齐的菜柜;一个拉摇:"服务公约"、标语、横幅、彩旗),解说、画面双重叠加,使观众更清楚地了解事件的现场状况及内在原因。

记者的现场解说,除了描述现场的客观状况之外,还应适时地交代新闻背景,以增加报道的厚度。如中央电视台现场报道《天安门广场竖起"中国对香港恢复行使主权"倒计时牌》中的现场解说:"……随着红绸徐徐落下,一幅长方形、巨型倒计时牌显示出中国政府对香港恢复行使主权倒计时。十年前的今天,中英两国政府的首脑在北京正式签署了关于香港问题的联合声明,宣布中华人民共和国政府将于1997年7月1日对香港恢复行使主权。十年后的今天,倒计时牌告诉我们,距1997年7月1日香港回归祖国还有925天。"在这里,观众得到的是含有丰厚信息量的解说与现场画面较为完美的结合体,而不是对事件流程连环画式的简单播报。

四、现场提问

现场报道往往伴随着现场采访。记者与被采访对象的问答,可以提供必要的新闻背景,展示人物的心理活动,发表观点见解,从而深化新闻报道的内容。例如,在《迎接检查,菜场三天迟开业》的报道中,通过买菜群众的三言两语和营业员迟迟疑疑的回答,菜场经理疲惫而又无可奈何的解释,使观众既了解事件的前因后果,又与买菜群众对菜场弄虚作假的气愤情绪产生共鸣。

对于从事现场报道的记者来说,现场提问的能力不仅体现在善于提问,还应从现场直播的要求出发,注重在现场的一次性提问中准确到位。例如,安徽电视台 1992 年的现场报道《小岗村人的胆子和步子》,反映了全国农村第一个带头搞大包干的安徽省凤阳县小岗村人,面对改革开放的浪潮,却由于主客观条件的限制,而没有迈开致富的步子。记者选择了三位当时大包干发起人作为现场采访对象。记者的提问精当到位,与采访对象之间的一问一答,非常精彩:

记者:现在农民家庭生活怎么样?

严俊昌(大包干发起人,18 户分田者之一,小岗村村支书):包干后,村里基本上没有外出讨饭的了,温饱解决了。但是家中暂时还没有余钱。

记者:你家里有存款吗?

韩国云(大包干发起人,18 户分田者之一):家里没有,还欠政府几个钱呢。我家里的房子还是大包干后第二年盖的草屋。手里没钱,不敢盖房,往上想也没用。

记者:像老韩这样,没有存款还欠政府钱的,村里有多少户?

严:10 户有 9 户!

记者:村里这几年有没有想过搞一些村办工业、加工业?

严:发展经济、办厂,县里、乡里的领导应该多想办法,他们文化高,又有资金。让我们农民去想,我们农民没有资金,又没有技术,就是搞出了产品,能不能推销掉还是个问题。

严宏昌(大包干发起人,18 户分田者之一,高中毕业生,村里学历最高者):现在要改变农村的这种状况,必须要走乡镇企业的路子。只抓单一的粮食生产不会有多大发展。我不久前搞了个塑料机,干了两个月,就收回了投资,而且还赚了一笔钱,结果,我就盖起这栋新房。要是单搞粮食,我就盖不起这栋房子。

记者:这种情况在村里普遍吗?

严:没有,就我一家。

采访中,记者的提问得体、准确、到位,而采访对象的回答也十分朴实、自然,但反映的问题却深刻、典型。

五、现场评述

现场评述,就是电视记者在新闻事件现场就所报道的事件或问题发表有见解的观点、言论,从而加深对新闻事件本质的认识,升华事件内涵,增强报道的深度和说服力。另一方面,由于现场评述的空间仍是新闻报道的空间,观众的现场感自然而然地延伸到听取记者的点评过程中,此时记者的现场评述更能升华"那一幕特定情景"的意义和价值。显然,这样的即席评论与后期由播音员照稿配发的评论相比,具有强烈的现场感、认同感,可信度高。

记者的现场评述,既要抓住问题的实质,有感而发,以引起观众的共鸣和关注,同时,也应一事一议,短小精悍,一针见血。山西电视台现场报道《阳泉工商局要求工商管理人员不在所管摊位吃喝拿买商品》,在现场采访报道了"规定"执行的情况及个体商贩和市场管理人员对这一规定的看法后,在现场发表总结式的述评:

> 俗话说,常在河边走,哪能不湿鞋。阳泉市工商局从最敏感的吃喝拿买上做出硬性规定,其目的就是纠正行业不正之风,在人民群众中树立工商管理人员的良好形象。我们想:如果各行各业都能够从各自身边的事情做起,那我们的社会风气将会大大好转。

短短几句评论,揭示了新闻的深层内核,反映了新闻的时代意义和社会意义,使新闻报道具有了深刻的思想性,起到了正确的导向作用。

六、现场控制

新闻是对客观事件的客观报道。一般而言,在现场报道中,电视记者应是新闻现场冷静的旁观者。他与新闻事件和新闻人物要拉开距离,保持新鲜感。他应尊重事件发展和人物行为的自然流程,对新闻事件不加干预地以"第三者"的立场完成对新闻事件的客观报道。因此,现场报道中的记者,应该具有身在现场而不为现场所左右的定力,要适时"跳出来",摆正"记者的角色位置",时刻牢记记者担负有深入报道新闻事件的责任,迅速调整心态,以记者身份出场,面对镜头,冷静、清醒地叙说自己的所见所闻、所感所悟,让观众随着你的报道去注意有价值的新闻信息。

但同时,记者又应该是新闻现场的参与者,应该"钻进去",把自己融入新闻事态的现场,像普通人那样去观察、去体会、去询问。换言之,现场报道中的记者应加强"我在场"的意识。毕竟记者与新闻事件或人物是处在同一空间下,记者在新闻现场的行为会引起观众的注意,甚至会影响他们对新闻事实的领悟。由此,记者在现场报道时的感情、情绪、语速甚至穿着打扮都要与现场新闻事态及其氛围相吻合。例如,太原电视台《五名遇险矿工安全脱险》

中,记者李忠莲头戴安全帽,身穿工作服,站在煤矿坑口作现场报道。这与现场的抢险气氛是合拍的。另外,记者两次入画的情绪把握也恰到好处。第一次入画播报塌方抢险经过。此时,堵在工作面的五名矿工生死未卜,记者的情绪是紧张焦急的;第二次入画播报时,五名矿工已安全脱险,正从坑口回到地面,记者的情绪是激动欣喜的。在这里,记者的现场解说情绪不仅符合现场事态的发展变化,而且还撞击着观众的收视情绪,仿佛把观众也带到了现场,共同经历着遇险的急、脱险的喜这样一个情感变化过程。

现场报道中的记者应善于控制和把握"在场"与"出场"的感觉转换,惟有如此,才能客观、真实、准确地将新闻事件传播给观众。

七、现场应变

一般来说,除突发性事件外,记者在现场报道前都要进行一些必要的准备工作。如,查找相关的背景资料,依据对现场新闻事态发展状况的预测,确定报道的角度,构思报道的总结构等等。遇到重大新闻事件的现场报道,更是事先要拟好几种报道方案。例如,1997 年 10 月 28 日黄河小浪底大坝合龙的现场直播,为了让观众能够更全面地看到现场的实况,中央电视台直播组大胆尝试用主持人多点移动现场报道的方式,并为此做了大量的准备工作。依据直播方案,主持人开播时在北岸合龙点出现,随后赶到进水口等几个点去进行现场报道,最后,又必须马上赶到南岸合龙点——庆祝大会现场。为了准确把握好这一行程所需的时间,直播组对两位主持人的每一个行动、每一句解说都用秒表来计算。但是,由于受现场事态发展随机性、动态性的限制,准备工作不可能样样周全,这就要求记者不但要有良好的业务素质,同时还应当具备良好的心理素质,拥有较高的现场应变能力,以临场的镇静,迅速组织材料,调整报道结构,以应付现场的"突发"情况。可以说,现场应变能力是记者现场把握能力的集中体现。

又如,中央电视台记者白岩松在 1997 年"香港回归"72 小时现场直播报道中所表现出的现场应变能力,令人赞叹。6 月 30 日晚,白岩松在深圳皇岗口岸报道驻港部队入港进程,他事先准备的解说在几分钟内已差不多全部说完,而此时,部队尚未跨过"界线",还必须等待几分钟,形成了一段尴尬的"空白时间"。白岩松在十几秒钟的停顿后,迅速想起自己早些时候登上口岸办公楼的情形,随即很自然地进行解说:"我们右前方的那幢白楼,就是当年小平同志眺望香港的地方。现在这座楼里还挂着他视察口岸时的巨幅照片……今晚,当驻港部队跨过这条'界线',在所有为部队送行的人群中,我们相信,肯定还有一位老人深情目光的注视!"这段解说翔实而富有情感,丝毫不似即兴之作,显示了记者深厚的新闻功底。

综上所述,记者素质的评价标准不限于某项技能的熟练程度。尤其是记者的综合素养是断然不能被容颜出众、字正腔圆、操作娴熟之类的素质所取代的。新闻点的发掘与表现、现场的驾驭与解说、画面的拍摄与剪辑以及现场主观情绪的把握等等,都需要我们的记者真正具有作为"电视人"的多方面素质,而不是显露于各种"熟练"之上的浮华。

现场报道应该是电视新闻报道形式的一个重要发展方向。对于电视记者而言,自觉地培养对于"新闻现场"的驾驭和把握能力,已经成为一种当务之急。

第三节 现场直播报道

现场报道按其播出方式可分为录播现场报道和直播现场报道。

录播现场报道指的是在保证新闻现场时空统一的前提下,进行后期编辑后播出的现场报道,记者的报道和播出并不是同步的。录播现场报道在后期制作时可充分运用资料素材,以拓展报道的深度和广度,弥补前期拍摄的不足。

直播现场报道,又称现场直播报道,指在新闻现场直接播送反映新闻事件的图像和声音,记者的报道、电视台的播出和观众的收视都是在同一时间里进行的,报道与播出是同步的。因此,从这个意义上说,直播现场报道既是一种新闻的报道方式,也是一种新闻的播出方式。

电视新闻最迷人的魅力是现场直播。它是利用有 ENG 设备的转播车,在新闻现场摄录图像和声音,在转播车上由新闻导播切选画面,然后通过转播车上的微波设备或卫星发射系统,把画面与声音信号传回电视台发射出去;或者将现场声像讯号直接传送到电视台播控中心,由直播导演选择切换画面,观众的收视与新闻事件发生、发展同步。这种同步性充分展示了电视新闻现场直播报道具有其他传媒甚至电视新闻其他报道方式无可比拟的优势。这种优势,主要表现在:

第一,现场直播报道将不可预测的事件发展过程和结果同步地传达给观众。这种同步式的传播方式,使观众由旁观者变为参与者,它所产生的新鲜感和悬念将始终给观众以强烈的吸引力。

第二,现场直播报道抢在第一时间让观众了解新闻事态的进展,其报道过程就是播出过程,也是观众的收视过程。这种"天涯共此时"的同步性,将电视新闻的时效推向了极限。

第三,现场直播报道克服转播的间接性,把观众"拉"到新闻事件的现场,观众知道他耳闻目睹的就是事实的真相,新闻的真实有如身临其境,这种真实可以征服一切。

因而,尽可能地对重大新闻事件进行直播报道已经成为电视新闻的发展趋势之一。例如,1997年被称为是"中国电视的直播年",中央电视台在这一年里对我国重大的新闻事件、政治活动多次采用现场直播。从年初召开的人大、政协两会,3月的漠河日全食,4月的南昆铁路全线铺通,7月的香港回归,9月的中共十五大召开,10月的黄河小浪底截流到11月的长江三峡截流大坝胜利"合龙",直播一个接一个;直播方式从单一的切换到多级切换;直播机位从常规的几个发展到十几个,甚至24个;直播时间也从1小时扩展到14个小时,最多达到72小时。如此高密度、高难度的现场直播报道,标志着中央电视台在向世界级大台发展过程中又迈出了坚实的一步,已经可以在任何条件下进行各种规模的直播报道,引起了国内外观众及电视同行的极大关注。其成功的运作方式,具有很大的启示性。进入新世纪以来,现场直播已经成为了重大事件特别报道的常规形态。2001年的"申奥成功"、"中国加入WTO"的现场直播,让电视观众同步感受到了现场那种欢喜若狂的气氛,2003年的对伊拉克战争的直播,以及"神舟五号、六号"升空直播等,显示了我们的现场直播节目更为成熟和符合新闻规律。中央电视台新闻频道的开播,使现场直播有了更为广阔的平台,地方台SNG的引进与运用,使现场直播报道更上了一个新的台阶。

搞好现场直播报道,应认真抓好三个方面的问题。

一、周密准备

现场直播报道是大兵团作战,涉及采、编、播、摄等诸多部门,其中任何一个环节的失误都会影响直播效果。因此,要确保现场直播成功,必须在直播前作好周密的准备工作。

据中央电视台领导介绍,为了顺利完成香港回归直播报道,他们建立了"战时体制",成立香港回归电视报道总指挥部,下设五个分部,打破了原有的行政界限,便于统一指挥,形成合力。其次,制定了周密计划。在总指挥部统一部署下,各分部拟定了详细的实施方案,各播出环节都准备了至少一套备播方案。再次,反复进行合成演练,不断调整计划和思路。准备工作相当充分,从而确保了现场直播的顺利进行。

二、整体策划

现场直播报道并不意味着毫无考虑地同步纪录一个事态发展流程。若在现场直播中只是消极地、简单地跟随新闻事件的发展变化去"纪录"它的过程,势必会由于信息单纯、信息量小而让观众感到单调乏味;同时,也难以凸现新闻事件丰富的内涵和主题。因此,现场直播报道,既有直播导演的临场指挥调度问题,更重要的是一个整体构思编排布局问题。整个报道的节目包装、铺垫和渲染应该围绕此次直播的动因和新闻点进行构思、设计和展开。

例如,中央电视台《黄河小浪底大坝合龙》现场直播报道,直播组经过实地考察,反复论证,一改往日此类直播设演播室、请专家莅临"讲课"或几个主持人定点串场等方式,采用了行进式的报道手法:在大坝周围分设了四个最能揭示小浪底工程作用的直播点(进水口前、未来大坝坝顶、合龙口前、主会场),由一位主持人以记者的眼光,用边走边说的方式将几个点串联起来。而在主持人奔赴各点的行程中则插播事先准备好的资料画面,来引导观众走近小浪底,了解治黄史。整个报道丰富多彩,既重点突出,又层次分明,详略得当。

又如,中央电视台新闻频道的《直击中国铁路春运》直播报道,尽管在题材和直播时间上无法与"神舟飞船升空"的直播报道相比,但是在直播前也经过缜密的策划和部署。在直播前的策划方案中,根据直播的需要确定了八个固定的直播点,并选择了在春运中最具代表性的 T15 次(北京至广州)、K376次(北京至郑州),派出记者跟随列车进行全程体验报道。直播策划根据报道目标和任务将整个直播报道划分为三个层次,并预先确立每个层次所要完成的任务:第一个层次将展现中国铁路春运的全景画面;第二个层次将探究春运这一现象形成的深层原因;第三个层次将探讨如何解决春运中的难题。正是这样层层递进的清晰的逻辑结构,最终保证了整个直播节目的有序进行。

总之,对报道内容、材料的总体布局、统筹安排是电视新闻现场直播报道成功的重要因素。直播策划从本质上来说是对未来直播报道的总体规划和设计,在现场直播的策划过程中,具体的运作包括三方面。

1．确立主题定位和报道思想

直播策划首先要确立的是报道的主题定位和报道思想。明确的主题定位和统一的报道思想是现场直播报道成功的前提。

中央电视台对"神舟"五号首次载人航天飞行的报道，对于这一在中国航天史上具有里程碑意义的重大事件，明确提出，报道应充分"展示中国航天成就、凝聚中华民族精神"，在整个报道过程中，新闻频道始终坚持以此为准绳，圆满完成报道。

2．确定直播报道的内容

直播报道内容的确定主要包括：

（1）直播点的选择

从某种意义上看，直播点就是新闻事件发展演进过程中最具有本质价值的典型现场。直播点的正确选择，就是抓住了新闻事态演进过程中的"节点"，也是引起观众关注的节目亮点。

《直击中国铁路春运》主创人员在谈到这次大型直播节目的成功经验时，认为"直播点的精心设置确保了这次鸟瞰式报道的成功"。[①] 这次直播分别在铁道部春运办公室、北京西客站、上海火车站、郑州火车站、武昌火车站、南京火车站、成都火车站和广州火车站设置了8个直播点。其中，铁道部春运办公室是全国铁路春运控制调度的"神经中枢"，北京火车站、上海火车站和广州火车站是全国客流量最大的三个火车站，其他时刻火车站在春运中也都有各自的特点，而且除铁道部春运办公室之外的7个直播点，在车站广场和站台上都设置有机位。这8个直播点的精心选择基本能够准确地展示中国铁路春运的整体现状。

（2）记者现场报道的选题

记者在现场的报道，是对现场信息的发现和集结，记者的现场描述和对现场的主观叙述，增进观众对现场的感受和事态发展的把握。

例如，三峡库区奉节城政府大楼的拆迁爆破在当时被称为"三峡库区第一爆"，对这个引人关注的事件中央电视台进行了直播。其中一段直播镜头是这样的："轰——"楼倒了，尘土弥漫，在这组几分钟的长镜头之后，切入了记者的镜头，她在这片废墟旁说了这么一段话："观众朋友，从现场看，爆破相当成功……"这段报道是她在现场近距离的观察，看到3米以外的居民楼连一

---

① 刘斌、陈万利等：《一次成功合作的大型直播》，《电视研究》。

块玻璃都没有破碎之后作出的爆破成功的判断。这段话让观众对原生态的现场有了更深刻的感受,对此时此刻的事件进程获得了更多的真实了解。

此外,记者在现场采访的相关人物和相关问题也要提前进行策划。

(3)确定演播室评论的相关议题

虽然演播室评论需要根据新闻事件发展演进进行实时讨论和点评,但事先应根据报道的主题,先确定一些主要的议题,尤其是对事件背景的相关解读完全可以在策划阶段确定,并以此决定嘉宾的人选。

演播室评论,不仅能调控直播报道进程,调节直播报道节奏,更重要的是这种穿插式的评论,为观众提供了超越新闻现场,洞悉事件本质的可能。演播室里专家的解读和评判,甚至观点的交锋不但拓展了观众的思路,也能够把直播引向深入。

(4)背景资料片的准备

在直播过程中,背景资料片能拓展报道的深度和广度,实现立体化的报道。

例如,《直击中国铁路春运》直播报道中,穿插了很多专题片。专题片与新闻报道相配合,既起到了介绍背景的作用,也有效地把握了直播节奏。这些专题片侧重点各有不同,多角度、多侧面地反映出了铁路春运的历史和现状。其中,《铁路人家》是对哈尔滨一位列车长的介绍,体现出了春运期间铁路职工的无私奉献。《新闻特写:千里传音见真情,调度中心保安全》,通过对铁路调度工作的描述,帮助观众了解到更多列车运行方面的信息。《临时候车室,简陋也温情》和《沈阳、郑州:为民工开辟绿色通道》,则对各地火车站为方便旅客而采取的一些措施进行介绍。专题片与新闻的巧妙配合成为直播的亮点。

3.制订直播报道计划

在直播节目的内容确定之后,就应该制定具体的可操作性强的直播报道计划。

一个完整的直播报道计划应该包括不同阶段的指导方针、具体工作安排、节目制作播出计划、技术保障和人力资源调配等内容。

当然,现场直播策划主要还是用于对于可预知的、有重大社会影响的活动和程序性事件的直播报道,对于突发性事件,无法预先策划,但一旦事件爆发,直播开始,直播进程中的策划工作还是应该及时跟进。

三、各尽其责

在现场直播这样一种大规模的电视报道中,每个人、每个部门、每个系统都至关重要,只有各司其职,各尽其责,团结协作,这个庞大的系统才能正常运转。

新闻现场直播报道一般都由主持人主持,通过主持人的调度、解说,将报道内容串联起来,形成报道的整体感。同时,串联也加强了对新闻报道主题的提炼。此外,主持人、记者的现场提问和交谈是否到位,现场叙述是否简明扼要、通晓畅达,是否具有一定的应变能力。摄像是否具有较高的摄影技巧和较强的新闻意识,是否抓拍住关键的场面和细节等等,都对现场直播的成败产生至关重要的影响。

一流的技术保障,是制作一流电视节目的基础。技术保障的可靠有力也是现场直播成败的关键。如长江三峡大江截流现场直播报道,施工现场地形复杂、通信不畅,如何使分布在方圆几平方公里的 24 个机位的电视信号能安全、准确、及时地传送到播控中心,是对技术部门的考验。播控中心在现有技术设备基础上,与编播部门反复协商,紧密合作,一切以保证直播为前提。正是这种强有力的技术保障,才使观众能够从空中、陆地、水面,多侧面、立体化地目睹大江截流的壮观场面。

总之,对重大新闻事件进行现场同步直播,是为了更规范、有层次、高效率地运作新闻报道,同时也是检验编导、记者、技术人员综合能力的最直接的体现。它必将成为电视新闻报道和播出的发展趋势。面对这一趋势,我们需在以下几个方面有所准备:

首先,树立直播的观念。现场直播是一种报道和播出手段,而不是对某一事件的规格待遇。对重大新闻事件的现场同步直播,是符合电视自身传播规律和顺应观众的更高层次的需要。

其次,栏目观念要作根本性改变。栏目要随节目(事件)变。它的设置要达到固定和可变的统一。它的播出要围绕如何在第一时间里传递事件信息这个中心游动。它的时长要有灵活的适应性。当然,这种栏目观念的根本改变也是树立频道意识的一个重要体现,是促使频道专业化,适应大众传播走向"窄播",以满足观众多方面、多层次需求的发展趋势。

再次,要加强策划运作能力。既能对预知的重大活动、重要事件进行成功的现场直播报道,也要有一定的分析、预测能力,要在突发事件面前有快速的应变能力。比如,很快请到相关领域的官员、专家,很快调出相关的数据、背景材料,很快制作出有助观众理解的动画、模型,很快拿出报道方案和后续计划,等等。

最后,采播设备要跟上。要加快建立由一定数量的卫星直播车、采摄一体的摄像机、快速的交通工具、操纵简便的多媒体电视制作以及由动态美工特技制作设备组成的采播合一的技术系统。

第七章
电视新闻节目类型化发展

随着电视新闻栏目化的发展,电视新闻已经超越微观层面的报道单元,节目形态日益多元,呈现类型化趋势。"所谓类型化,就是节目越来越发展成为几个大的类型,每个类型的节目都有着本类型共有的必不可少的形式元素、结构方式、叙述习惯和内容趋向等。"新闻类节目基本类型化为三个子类型,即新闻节目、新闻杂志节目和新闻谈话节目。这里要指明一点是"节目"与"栏目"两个概念的区别。节目侧重内容本体而言,栏目则强调具有固定名称和固定播出时间的一个产品外包装。为了叙述方便,本书统一使用"节目"概念。

第一节 电视新闻节目

新闻节目就是播出国内外或本地新闻,有消息、深度报道和背景分析。节目多为 30—60 分钟,由主持人主持播出,或单人或多人配合分工播出。基本表现形态为演播室口头播报与现场记者采访的新闻之间的有机结合。它"以一种轻松易得简洁明了的方式满足了人们的日常性信息需求,又在现场画面中保持一定的信息场,让人们对于信息的感知有一种完整状态,而通过新闻主持或记者与观众进行的面对面新闻传播,富有人际交流的内涵"。[①]

新闻节目能够承担社会瞭望者的职责,向受众提供国内外最新资讯,在充分满足受众知情权的同时,还能建构真正的"公共领域",融合各种思想观点,其最终的目的是提升公民对新闻事件和社会问题的思考和批判能力,进而化解各种社会矛盾,吸引多种社会力量形成健康向上的凝聚力和向心力。

新闻节目在具体操作上应注意以下几个问题。

一、追求时效

在新闻传播中,时效性直接影响到新闻价值的实现程度,这一点在电视新闻传播中体现得尤为明显。一方面,与报纸、广播等其他媒介相比,由于ENG设备和卫星中继技术的普及,电视新闻在传播时效上具有明显的优势,"抢时效"也就自然成为电视新闻与其他媒介新闻竞争的一个重要砝码。另一方面,在电视媒介内部,新的传播技术的普及,特别是卫星直播技术的普遍应用,使中小电视机构具备了与大机构竞争的技术平台,在传播同质化的情况下,能否抢得先机就显得异常重要,"抢时效"也就不可避免地成为电视媒介内部竞争最重要的争夺点之一。因此,追求"第一时间"的报道,是资讯类电视新闻节目生存的关键。

"第一时间"的新闻时效是任何传播媒介所追求的目标。在电视史上,有这样一些时刻让人们永远把电视当成一个重大的标志性事件。20世纪40年代发生的第二次世界大战,美国电视介入战争,使人类首次在屏幕上看到真实的战争,美国三大电视网成为媒体明星。越南战争,造就了美国的CBS。第二次海湾战争的现场直播,造就了特德·特纳的CNN。而在"9·11"事件中,那一天,中国人唯一可以找到的消息来源,就是处于直播状态中的凤凰卫视中文台。

"第一时间"不仅是"快"的代名词,而且要占领受众信息空白和理解空间,给观众奉送第一丝信息、第一个理解。

1. "第一时间"的到达

就狭义的"第一时间"而言,是指事件刚一发生,还没有被局外人知晓的一刹那就予以报道,使观众几乎和实践同步目睹它的演变。媒介的先声夺人

---

① 朱羽君,殷乐:《信息社会的活跃时空:电视新闻节目》,北京广播学员《现代传播》2001年第3期,第81页。

增加了它的覆盖率,随之滋生出公信力,渐渐形成自己的品牌。

在注意力经济时代,媒体以"快"争夺眼球资源、以"快"制胜已成趋势。在全天候的新闻报道中,能否随时让观众在最快的时间内获得最新的消息,并让观众形成"你最快"的整体印象,是资讯类电视新闻节目在日趋激烈的媒介竞争中制胜的法宝之一。

2."第一时间"的解释

广义的"第一时间",是指在事件发生和公众意识之间大都有一段短暂的思想空白,受众来不及对事件做出任何判断,获悉事实的强烈欲望冲击了对事实的认识。这个关键性的空隙,通常也被视为新闻报道第一时间。

捷足先登的不仅仅是第一个给受众送来信息,而且是第一个引导受众的理解力。"第一解释",新闻除了知情权的问题,还有解释权,公众除了知道发生什么事情,还要了解为什么。在重大事件突发的时候,观众往往需要一个完整而多元的信息场,除了新闻的主要内容,他们需要联系相关的背景来消化理解事件的来龙去脉,也会揣测未来事态的发展,希望听到从各个方面得到的相关说法。在资讯类新闻栏目中适时安排相关的新闻访谈,使得新闻层次更加丰富,为观众获知信息提供了更大的空间。

当然,"第一时间"的解释需要信息的多重展示和深度解析,因此,"第一时间"的解释更多的是由谈话类和杂志类电视新闻栏目承担。

二、聚焦现场

注重现场报道,力求把观众带到新闻事件的发生地点,再现新闻事件及现场气氛,使观众成为新闻事件的目击者。具备真实的影像和音响,使观众达到视觉和听觉的最大满足,是现场新闻的基本要求。

1.在报道中展示新闻现场,聚焦新闻现场,得益于电视本体的优势

不同的技术平台提供了不同的信息载体,电视新闻以现代的电子、数字等摄录设备,通过微波、通讯卫星、光纤等传输手段,对新近或正在发生和发现的事实作声画同步的形象报道,"其电子乃至数字的技术系统直接改变了构成新闻元素的质地。""电视新闻传播的介质不是抽象的文字,也不是单一的声音元素、凝固瞬间的静态画面,而是与生活同构的元素,包含有形象、有声音、有运动、有过程,以及由此产生的心态、氛围。在这样的传播基础上,使

新闻能直接诉诸于人的感观,提供了一个对新闻的人性化感知方式。"①

电视本体的技术优势,保证了电视新闻向观众提供现场的、全方位的、整体的信息,让观众恍如置身新闻事件之中,"对于传达信息的人来说,这种客观事实所能达到的深度和广度是主观意志所不能覆盖的,观众可以更对地运用自己的官感进行直接的判断和接受,能获得更多的信息。"②

2.在报道中展示新闻现场,聚焦新闻现场,实现于"第一现场"的理念的树立

在资讯类电视新闻栏目中,要充分树立"第一现场"的现代新闻报道理念。所谓"第一现场",就是指与新闻发生最直接、距离最近的地点、场所、场景与环境。"第一现场"的报道理念,就是要求记者走向新闻发生的最前沿,直接获取视听两种感受材料。这样不仅能维护新闻的最大真实,而且把声像齐全作为报道内容丰富性的尺度。

世界各国电视新闻节目都在加强现场报道。在报道中,记者常常以目击者的身份,在现场空间用语言动作表情,立体式全方位向观众介绍现场情况。一个事件发生时,记者是否在现场、记者以什么样的速度抵达现场,体现着一个媒体的水准。当重大事件发生时,人们关注事件,也会从对事件的关注变为对媒体的关注,因为,媒体见证历史。

三、讲究编排

编排,是栏目经营的有效策略之一。

对于电视新闻节目的编排,主要考虑两个方面:一是栏目本身在时段和内容设置上的匹配编排;二是栏目内容之间的匹配编排。

1.栏目时段的匹配

分析节目编排艺术,要考虑三个因素,即:"电视节目;观众;收看情境。"③

节目和观众,是一个栏目生存的两个基本要素,栏目要明晰自己的定位和目标观众,只有符合目标观众的收视喜好,能够赢得目标观众的栏目,才能在市场竞争中生存下去,进而获得最大的经济效益和社会效益。

收看情境,指的是"观众观看电视节目的接收环境,在什么时间收看,在

---

① 朱羽君,殷乐:《信息社会的活跃时空:电视新闻节目》,《现代传播》2001年第3期。
② 同上。
③ 汪文斌,胡正荣:《世界电视前沿》,华艺出版社2001年版,第87页。

什么地方收看,带有什么样的社会体验去收看,和什么人一起收看,边看边做些什么事情,以及收视环境是否具有持久性和一贯性。"例如,早间的新闻栏目因为目标观众是即将上班的人群,因此,节目的节奏就比较欢快,而且主要注重开发电视观众的听觉,使他们可以在做其他事情的同时接收新闻,当然,在节目当中还要不时插播天气或交通情况,方便观众出行;而午间时段的新闻节目,以新鲜和可视性强为号召力,晚间新闻作为一日新闻的"重中之重"则显得丰富而厚重。

2.栏目内容之间的匹配

电视新闻节目往往是多条新闻的集纳,仅仅强调每一条新闻的优劣已不足以使整档新闻具有更强的可视性和新闻聚合效应。

一档完整的新闻节目,应把精心挑选过的新闻节目加以精心的包装,设计成一系列的产品组合,按照一定的规律来排序播出,这不仅仅是对单条新闻节目的安排播出"次序",更是对电视新闻节目的再创作。通过编排,原来可能互不相关的各个节目被整合成一个系统,发挥节目的最大效应(具体详见本书第十三章)。

第二节 电视新闻谈话节目

谈话节目是电视节目大家族中占有主导性的节目类型,在新闻节目中,也占据着非常重要的地位。

一、谈话节目的源起与发展

1.谈话节目的源起与发展

谈话节目的源头可以追溯到18世纪英国的咖啡馆,在《大家谈:媒介文化中的脱口秀》一书中,韦恩·门森教授认为在那里第一次出现了讨论社会问题的公众聚会。在这些咖啡馆发展起来以前,人们差不多一直是那些公开讲坛的被动接受者。在整个18世纪里,中产阶级的谈话传统得以发展,并借助印刷技术和第一批大众刊物的流行,谈话传统得以发扬光大。正是这些早期咖啡馆和杂志第一次使普通人成为社会事务的参与者,而不再是旁观者,让他们能够在政权机构和教会组织以外非正式地表达对于知识和自我的一些感受。

谈话节目随着无线电广播的出现而称赞,逐渐形成了一种新型的公众论坛。按照一些广播史学家的观点,第一档谈话节目是1921年由马萨诸塞州斯普林菲尔德的 WBZ 电台播出,仅在1928年到1929年这一年中,广播网中大约有21个节目是典型的谈话节目,谈论公共事务、宗教和家庭生活。与今天流行的互动方式不同,当时的谈话节目大都是独角戏,是专家对着听众讲话,而不要听众参与对话的节目形式。大致是从1933年开始,广播谈话节目迅速蔓延,不仅有了更多的节目样式,而且听众也有了更多参与的机会。①

广播谈话节目早在20世纪三四十年代就已经成熟了,而电视谈话节目直到50年代才产生出来。电视史上一般把NBC(全国广播公司)1954年推出的《今夜》作为电视谈话节目的开端。电视发展以后,学习和借鉴了广播的谈话节目样式,并且邀请嘉宾到演播室与主持人和现场观众一起分享他们的人生经验和心路历程,或分享他们对各种政治、经济、社会、心理问题的看法。

以美国电视谈话节目为例,谈话节目以20世纪60年代《唐纳·休节目》为起点,以80年代《奥普拉·温弗莉节目》、《拉里·金直播》为代表,以90年代《莉基·莱克节目》、《杰尼·琼斯节目》等为后起之秀,可以说谈话节目是90年代以来美国电视节目中发展最快的一种节目类型。②

2. 谈话节目的类型

《脱口秀——广播电视谈话节目的威力与影响》一书中,将谈话节目归纳为四大类型:新闻—信息节目;杂要—喜剧—访谈节目;人际关系、自助、心理和日常生活节目;以及为特殊观众服务的特别谈话节目。③

上述分类法是根据节目内容而分,如果按照节目时段划分,又可以分为日间谈话节目、晚间谈话节目和深夜谈话节目。

3. 新闻谈话节目

新闻谈话节目是就某一新闻事件直接访问相关人士、开展相关讨论,将人的元素、新闻报道元素、新闻评论元素整合在一起的节目形态。

新闻谈话节目的话题总是紧跟时事,时效性较强,经常是谈话当天发生的事情,因此,这类谈话是"关于新闻的新闻"。"总体来说,这些节目有很高的信息量,被看作是提供了理解和信息性辩论。"④

---

① [美]吉妮·格拉汉姆·斯各特著,苗棣译:《脱口秀——广播电视谈话节目的威力与影响》,新华出版社1999年版,第27～32页。
② 汪文斌,胡正荣:《世界电视前沿》,华艺出版社2001年版,第145页。
③ 同①,第273页。
④ 同①,第279页。

美国 CNN 新闻频道的名牌新闻谈话节目《拉里·金直播》,节目通常围绕近期发生的热点事件、时事新闻或是新闻人物这类话题来展开讨论和对话,主要以时事话题为主,有时进行人物访谈,包括政治家、知名人物,也包括具有新闻价值的普通人。它在众多美国脱口秀节目中以态度严肃、品位高尚著称。在节目形态上,开放式的谈话和制作精良的短片相结合,在主持人拉里·金的全场调度下,节奏张弛有度,非常吸引人。

我国新闻谈话节目起步相对较晚,最早电视新闻谈话节目是上海东方电视台开办于 1993 年的《东方直播室》,而中央电视台开办于 1996 年的《实话实说》最具有全国性影响。之后,《新闻会客厅》、《央视论坛》等不同定位的谈话节目相继开播,也标志着大众传播进入了一个群体表达的时代。

二、谈话节目的运作要求

(一)关于话题选择

1. 话题要有意义

在以谈话为主要形式的电视新闻节目中,话题的选择应审慎并精益求精,要选择那些重要的议题。话题应该是有比较重要的社会意义或是文化内涵的。概括地说,话题选择要紧扣时代脉搏,注视大众关心的事件、议题,应在关乎国计民生的问题上多做些文章。

2. 话题要具有可辩性

应避免倾向性过于明显、难以引起争论的话题。当然,话题以辩论性为主,但又有别于主要为了显示口才和敏捷反应程度的电视辩论赛。它不设计辩论点,更不是对生活中"抬杠"的自然主义模拟,现场结论既可以趋于一致,也可以各执己见。通过讨论,阐明看法,使观众悟出道理,得出结论,据此调整自己的行为。注意开拓话语的空间是谈话节目深入的重要途径,从不同角度出发看问题,对现象和问题的理解会不尽相同,争议的产生才可能使话题有更为广阔的表现空间。中国电视的谈话节目的趋向迟早会从求同的宽容延伸到存异的民主流程中去。

(二)关于参与讨论的人选

1. 嘉宾选择

寻找和选择嘉宾往往是谈话节目的一大任务和难题。从某种意义上说,选择了合适的嘉宾,节目便成功了一半。据介绍,中央电视台《实话实说》栏目在决定嘉宾人选之前,策划人、主持人、编导都要同物色到的嘉宾候选人见面,以判断这位嘉宾是否能"侃"。那些讲话刻板、晦涩、模式化的人是不适合做嘉宾的。另外,还要搞好拼盘,即尽量为一个节目选择职业、文化、风格不同的几位嘉宾,以反映各层面的社会舆论。

2. 现场观众选择

现场观众的选择要有代表性,包括各阶层,各种行业、职业,不同年龄、性别等多方面的人士。现场观众的积极参与和高水平发挥是谈话节目成功的前提之一。正如《实话实说》主持人崔永元所说的,"《实话实说》没有观众,现场的每一位朋友都是参与者、谈话者。"现场观众超水平的即兴发言,往往能使节目锦上添花,大放异彩。

3. 关于主持人的核心作用

主持人在电视谈话节目中需直接出面与嘉宾、现场观众进行交流,是节目的支撑人物,对节目的成败起着举足轻重的作用。因此,谈话节目的主持人往往被称为谈话现场的"控制器"。虽然电视谈话节目往往有策划、编导,但是作为一档即兴型的谈话节目,无论是嘉宾、现场观众还是主持人,都不能事先有台词,事前所能准备的只能是思路。谈话节目只能通过讨论使问题由此及彼,由浅入深。而提问又不能横空出世,前后不沾,必须衔接适当,巧妙有趣。因此,要求主持人能在既定的思路基础上依据现场情况即兴发挥。尽管事先策划周密,准备充分,但节目的即兴式结构,决定了主持人在很大程度上掌握着节目的整体运作。主持人在节目中的核心、主导作用就显得尤为重要,主要表现在:

(1)驾驭作用

驾驭作用体现在两个方面,一是对话题走向的驾驭。电视谈话节目往往呈现出一种随机性、动态性,节目的结构发展常常为谈话内容走向所左右。节目中,嘉宾、现场观众围绕着一个话题展开讨论,自由发言,直抒己见。这一方面会增加谈话过程中出人意料的效果,吸引观众;另一方面,也容易游离主题。因此,主持人要始终能够游刃有余,主动地把握主题,左右话题的深度和广度,像一位优秀的指挥员,不动声色、按部就班地让众人的谈论始终不离主题,并且层层深化、循序渐进地开掘主题的深度,使节目具有思想的魅力,给观众留下深刻印象,受到一定的启发和教育。二是对谈话现场的驾驭。电视谈话节目是将人际间的谈话交流引入屏幕,并将这种交流直接作为节目的内容和基本形式加以传播的,从而在电视屏幕上为大众构建了一个可供自由交流的公共大厦、一个可以相互谈话的场所。因此,在节目中,只有通过对话而非演讲的方式,才能够达到交流的目的。一些观点鲜明而又富于进取心的嘉宾往往希望充分表达自己的意见而不太注意别人的话语表达,或者是对于节目现场这种特定环境及紧凑的时间规定不太熟悉,这就需要主持人对现场强有力的驾驭控制能力,让现场始终保持在一种对话的状态中。

(2)引导作用

电视谈话节目主持人在场上应像一位出色的导演,善于把握时机,因势利导,调动场上嘉宾和观众"入戏"、"入情",进入最佳"演出"状态,并在镜头前表达出真情、真意、真话。《实话实说》节目主持人崔永元就十分注意调动场上嘉宾和观众的积极性,在他的适时引导和启发之下,场上气氛始终很活跃,现场观众争相发言,那朴实直言的话语也经常获得"满堂彩"的效果,使这个电视新闻评论性节目的政治性、现实性有机地结合,达到了雅俗共赏及群众自我启发、自我教育的目的。

电视谈话节目在以说为主的同时,还应利用录像或影片、图片资料等多种辅助手段活跃节目,调节气氛。如《实话实说》用电声乐队穿插伴奏,渲染场上气氛和情绪,加强节目的节奏感。

第三节 电视新闻杂志节目

杂志节目是新闻栏目化的产物。中央电视台在 1993 年 5 月 1 日推出的电视新闻杂志节目《东方时空》,以全新的感觉和丰富深广的内容吸引了大批观众,赢得中国电视史上空前的收视热情。这之后,由于新闻节目的大幅扩容,大时段的新闻节目多是以杂志版块化的形式结构编排,新闻杂志节目进入一个新的发展时期。

一、电视新闻杂志节目的由来

电视新闻杂志节目,起源于美国。早在 1968 年,美国哥伦比亚广播公司(CBS)就创办了颇有影响的杂志节目《60 分钟》。该节目废除了传统的一次节目只编入一个主题的做法,改为一次节目三个主题。节目一开始首先介绍将要播放的三个主题,接着出现的是每个主题的主持人和节目中最精彩的镜头,这近似于杂志的扉页目录。这种编辑技巧有效地提高了观众的收视兴趣,同时,一次节目三个主题,保证了节目内容丰富多样。美国观众常常称《60 分钟》是杂志的电视翻版。该节目的总编导唐·休伊特也承认,他是从美国的《生活》画报中汲取了许多有益的编辑手法,借鉴了杂志的长处。

杂志较之广播电视与报纸,不具有新闻的快捷性,但在内容的表达上却有较大的自由空间,以利于内容的深度开掘。此外,杂志的编辑手法灵活,它将内容不同、长短不一、报道手法各异的文章,按栏目的宗旨加以取舍并进行有机的组织,具有多样化特色。

电视新闻杂志节目是一种综合性的新闻节目。由主持人主持,借鉴印刷杂志的编辑手法,把不同的新闻报道样式有机组成一个定期定时播出的综合版块节目。它从形式上突破了单一的新闻体裁的局限性,将消息、专题和评论等新闻体裁融为一体,通过结构的优化组合,克服以往电视新闻节目内容单一的缺陷。这种结构形式,舆论导向易于形成,新闻深度亦有保证,是电视新闻节目趋向成熟,跃上深度报道新台阶的标志。

二、电视新闻杂志节目的基本特征

(一)突出新闻性,发挥综合优势

新闻杂志节目强调"新"与"杂"。所谓"新",就是要突出新闻性和时代感。要及时报道群众所关心的新问题、新事物及社会的热点、焦点;既要讲究时效观念,也要注重针对性。所谓"杂",就是要兼顾社会性、知识性、服务性和趣味性的内容,力求题材内容的多样化,全方位地透视社会生活,注重发挥综合的多功能优势。

美国CBS《60分钟》新闻杂志节目素以内容包罗万象、题材亦庄亦谐、分析深入透彻、背景充分翔实、现场真实记录、态度客观公允、立场旗帜鲜明的节目风格而著称。其报道内容中严肃的新闻题材最为重要,这类体裁通常放在每期的首要位置,此外,每期节目中还会安排一些比较轻松的软新闻报道,成为整档新闻节目中的轻松亮色。①

(二)突出深度报道,注重思想深度

电视的长处在于它的"快报性",视听效果的生动性,能够迅速地、形声并茂地将世界上某一地区发生的事件告知观众。因而,传统的电视新闻更多地停留在"告知"的层次,通常缺乏对新闻事件本身作更深层次的挖掘和剖析。

与电视的"快报性"相比,杂志的优势和特点在于它的"详报性"。它无法也不必与电视等各种快捷的现代传播媒介争时效,当一个热点新闻被其他媒

---

① 汪文斌,胡正荣:《世界电视前沿》,华艺出版社2001年版,第185页。

体沸沸扬扬、争先恐后进行报道时，它则从容潜入新闻的中心和内核，详尽而完整地为读者开具出一本生动的"备忘录"。

电视新闻杂志节目凭借传播手段的优越，兼容杂志"详报性"的长处，对许多老百姓关注的社会问题进行更深层次的采访报道。如果说传统电视新闻有着"只知其然、而不知其所以然"客观报道的缺陷，无法深入报道那些需要进行纵向挖掘和横向开拓的复杂事件，那么，新闻杂志节目则可以把传统电视新闻的不足化为优势，变其短处为自身长处。它以现场抓拍、对新闻事件的深层次挖掘、理性的思考与剖析以及主持人的适时点评，满足了现代社会人们渴望对重大新闻事件和热门话题深入了解的愿望。

（三）突出栏目化

栏目化应包含两层意思，一是有固定的栏目名称、特定的栏目宗旨、内容以及与之相适应的节目形式；二是定时、定量、定期播出。

2001 年改版后的《东方时空》由三个固定栏目组成，其中《东方之子》通过采访社会各路英豪，展示这些人物的高风亮节、真知灼见、业绩与挫折、家庭与生活，通过这些人物的个性情感折射出一个社会、一个时代的精神风貌，并为观众提供多方面的启示、多色彩的感受和多层次的兴趣。《百姓故事》把镜头对准普通老百姓，以纪实手法反映老百姓的生活、思想及其情感，力争在平凡中见惊奇。《时空连线》则充分发挥现代电子技术跨越时空的优势，通过卫星连线，以演播室主持人与在不同空间中的嘉宾之间进行跨时空的交流方式，对社会热点问题进行深层挖掘和剖析。

《东方时空》通过上述三个栏目，将镜头触及社会生活的各个方面，使节目内容涵盖新闻性、社会性、知识性和服务性，发挥了新闻节目传播新闻、引导舆论、影响社会的作用；同时，不同档次、内容风格各异的栏目，可以满足观众多层次、多方面的需求。

（四）充分发挥新闻节目主持人在栏目中的作用

栏目化离不开主持人。栏目化是主持人趋向成熟的标志。在电视新闻杂志节目中，主持人采用口头叙述、现场报道、跟踪调查等多种形式，也可以根据内容需要调用电影、录像、图片、图表等多种资料，这样，打破了电视时空的局限，开拓了新闻报道的广度；对重大新闻事件、社会问题，主持人可采用多种方式介绍新闻背景材料、交代事件发生的来龙去脉、前因后果，并通过对事实的深入剖析和主持人的独立思考，提出新见解和颇有针对性的、富有见地的意见，这样又大大开掘了新闻报道的深度。另外，主持人播报提要、开场白、串联词、结束语,与观众进行"面对面"的交流,拉近了与观众的距离,再加上主持人的个性魅力、风格和才智,使电视传播亲切感人,富有人情味,使观众在双向交流的愉悦中接受正确舆论的引导。可见,主持人在栏目中起着深化、融合、交流和驾驭的作用。因而,确定主持人在栏目中的重要位置,切实发挥主持人在栏目中的作用,是办好新闻杂志节目的一个重要因素。

三、电视新闻杂志节目基本类型

一般而言,将不同题材、不同体裁、不同形式的新闻,采用版块式结构的编辑手法编排而成的新闻节目通称为杂志节目,但是,在电视新闻杂志节目的发展演进过程中,由于播出时段、播出周期以及特定观众的收视需求的不同,电视新闻杂志节目又呈现出几种不同的节目类型。

(一)早间新闻杂志节目

早间电视节目一直是西方国家电视竞争的重要竞赛场。以美国为例,从国家广播公司 NBC 的第一个清晨电视节目《Today》开播后,在 NBC、CBS、ABC、FOX 的美国四大广播网之间的早间电视新闻大战就一直如火如荼地进行着。

中国的早间电视节目在中央电视台《东方时空》开播之后,慢慢改变了中国人早晨不看电视的习惯,之后,央视的《第一时间》、《朝闻天下》、东方卫视的《看东方》等早间新闻节目纷纷出笼,丰富了中国电视早间荧屏。

根据国内外的节目实践,目前世界上流行的早间节目基本分为两个类型,即"生活化的早间新闻杂志"与"纯粹新闻节目",前者的代表是美国三大广播网的早间节目。

美国三大广播网的早间节目为:美国全国广播公司(ABC)的《早安美国》、美国国家广播公司(NBC)的《今天》和哥伦比亚广播公司(CBS)的《早间秀》。早间新闻杂志节目时间长(早晨 7 点到 9 点),划分了很多版块,内容纷繁复杂,不仅涉及时政要闻,而且穿插很多生活服务信息。将这些版块加以归类的话,大致包括以下三种类型:[①]

1.时事新闻型版块:包括各种国内外要闻及报摘新闻等。

2.深度报道型版块:包括人物专访、背景分析等有一定深度的专题。

3.服务信息型版块:包括天气、股市、交通等各种日常服务信息。

---

① 汪文斌,胡正荣:《世界电视前沿》,华艺出版社 2001 年版,第 132～133 页。

总之,早间新闻杂志不仅仅是回顾过去一夜发生了什么,而是要为今天的生活做准备。央视新闻频道的《朝闻天下》等节目具有类似的特点。而《东方时空》的节目定位似乎更适合晚间时段的播出。

(二)晚间新闻杂志节目

晚间新闻杂志节目是一种综合性的、以深度报道、背景报道、新闻分析、现实纪录片等为主的新闻类节目,应该以深入、透彻、完整、全面、多样和引人入胜见长。

中央电视台新闻频道 2006 年 6 月改版后在每周一至周五晚间黄金时段 8：00 到 9：00,推出一档直播新闻杂志节目《360°》。这是一档对当天新闻进行梳理,对最受关注新闻进行深入报道,对最贴近资讯进行集纳的综合新闻节目。其全景式、多方位的深入报道和解析以及对突发事件的快速反应在节目版块构成和内容定位中可见一斑：①

栏目版块	内容与定位
360°扫描	全面搜索当日各类新闻资讯,及时报道新闻快讯。
360°聚焦	1)整合报道重要国内、国际新闻,全面、深入、多角度解读。 2)突发性重大事件现场报道。 3)独家发现或调查性报道,体现公共服务理念。
360°特写	引人入胜的新闻故事。
360°寻人	寻找事件当事人,倡导观众参与。
360°互动	及时报道观众反馈,体现直播拉动力。

晚间新闻杂志节目根据不同播出周期,有日播类(《东方时空》)、周播类(CBS《60 分钟》、中央电视台《中国周刊》、《世界周刊》)、周播二到五次不等。不管播出周期长短,几乎所有的新闻杂志节目的样式一样：可信、老练的主持人与记者联合如实地报道发生的各类新闻事件和人物,提供各种具有冲击力度的调查报告、访谈、特色专栏及新闻人物剖析。

四、关于优化电视新闻杂志节目的思考

电视新闻杂志节目编排灵活,题材内容多样化,信息量大,并突出对重大

---

① 参见 CCTV 央视国际网站。

新闻事件的深度报道。节目一播出，就给观众一种耳目一新的视听感受，受到社会、观众的普遍赞赏。

随着电视新闻的深化改革，如何推动和促进新闻杂志节目的发展；如何进一步完善节目，充分发挥电视新闻杂志节目的综合优势，进一步提高节目质量，是摆在广大电视新闻工作者面前的重要课题。对此，结合对《东方时空》栏目的分析，我们的看法是：

（一）增强系统思想，注重有序结构，发挥综合优势

电视新闻杂志节目作为综合性新闻节目，"杂"是其节目的优势，但若处理不当，优势往往会变成劣势。因为在一次节目中，多个主题、多种内容、使用多种新闻体裁、多种表现形式，最容易导致内容上的堆砌，编排上的杂乱。"杂而乱"、"大杂烩"是新闻杂志节目的大忌。如何能做到"杂而有序"、"杂而有味"呢？

系统论告诉我们，万物皆成系统。系统能产生巨大的效能，而系统有大系统和小系统之分。如果把一期节目看作是一个大系统，那么每个栏目是一个小系统。要正确处理好系统内外的关系，包括节目与栏目、栏目与栏目、栏目与内容之间的优化组合，合理布局，以期达到整体大于部分之和的最佳效果。

讲究系统效应，首先，应注重节目总体构思，明确电视新闻杂志节目的宗旨，并依据这一宗旨，设置多个各具特色的栏目。

作为国家级的大型杂志节目，《东方时空》策划组在进行节目的总体设计时，首先考虑的是：《东方时空》的内容与风格应当是高档次、高品位、具有权威性的、同国家级电视台的地位相适应的。同时，《东方时空》还应具有广泛的社会性，形式应当丰富多彩、生动活泼，对观众具有强有力的吸引力。

可以说，高档次、高品位、大众化是《东方时空》每一个栏目追求的最高目标，无论是《东方之子》、《生活空间》，还是《时空调查》、《时空连线》，无不体现了节目的宗旨和总体风格。四个子栏目，就像四只敏感的触角，互相呼应，精心护卫着主体，为整个节目捕捉各种新鲜信息，使《东方时空》生气盎然，魅力无穷。

其次，讲究系统效应，还应注重栏目编排应富于节奏。

杂志型栏目的编排好比一首乐曲，要有节奏，有起伏，富于变化，以吸引观众。不同的栏目有不同的特色，不同的栏目有不同的时间长度，科学巧妙地编排各个栏目，使各栏目长短适宜，杂而有序，中心突出，给观众带来常看常新的感觉,必将大大提高观众的收视兴趣,增强传播效果。

《东方时空》改版后,节目以《东方之子》、《生活空间》、《时空调查》、《时空连线》的顺序编排,结构错落有致,张弛得当。如《生活空间》节目风格相对较为轻松,处于节目时段中间位置,能起到调节观众收视心理的作用。而《时空连线》作为整个杂志节目的"重头戏"和"压轴戏",其分量不言而喻,观众看后也有思考和回味的余地。

最后,讲究系统效应,还应注重编串艺术,充分利用各种电视技巧或节目主持人的串接,把不同的栏目内容汇成有机的整体。

把不同栏目的内容综合在一次节目中,由于内容的不连贯,容易给观众一种隔、阻、涩的感觉,而发挥电视的优势与特性,利用电视特有的电子手段和技术优势,则可使栏目的衔接自然流畅,既富于艺术性,又富于变化。

CBS 的《60 分钟》节目中始终贯穿一只滴答行走的跑表画面,从整档节目的开头与结尾到每个版块的结束,以及节目中间的时间提示,都用跑表的画面来作开篇和结束,告诉观众一个段落的结束和一则新的报道的开始,也告诉观众节目已经进行了多久,还剩多长时间,通过这一手段来架构整个节目,使得内容不同、风格各异的各个版块在相同的拼接形式下具有整体感。而且,滴答滴答的声音会让人感觉到时间的快速流逝,加快了节目的整体节奏。①

此外,增强主持意识,发挥主持人的编串作用。主持人机智灵活的编串,犹如一根红线,贯穿节目的始终,不仅使栏目间过渡自然流畅,增强了节目的整体感,而且还能引导观众注意节目内容,深化节目主题,甚至还能给节目增添色彩,增加魅力。

(二)培养造就高素质的新闻节目主持人是发展电视新闻杂志节目的重中之重

由主持人主持电视新闻杂志节目,是新闻杂志节目的重要特征。节目主持人是节目的代表,是驾驭节目的"主人"。节目因主持人而形成个性特色,主持人也因节目而提高了知名度。《东方时空》使白岩松、水均益等人随着荧屏走进普通百姓家庭。他们对重大新闻事件、社会问题的报道和评述,以成熟的记者形象出现在观众面前,节目也因主持人的报道、评析而更具真实性和权威性,大大提高了新闻杂志节目的社会影响。可以说,电视新闻节目主

---

① 汪文斌,胡正荣:《世界电视前沿》,华艺出版社 2001 年版,第 191～192 页。

持人对杂志节目的质量有着重要的影响,对节目的成败起着决定性的作用。CBS《60分钟》总编导唐·休伊特认为:"《60分钟》能够成功,一方面在于主持人富有个性,一方面在于节目内容具有深度。"①正如《60分钟》节目,不论其涉及的类如何广泛,报道的风格如何多变,《60分钟》的名字伴随着麦克·华莱士、哈里·里森纳、莫利·塞弗和丹·拉瑟等这样一批闪耀着明星光彩的主持人的声名卓著而深入人心。

作为新闻节目的主持人,要强调参与节目报道的策划、采访、编辑、评说的全过程,而不是局限在只采访或只播讲。由此,新闻节目主持人的工作性质决定了他们必须具有较高的政治理论水平,熟悉党的路线、方针、政策,具有比较敏锐的政治洞察力以及较强的新闻判断力和分析力。面对错综复杂的事物,能及时捕捉有报道价值的新闻线索;面对所选择的新闻题材,能够从思想、理论的高度,以敏锐的洞察力,识别真伪,透过现象看本质,并在深刻剖析的基础上作出明确的判断,形成正确的舆论导向。可见,新闻节目主持人仅仅拥有好的口才、音质和出众的容貌是远远不够的,还必须具备良好的政治素质、心理素质和新闻业务素质。

美国三大电视网在几十年时间里推出了沃尔特·克朗凯特、约翰·钱塞勒、丹·拉瑟、芭芭拉·沃尔特斯等一大批电视明星,他们无一不是记者出身。《东方时空》对节目主持人也提出了高要求。《东方时空》主要筹办人之一、时任中央电视台新闻中心主任孙玉胜认为:"节目主持人尤其是新闻节目主持人,必不可少的就是要做过记者、编辑,如果没有做过记者、编辑,就不可能成为好的电视新闻节目主持人。"《东方之子》制片人时间也认为:"我们不在乎主持人的长相和语音,而是看他本人的编辑、记者经历和学识如何,特别是对事物有没有独到的见解,有没有自己的观点,能否把自己的观点有效地传达给观众,并与采访对象及观众交流起来。"②

因此,《东方时空》推出的是与记者合为一体的主持人。如白岩松、敬一丹、水均益等都当过记者、编辑,他们主持节目,从策划、选题、拟定采访提纲到现场采访,全过程都参与。记者主持人以目击者、参与者的身份深入实地调查采访、追根寻源,并通过对事物多方面的分析、比较,提出独到的见解,使报道具有思想深度,具有认识社会、审视社会的思辨意义。观众是通过主持

---

① 朱羽君,王纪言,钟大年主编:《中国应用电视学》,北京师范大学出版社1993年版,第662页。
② 罗弘道,鹿敏:《东方时空,你在追求什么?》,载《中国广播电视学刊》1994年第3期。

人这一桥梁将整个节目内容化为自己的认识,而杂志节目也因为有主持人作为纽带而与社会、与观众的联系更为紧密。

新闻节目主持人首先必须是个记者,但他又不同于一般的现场报道的记者。记者只驾驭具体的一个报道,而主持人不仅要有采访报道的能力,而且还善于将多个新闻报道进行有机串联,使之融合、协调,突显栏目特色。主持人和栏目总是相连相关的。正如今天的观众,提起水均益、敬一丹就会想到《焦点访谈》,提到白岩松,就会联想到《东方之子》一样。主持人是一个栏目的象征,体现着栏目的形象。节目使主持人的个性特点表现得更为鲜明,主持人的个性魅力反过来又增加了节目的吸引力,但毕竟,主持人应代表节目的公众形象,他个人的风格应该与主持节目的风格相吻合。"敬一丹的端庄、睿智的知识女性形象,水均益的洒脱、机敏地报道国际问题的专家形象,方宏进的探讨社会、经济问题的学者形象等等,而这些个性风格又是和新闻评论节目对新闻事件(事态)迅速反应、凝重思考的整体风格相统一。"①《东方之子》制片人时间认为,新闻节目主持人的最高境界应该是,主持人与节目融为一体,看到这个主持人就好像看到了他主持的那个节目。他代表着他的节目,他就是收视率。

电视发展繁荣呼唤高素质的主持人,新闻杂志节目的发展更是需要一大批各具特色的高层次、高水平的新闻节目主持人。同样,电视新闻杂志节目的开办又为培养造就优秀节目主持人提供了实践阵地。我们相信,随着实践的深入,会有越来越多的新闻节目主持人日益成熟和发展,我们的新闻杂志节目也会越办越好。

---

① 叶子:《新闻主持人评选的思考》,载《电视研究》1996 年第 3 期。

第三篇

制 作 篇

第八章
电视新闻采访(上)

电视新闻采访是电视记者认识客观事物,采集和发掘新闻事实的调查研究活动,也是电视新闻的报道手段之一。

电视新闻采访与报纸、广播新闻采访相比,有共性,也有其个性特点。本章试图在阐述新闻采访共性问题的基础上,探讨电视新闻采访的个性问题。

第一节　电视新闻采访概述

一位叫鲍勃·福尔斯曼的西方记者曾经说过:"笔头功夫差点劲,照样可以当个出色的记者;可是如果不会采访,那就休想当个好记者。"①话可能过于绝对,但却道出了采访之于新闻报道的重要性。

一、采访是电视新闻报道的前提和基础

新闻报道的是事实,没有事实就没有新闻。而采访是获得事实材料的主要手段,是新闻报道的先决条件。这是因为:

---

① 杜荣进等编著:《中外新闻采写借鉴集成》,浙江教育出版社 1990 年版,第 105 页。

第一，辩证唯物主义告诉我们，存在是第一性的，意识是第二性的，存在决定意识，意识反映存在。反映到新闻报道中，则是事实是第一性的，新闻是第二性的，事实在先，新闻在后，新闻报道是客观事实的反映。

第二，就具体报道形成来看，电视新闻报道是电视记者把采访收集来的事实材料转化为画面和声音解说，传播给观众。如果说，报道好比下厨煮饭烧菜，那么采访就像上市场采购柴米油盐。"巧妇难为无米之炊"，没有采访就无法认识客观事物，也就构不成对客观事物的报道。

第三，采访是新闻报道的前提和基础，采访是否深入在很大程度上决定了新闻报道的深度和广度，采访活动的成败直接关系到新闻报道的成败。现在，电视新闻采访不仅深入到社会生活的各个领域，而且，电视记者深入新闻事件现场进行全方位、多角度的采访报道，使得荧屏上出现了众多的如《新闻调查》、《东方时空》等电视新闻深度报道栏目。

综上所述，没有采访，就没有电视新闻节目，采访是电视新闻报道的前提和基础。"新闻是用脚写的"、"新闻是跑出来的"、"新闻是'踩'出来的"，这些都是老新闻工作者的经验之谈。

二、新闻采访的共性与电视新闻采访的个性

电视新闻采访作为电视记者的职业活动，始终贯穿在电视记者对客观事物进行观察和了解、判断其新闻价值以及搜集和选择报道素材、酝酿新闻主题的全过程中。电视新闻采访与报纸、广播新闻采访相比，有共性的一面，也有自己的个性。在共性方面，电视新闻采访和报纸新闻、广播新闻采访一样，都是为了能迅速准确地采集到新闻信息，都需要遵循新闻采访活动的共性规律和基本方法；在个性方面，电视新闻采访与报纸新闻、广播新闻最大的区别就是镜前采访。它把电视记者的采访活动直观地呈现在观众面前，使记者的采访活动由采集手段变成报道、传播的一种表现手法。由此，电视新闻采访兼容了采访活动的共性规律与电视采访的个性特点，两者不可偏废。

(一)采访活动的共性规律

新闻采访的本质是主体认识客体的调查研究，但新闻采访的调查研究又与一般的调查研究不同，它得按照新闻的特性进行，显示调查研究的特殊性。这种特殊性主要表现在：

1. 采访目的

新闻采访的直接目的是为了传播信息，或者说，是为了进行报道。记者

通过广泛的调查研究,把具有新闻价值和报道价值的新闻事实传达给观众、读者,做到上情下达,下情上传,沟通交流。而其他的调查研究目的却有所不同。比如,政策研究部门的调查研究是为了给有关领导部门提供制订或修改方针政策的决策依据;公安部门的调查研究是为了侦破案件;法院的调查研究是为了正确判案,等等。为了达到新闻采访的目的,记者在采访时应注意选择那些领导重视、群众关心、社会普遍存在的新闻事实,以利大众传播。

2. 采访活动方式

记者采访的基本方式是社会活动的方式。新闻事业是一个跟人打交道的行业,记者的采访也常常以个人交往的方式进行。而且,记者与采访对象的交往完全是建立在平等自愿的基础上的,不存在任何行政指令或司法强迫性。在采访中,记者只能以平等的身份与采访对象交流、谈话,不能强制或胁迫对方谈什么或不谈什么。因之,记者只有努力扩大社会交往,广交朋友,多方了解,才能完成采访任务。

3. 采访时效

新闻采访讲究时效,讲究刻不容缓。而一般的调查研究虽然也有时间要求,但较之采访可以宽余一点。曾经从事过相当长时间记者工作的作家刘白羽认为:"在最短的时间作最深入的采访,是记者工作的最大特点。作家可以在一个地方住很长时间,慢慢了解生活。新闻工作则不许记者这样做。"①因此,记者必须具备敏锐的识别事物的能力,具有在最短时间作最深入采访的本领,才能既保证时效,完成采访任务,又尽可能地对客观事物有真实深刻的认识。

通过以上分析,可以看到,新闻采访的性质决定了无论是电视新闻还是报纸新闻、广播新闻,在采访目的、采访活动方式以及采访时效上有它的共性规律。电视新闻采访只有在遵循新闻采访共性规律的前提下发挥自身的个性特点,才有可能取得理想的采访效果。

(二)电视新闻采访的个性特点

电视视听兼备、声画并茂的特性,决定了电视新闻别具个性的采访特点。

1. 采集手段

电视新闻的采访手段较之报纸、广播新闻的采访要复杂得多。文字记者只需笔和笔记本就可进行采访;广播记者携带一个小型录音机可以做录音报

---

① 转引自艾丰:《新闻采访方法论》,人民日报出版社 1996 年版,第 29 页。

道;而电视采访则在囊括了其他新闻媒介采访使用的全部手段——笔记本和录音机的同时,还需要自己的特殊工具——摄影(像)机。电视记者借助现代化电子新闻采集设备(ENG),声画同步地"再现"新闻事件,"记录"记者的采访过程。因此,作为电视记者,必须掌握现代化电子采集技术手段,以确保采访顺利进行。

2. 采访形式

"用以特定背景作衬托的采访作为透露信息,发表见解,进行辩论和表示态度的方式,几乎完全是靠电视发展起来的。"①这里,所谓"用以特定背景作衬托的采访"即镜前采访,是电视新闻采访的独特形式,也是与其他新闻媒介采访形式的最大区别之一。采访形式的特殊性,对电视记者在采访环境的选择、问题的设置及自身的采访形象等诸多方面都提出了更高的要求。有关镜前采访将在第八章作专门介绍,在此不再赘述。

3. 思维方式

电视记者在采访过程中要运用形象思维方式来构思报道,强化屏幕意识。屏幕意识是电视记者所特有的对电视表现手段的认知、思维等各种心理过程的总和。电视新闻不同于报纸、广播新闻,新闻事件的现场、细节、人物表情无需通过文字转述而直接用画面来表现。因此,在采访过程中,一方面要尽力捕捉具有形象价值的画面,同时,要运用形象思维的能力,在头脑中进行"现场编辑",对电视新闻的画面、声音、文字等各类表现元素作通盘考虑,以增强报道的力度。

4. 工作方式

电视新闻采访就整体而言,属于一种协同作战的工作方式。这一点与报纸、广播记者以独立工作为主的采访有很大区别。

电视采访因其表现元素丰富多样,采集手段相对繁杂,故进行采访时要求多人分工协作,各司其职,避免采访中的顾此失彼。一般而言,电视新闻采访小组由记者、摄像、灯光师组成;而大型的采访报道组则由制片、编导、主持人、记者、摄像、灯光师、音响师、技术人员等十多人甚至数十人组成。这种分工协作的工作方式,要求记者既要能胜任自己的工作,又要发扬合作精神,以保证采访小组协调一致,高效率地工作。

多人协同工作的方式使得电视采访由过去的"采摄合一"过渡到"采摄分

---

① [英]罗伯特·蒂勒尔:《电视新闻的采制方法》,中国广播电视出版社1989年版,第148页。

离"，使电视记者能手执话筒走上屏幕进行采访提问、交谈和现场评论。"采摄分离"对于电视采访来说，意义重大。它使电视采访达到了声画同步，不但引出信息，而且促进了记者与采访对象面对面的直接交流和互动。

第二节　采访类型

采访类型是记者为获取新闻事实材料而采用的一系列行为方式的统称。它随着记者采访实践经验的不断丰富和新的技术手段的日益渗透而呈现多样化的发展趋势。

采访类型按形式分类，主要有：等候采访、预约采访、即席采访、跟踪采访、卷入采访、隐性采访；按采访技术分类，主要有：话筒采访、电话采访、录音采访、航空采访、演播室采访、卫星中继采访。下面分别加以阐述。

一、按形式分类

（一）等候采访

等候采访就是记者预知或预测即将有新闻发生，提前到达特定场合等待采访。等候采访要求记者到达现场后，迅速观察、选择好拍摄位置和采访线路，并尽可能地接近重要的新闻人物，千方百计地寻找和抓住进入新闻现场的机会。此外，记者还要有"守株待兔"的精神和超乎寻常的耐心。

中央电视台新闻评论部记者胡向群写的采访纪实《等候》[1]，让我们领略了等候采访的甘苦：

> 自中美知识产权的谈判者进驻北京那天起，各国通讯社、报社及电视台的记者便开始驻扎在谈判所在地——经贸部的大门外。在这些记者中，唯一等候在那里的中国记者便是《焦点访谈》的记者。每天上午9点记者们准时到达大门口，各家摆开自己的阵势，各家施出自己的招数。

> 1995年2月16日是谈判开始的第二天。一大早，我们第一个赶到经贸部……他（指岗哨）睁一眼闭一眼地让我们溜进去。因此，当我们出现在谈判现场时，双方谈判代表都非常惊讶，他们不知道我们是从哪里冒出来，也不知道该怎么办。虽然我们又被一路押送

---

① 孙克文主编：《焦点外的时空》，三联书店1997年版，第40页。

回来,但心里特别得意……

记者的采访实践经验表明,等候采访确实有难度,但只要记者有耐心、信心和恒心,有知难而进的精神,同时在新闻现场灵活机敏,见机行事,那么,那些难以获取的新闻无疑就会成为你的囊中之物。

(二)即席采访

即席采访多用于记者招待会、新闻发布会上的采访。

即席采访的特点在于:它是众多记者采访新闻发言人或权威人士,又是在非常有限的时间内进行的,新闻竞争就显得尤为紧张激烈。如1996年"两会"期间,"重大场次的记者招待会,到处可见记者们穿梭般的身影,甚至连会场的过道上都站满了人。中外记者各逞机智,唇枪舌剑,争抢在记者招待会上显露锋芒。面对会场上如林的手臂,每个人都像是在面临一场考试"①。因此,若要在这场考试中取得圆满成绩,就要练就一手即席采访的本领。

1. 精心设题

即席提问是观众检验记者提问水平、提问风度的"透明窗口",从某种程度上也显示了记者所代表媒体的水平。因而,记者要在选题上下功夫,精心设题,问题要有相当的深度和力度,要敢于涉及一些敏感的领域,触及一些比较尖锐的热点问题。1996年"两会"共举行了18场记者招待会,中央电视台报道组在每一场记者招待会前都做了充分的准备,人人献计献策,对要问的问题反复推敲提炼,因而所提的问题在质量、水平和技巧上都显示了国家电视台的水平。

2. 随机应变

精心设题是提问成功的保证,但临场的发挥和随机应变也是必需的。例如,1996年3月13日,"两会"新闻中心邀请地质矿产部部长宋瑞祥等举行记者招待会,介绍地矿部的"八五"成就和"九五"规划。中央电视台记者霍燕原先苦心准备的题目,意外地被新华社记者抢先给问了。她灵机一动,想起中央电视台去年报道的"小秦岭金矿乱采滥挖严重"一事,便在提问时结合这一事件,请地矿部领导谈谈中央及主管部门将采取什么措施,从根本上解决这一问题以及如何对"九五"可持续经济发展提供资源保证。结果,这一提问获得了好评。《经济日报》在次日头版发表了一篇"新闻发布会速写",题目就叫

---

① 王建宏:《记者群英会,提问见真功——中央电视台参加"两会"记者招待会报道侧记》,载《电视研究》1996年第5期。

《提问见功夫》,文中专门介绍了中央电视台的这次提问。

此外,即席采访往往能够得到意外的重大新闻,记者要能够临场发挥提出问题,还应学会借题发挥。例如,七届人大一次会议的中外记者招待会上,匈牙利通讯社记者问:"以前曾有评论,说你(指李鹏)是亲苏的……对此你有何评论?"另一位记者马上接着问:"你提出的内阁成员名单中很多是留学苏联或东欧的,请问你是怎么考虑的?"后一记者的提问就是借题发挥,把所谓"亲苏"问题更加具体化,促使李鹏总理作出更为详细的解答。

3. 力争提问权

记者招待会、新闻发布会有严格的时间限制。因此,常常轮不上所有记者提问。如何能确保在众多记者如林般举起的手中被会议主持人"看中",这也是"功夫"。中央电视台为了确保在"两会"的记者招待会上提问的成功率,他们所采取的方法值得借鉴。他们往往在会前就开始"公关工作",设法让提问记者能面见会议主持人,进行交谈,然后早早地占据有利地位,再配之以醒目的服装,举手"时间差"(先举手,后放下)等种种方法,把提问权争到手。有时为保证成功率,就派两位提问记者分坐在主持人视线左右,以确保"枪枪响,靶靶中"。

(三)跟踪采访

跟踪采访是记者抓住不断延伸变化的新闻线索,随着事件发展进程所进行的逐步深入的连续采访。这一采访形式多用于正在发展进行中的新闻事件。此外,某些重要新闻人物的行踪、流动性的群体活动以及范围广、头绪多的复杂事件,也大都采用跟踪采访。

跟踪采访是比较常用的方式,尤其是对那些重大的突发性事件的报道,跟踪采访甚至是唯一的比较有效的采访方式。

1995 年 6 月 13 日,香港"东星"轮千万元现钞被劫,由于金额巨大,作案手段严密,劫案震动广东、澳门及香港,引起国内外人士极大关注。案发后,广东中山电视台记者紧紧把握案件侦破的最新信息,实行 24 小时联络,跟踪报道破案的最新进展,成为国内外最早报道侦破此案的电视传媒。在跟踪采访中,记者日夜战斗在第一线,镜头始终追随着案情的进展。从案发后警方开始侦破工作到法院判决罪犯,围绕侦破工作全过程共发连续报道 14 篇,报道以事态发展的流动性和不可知性深深地吸引了观众,充分满足了观众追踪了解重大事态发展的心理和需求。连续报道《广东警方迅速破获"东星"轮千万元劫案》获得 1995 年全国优秀电视新闻一等奖。这也是专家、评委对记者现场跟踪采访能力的首肯和褒奖。

跟踪采访要求记者时刻处于运动状态,顺着新闻事件的发展进程,穷追不舍直至采访到事件终极结果。因此,记者只有凭借"咬定青山不放松"的顽强毅力,才能跟踪采访到富有价值的新闻。

(四)同步采访

同步采访是指记者置身于新闻事件现场,伴随着事态发展进程,边观察、边叙述、边提问、边倾听,采访、报道同步化,是电视现场报道的重要形式之一。

同步采访在时空上同事态发展变化相一致,这种记者在场的即时采访报道对新闻事态的纪录具有强烈的纪实性。其真实性有如亲眼所见,其现场感仿佛伸手可及,令观众如临其境,增强了观众的参与感。可以这样说,同步采访是最具电视新闻特色的采访形式。

同步采访要求记者具有较强的现场观察能力、现场判断能力、现场捕捉能力以及口头驾驭语言的能力。因而,作为电视记者,学习并且掌握同步采访技巧是基本的要求。

(五)隐性采访

隐性采访指在特定的采访环境里,为了弄清事实的真相,隐匿记者的身份而作为一个普通群众去感受、去观察、去采访。这种采访形式也可称为"微服暗访"、"匿名采访"。

西方记者在问题性调查报道中常常使用隐性采访。如美国著名白人记者约翰·格里芬为了摸清美国黑人受歧视的真实情况,把自己化装成黑人,到美国南方调查和体验黑人所遭受的侮辱和歧视,用所见所闻写出了著作《像我一样黑》,对美国的种族歧视作了无情的揭露,轰动一时。

我国记者中也不乏这样的采访事例。如中央电视台的电视述评《触目惊心假发票》,为了让人们认识到伪造、倒卖假增值税发票犯罪活动的危害性以及打击的重要性,记者深入"虎穴",通过隐性采访获取了大量的第一手材料,拍摄下了触目惊心的镜头。

由于电视新闻采访的特殊性,电视记者在现场采用偷拍等采访摄像手法,也是一种隐性采访方法。如浙江电视台周末版有一新闻专栏《目击》,经常采用这一采访摄像方法。

隐性采访完全是在采访对象毫不知情的情况下进行的,故而得到的材料是最真实可信的,因而也最具说服力。但需要指出,运用隐性采访,应强调注意"特定的采访需要",或"特定的采访环境",不可滥用。

(六)体验采访

体验采访,也称卷入采访、参与式采访,是记者亲自体验、感受与采访活动相关的事物,以加深对所报道事物的认识。纪录片《望长城》中,有许多主持人身体力行亲自参与的场面。如,跟民间艺人学习打腰鼓,村头摔跤,徒手爬长城等等。

体验采访通过亲自尝试,感同身受,可以缩短对事物的认识过程。同时,还能消除记者同采访对象之间的距离感,加强了记者与采访对象之间的情感交流。

二、按手段分类

(一)话筒采访

话筒采访是最常见的电视新闻采访方式。动圈话筒、超指向话筒、无线话筒、吊杆式话筒等等,各种话筒具有不同的性能,应用的场合也不尽相同,电视记者应熟练掌握各种话筒的使用技术。

无线话筒是近几年兴起的采访手段之一。它解放了记者的双手,使记者不仅可以用声音报道,也能借助丰富的手势传达出某种信息,加强了与观众面对面交流的感受。同时,它也使记者(主持人)摆脱了话筒线的束缚,加大了记者(主持人)的自由流动度,拓宽了报道的空间。

(二)电话采访

电话采访是利用电话跨越空间距离向新闻事件的有关人士了解情况的采访手段。电话采访最显著的优点是不受空间限制,节省时间,以迅速获取新闻信息。如1997年8月18日,第11号台风正面袭击浙江,台州、温州等重灾区。有部分群众遭洪水围困,有关受灾群众安危的图像新闻不能及时送达。浙江电视台记者便用电话采访了当地领导,把来自重灾区的情况及时传达给观众。

此外,在采访对象由于各种原因而不愿意接受摄像采访的情况下,电话采访也不失为一种有效的采访手段。如《惜哉文化》中对市消防支队队长的电话采访。

可以说,电话采访是记者联络预约、获取线索、传递信息、核实材料、补充采访的有效手段,而且还作为一种报道方式被引入屏幕。但是,电视记者在运用这一采访手段时应注意,对容易造成听觉误差的一些关键字眼要及时追问,强调核实。另外,由于电话采访获得的信息简要而不生动,并且缺少视觉刺激。所以,电话采访不应是电视采访的"长项",电视记者应尽量少"隔岸观火",多亲临现场,获取富有新闻价值的第一手材料。

(三)航空采访

乘坐热气球和飞机在空中采访是电视采访的有利手段。航空采拍是电视报道的独特视角,极大地开阔了观众目力所不能及的视野范围,让观众领略空中俯瞰的视觉感受。

在西方许多国家,航空采访已经成为普遍的手段。澳大利亚广播公司新闻部就备有多架直升机,随时可以调来采拍突发事件,记者也必须学会在飞机上进行口头报道。

现在,一些大型活动的报道,也越来越多地采用航空采拍。如长江三峡大江截流的现场直播报道,中央电视台利用直升机进行航拍,沿长江或作纵向、横向飞行,或在地区上空作环绕飞行,使观众能从空中看截流,将千军万马决战长江的波澜壮阔的宏伟场面尽收眼底。

(四)卫星中继采访

卫星中继采访比电话采访前进了一大步,它可以跨越空间距离,在电视屏幕上实现面对面的交流,在电视屏幕上显示记者与采访对象的图像和同期声,也可以经过特殊编辑插入活动图像。1992年纪念中日邦交正常化20周年活动期间,中央电视台《新闻联播》第一次采用卫星中继采访方式采访了中日双方首脑。同年,对西班牙巴塞罗那奥运会开幕式的报道以及《'92奥运倒计时》节目,中央电视台都采用了卫星技术,直接同境外记者进行对话。

第三节 采访线索

记者发现新闻是从获得新闻线索开始的,外出采访一般总要有一个题目,或者叫线索。完全没有题目、没有线索的采访是极少的。

一、新闻线索

新闻线索是已经发生或将要发生的新闻事实的简要讯息,或者叫信号。新闻线索不等同于新闻事实,它比较简略,没有细节,没有过程,没有头尾,顶多只是一个由头、一个片断。新闻线索是有待于记者去访问和证实的东西。在采访过程实施中,新闻线索提供的信息,有可能被证实并有很大发展,也有可能被否定。

在西方新闻学中,与新闻线索相应的是"消息来源",包括人的消息来源和物的消息来源。美国新闻学家麦尔文·曼切尔在《新闻报道与写作》一书中写道:"消息来源是记者生命的血液。没有通过消息来源得来的情况,记者就无法活动。"①日本记者的采写训条中也将发掘消息来源作为记者采访的第一步。

可见,新闻线索是帮助记者确定具体选题,确定采访走向的事实依据。因此,能否掌握有新闻价值的采访线索,是电视新闻采访成败的关键之一。那么,记者通过什么渠道才能获得有价值、有意义的采访线索呢? 概括起来,主要有六个方面的来源:

(一)党和政府颁发的决定、决议等有关文件以及领导人的讲话

这些文件和讲话可以使记者了解当前政治、经济形势;了解我国的政策动向和要实施的新任务,最近一个时期内将要开展的重要工作,以及这些文件、讲话精神贯彻后可能出现的一些动向。比如,1998 年 4 月 5 日,国务院决定禁止一切传销活动。这个决定颁布后,第一家被中国政府批准经营传销业务的美国安利公司情况如何、那些传销重点地区情况怎样等,都可能成为新闻线索。

(二)有关部门的各种会议活动

会议是新闻线索的宝库。记者平时参加各行各业的会议,要十分注意从各种会议活动中掌握新闻线索。此外,还应和与会者,特别是那些作典型发言的代表广泛接触,机动灵活地去捕捉新闻信息,从中了解和掌握新闻线索。优秀电视评论《桐乡粪桶畅销的启示》,就是记者在浙江省桐乡市采访秋季商品交易会时获得的线索。

(三)编辑部的报道提示

报道提示是对一定时期内的新闻报道的具体要求,它是总体报道思想的具体体现。记者应及时研究,从已掌握的各种情况中找线索。也可根据报道提示的要求去摸情况,开掘新闻线索。

(四)中央和地方的报刊、广播等其他媒体的报道

报刊、广播等大众传播媒介,不仅是播发新闻的工具,也是提供采访线索的一个重要"新闻源"。记者要注意研究中央和地方的报刊、广播电视,了解其他媒介报道的新动向,并在此基础上提出新问题,选择新角度,发现新线

---

① [美]麦尔文·曼切尔:《新闻报道与写作》,中国广播电视出版社 1981 年版,第 180 页。

索。中央电视台《焦点访谈》记者关海鹰就是从《文汇报》上一条简短的社会新闻中发现采访线索,赴杭州进行深入采访拍摄,播发了《关于杭州"弃婴案"的报道》,从法律、道德、伦理方面探讨了弃婴问题。

(五)记者的日常观察

记者在日常生活中要善于观察,勤于思考,在纷繁的社会生活中发现采访线索。古语云:"处处留心皆学问",对于新闻记者来说,"处处留心皆新闻"。记者应做生活中的有心人,要在日常生活中观察各种各样的人和事,要研究和分析各种各样的问题和现象,积累各种各样的素材和知识。有位外国记者曾说过"你要有作为吗? 靠八小时写稿不行,要做二十四小时的记者"。中央电视台新闻述评《不该凋谢的花季——关于部分辍学女童的报道》,源于记者看到深圳街头卖花女均是学龄期的女童这样一种令人担忧的现象,通过追踪采访,揭示女童失学、辍学问题的严重性,并向社会发出呼吁:女童接受教育是受法律保护的。人们应该知法、懂法、依法办事。

(六)记者的新闻信息网

记者通过采访活动广交朋友,建立经常为自己主动反映信息和提供情况的新闻信息网、"消息源"。依靠社会各方面的力量为自己提供线索,以及时掌握有关方面新的情况、问题和动向,这是获取采访线索的最主要渠道之一。反之,处处都靠自己跑,步步都靠介绍信,了解的情况是有限的。西方记者有一句格言:"没有一个记者能够超出他的消息来源。"这在一定程度上表明,记者的采访工作很难离得了新闻信息网的帮助。

当然,除了上述渠道以外,获取新闻线索的方法还很多,重要的在于记者的发现。但判别这些线索是否具有新闻价值,关键则在于记者的新闻敏感。

二、新闻敏感

新闻敏感,是记者发现和判断某一事物是否具有新闻价值的能力,是记者政治水平和业务水平的综合体现。它是记者的基本素养,也是记者必须具备的能力。诚如美国新闻学者约斯特所说:"一个不善于辨别色彩的人,不能成为一个画家;一个不懂得和谐的人,不能成为一个音乐家;一个没有新闻敏感的人,也不能成为一个新闻记者。"[①]记者新闻敏感的强弱,是决定采访成败的重要因素。

---

① 杜荣进等编著:《中外新闻采写借鉴集成》,浙江教育出版社 1990 年版,第 270 页。

新闻敏感的具体表现有以下六个方面：

其一，迅速而准确地判断某一新闻事实在当时历史条件下的政治意义，显示对政治形势的洞察力。

其二，及时判断某一新闻事件是否能引起观众的广泛兴趣和认同。

其三，准确判断某一新闻事实是否具有新意，在全局中的地位以及可能对全局产生的影响。

其四，迅速判断同一新闻事件的诸多事实中哪个是最重要的，哪些是比较次要的。

其五，迅速而准确地判断某个已经报道过的新闻是否能进一步地挖掘，进行更深入的采访报道。

其六，善于从复杂的新闻事实中，辨别事物发展变化的趋势，以增强采访工作的计划性和新闻报道的预见性。

新闻敏感不是灵感，它需要记者在新闻实践中不断提高政治理论水平，注意知识的积累，学会比较的方法，养成分析的习惯。只有这样，才能培养出灵敏的新闻嗅觉。

第四节　采访准备

"凡事预则立，不预则废。"做好采访前的准备工作，能为采访的成功打下坚实的基础。

所谓采访准备，是指为确保采访顺利实施而进行的各项准备工作，这是采访实施的前奏。采访准备包括记者的平时准备和临访准备。

一、平时准备

平时准备，是指记者不以某一次具体采访为目的而作的日常准备。包括理论准备、政策准备、资料准备。

（一）理论准备

记者的采访是一种认识客观事物的社会活动，在这种认识和反映客观事物的过程中，如果没有相应的理论作指导，就难以从宏观上认识事物的本质，难以高屋建瓴地去发现问题、分析问题和解决问题。因此，记者在日常生活中应注重理论修养，尽可能多地掌握与采访领域相关的理论知识，力求客观、准确、高水准地反映客观事物。

(二)政策准备

党和国家的各项方针政策是记者观察、分析、判断具体事物的武器。政策思想不明确,就缺少分析具体事物的标准,就不清楚党和政府在提倡什么,反对什么;也难以判别什么是主流、本质,什么是支流、现象。这样的采访报道自然就缺少针对性,甚至不符合政策。因而,记者要认真学习和掌握党和国家的方针政策,不断提高自己的政策水平。

(三)资料准备

资料可以帮助记者发现事实的新闻价值,可以增加新闻的"厚度",增强新闻的可读性。如果把记者的采访比作登山的话,那么资料可说是记者永不离手的拐杖。"每次采访都是上一次学或上一堂课,采访对象就是老师,而资料,就是记者自编自选的教科书。"①可见,记者要重视有关资料的积累储存。一名好记者,也应该是一名称职的"资料员"。记者积累资料,一般应包括三个方面,一是政治性资料。如党和国家的政策法令以及所从事采访领域的有关规章、条例等;二是知识性资料。如历史、地理知识,以及分工采访的部门、行业的知识、情况等;三是业务性资料。如电视新闻采拍经验、优秀作品评介及有关图像资料等。

二、临访准备

临访准备是指记者在明确采访任务之后,所作的有关这次采访的具体准备。临访准备是否充分,直接关系到此次采访能否顺利进行,甚至对采访的成败起决定性的作用。临访准备大致有以下几个方面。

(一)明确采访的具体目的

采访绝不是信马由缰、毫无目的,任何一次采访都有着明确的目的。采访目的是行动的方向和依据,对于确定采访内容和选择报道角度有重要的参照作用。因此,记者在临访准备阶段,明确采访目的就显得尤为重要。

具体的采访目的并不是凭空而来的,它是记者依据编辑部确定的总体报道思想,根据自己所掌握的新闻线索以及进一步学习与此次采访有关的政策法令,汇集有关材料,在分析思考的基础上逐步明确的。它指明了采访的方向、重点以及达到什么样的传播目的。

---

① 艾丰:《新闻采访方法论》,人民日报出版社 1996 年版,第 348 页。

(二)研究背景材料

记者在采访前,应当从已经成文的、成片的资料中获取并研究此次采访报道所涉及的有关新闻事实的历史与社会背景、现实状况、发展脉络以及相关人物的性格特点、个人爱好、职业生涯、人生观念等背景材料。这样,有助于提高记者对所报道的新闻事实的认识水平,有助于采访报道的深入进行。

我国著名记者艾丰在其《新闻采访方法论》一书中写道:"采访,一定要把采集资料、研究资料的工作放在足够重要的地位",并且认为,"轻视这方面的工作,是许多记者写不好报道……的重要原因之一"[①]。确实,不占有大量的资料并进行认真研究、消化吸收,就不会有记者的独立见解,而没有建立在科学基础上的独立见解,记者的采访报道也就缺乏深度,如同白开水一般令人乏味。

美国哥伦比亚广播公司记者迈克·华莱士自从 1968 年担任《60 分钟》节目主持人以来,先后采访过众多的政界要人,其采访风格影响一代电视记者。华莱士谈到他的采访艺术时说,要搞好一次专访,首先要作大量的研究,这是没有其他办法可以代替的。为了采访邓小平,他读了许许多多有关邓小平的书籍和剪报,并且还同一些见过邓小平的人交谈,了解邓的性格和特点。正是得益于每次采访前对相关背景材料的研究,使华莱士被行家尊称为"提问题专家"。同样,我国一些经验丰富的记者也非常重视采访前的背景材料的研究。中央电视台记者王俊娴在参加"两会"记者招待会报道时,为了准备在会上采访农业部部长刘江,她翻阅了大量资料,写了整整三页的题目。针对美国一家研究机构预测"下个世纪中国每年将需进口粮食 2~3 亿吨"所散布的"谁来养活中国人"的论调,她在提问中以此为引子,巧妙地引出了刘江部长的话题。刘部长用建国以来我国粮食持续稳定增长的事实,雄辩地说明了"中国人能够养活自己"。王俊娴以这一论点作题目所发的新闻,受到了新闻界同行的好评。可见,研究背景资料,也是采访报道的入手点。此外,在采访前研究背景资料还能为创造访问时的和谐气氛作准备。

"一般来说,采访对象如果认为记者对所谈的问题十分熟悉,不必一面谈一面对所有问题都进行一番解释,那么他就可能爽快地、充分地谈。"[②]记者虽不可能是精通各类问题的专家、学者,但应在采访前熟悉了解采访题目所涉

---

① 艾丰:《新闻采访方法论》,人民出版社 1996 年版,第 347 页。

② [美]布赖恩·布鲁克斯:《新闻写作教程》,新华出版社出版,第 72 页。

及的相关知识,便于同采访对象双向交流,以保证采访的顺畅进行。

(三)选择采访对象

采访对象选择得是否恰当、合理,直接关系到采访的效果,影响报道的质量。因为采访对象对问题的回答是构成新闻报道的重要基础。

在采访中,记者是通过访问从采访对象那儿获取报道所需要的方方面面的信息的。提供的信息是否具有价值是衡量采访对象合适与否的标准。因而,采访对象的选择首先应该是具有信息源价值的人物。这些人物主要有三类:一是对某一事件最有发言权的人,如当事人、事件的参与者、目击者等;二是某一方面的专家、权威人士;三是与受传对象地位身份相近似的"自己人",即各阶层的普通百姓。上述人物是最有效力的信息源,体现了采访对象选择应具有典型性、权威性和代表性的基本原则。合适的采访对象不但有助于说明事实,更可以通过他们的采访回答,揭示新闻的深层含义,开掘新闻报道的深度,并以他们身份的权威性、代表性,赢得观众的信赖和认同,获得良好的传播效果。

此外,对于电视采访而言,由于有现场采访的特殊性,所以电视记者在采访对象的选择上还应适当考虑采访对象自身的条件:一是采访对象是否具有较强的语言表达能力。如果采访对象面对镜头或结结巴巴,语言不流畅;或前言不搭后语,语言缺乏条理,都会破坏理想的传播效果。二是采访对象是否具有诚实可信的形象。如果长相猥琐,或说话阴阳怪气,这种形象的不可信性会令观众对其采访回答产生怀疑。反之,采访对象态度诚恳,落落大方,观众自然会观其形而信其言了。当然,上述因素是在多个可供选择的采访对象的情况下发生作用的。有时口才和形象不太理想的人也能起到一些特殊的效果,毕竟紧紧围绕报道选题确定采访对象是第一位的。

(四)考虑访问的时机和访问环境

适当的采访时机和采访场所也是保证采访成功的重要因素。采访时机的选择不当,往往会因为采访对象感觉不方便,或拒绝接受采访,或随便应付几句了事,使采访不能顺利进行,影响报道的质量,削弱传播效果。那么,应该怎样选择采访时机呢?一般说来,选择采访对象认为方便的时机最好。所以,我们提倡,除突发性新闻事件的采访外,采访前应该和采访对象预约时间。

访问场所的选择对电视新闻采访尤为重要。由于电视现场采访是以特定背景作衬托的,所以电视采访不仅向观众传达着某种信息,还传达着某种印象,观众可以从采访地点、环境的展示中获得许多从属信息,加深某种印象,以加强对主体信息的理解,并有助于阐明主题。在优秀专题《矿山小英雄张喜忠》一片中,记者非常注重采访环境的选择:对喜忠及目击者的采访选择在救人的地缝现场;对喜忠父母的采访安排在他贫寒的家中;对邻居的采访则放在村子里……这样的安排,真实可信,具有说服力。

让采访对象置身于真实的现场环境中,往往会使他们因"境"而忆事,因"境"而叙事,其言谈举止才更显真实,更富于感染力。因而,在采访前,应根据采访对象的不同特点,选择不同场合,这样不仅有利于采访氛围的形成,谈话也会更具体、更深入些。

(五)草拟提问纲目

草拟提问纲目,有助于在采访中及时把握采访内容的主线,掌握谈话的进度和方向。

草拟纲目时,要尽可能多地考虑一些问题,不怕问题多,就怕问题少。斯诺在 1936 年去陕北采访时准备了 70 个采访问题。正是如此的有备而来,使他能够深入地了解中国共产党和她领导下的中国工农红军,写出了脍炙人口的《西行漫记》。美国著名节目主持人华莱士也给自己的采访订下了一条规矩:至少在准备好 30 或 40 个扎扎实实的问题以后才去采访。

当然,采访纲目在具体采访实施时并非是不需要更改了,采访时也不应局限在这些问题上,还应听听采访对象说了些什么。如果采访对象的回答内容已超出你的纲目,并且将采访引向更有内涵和新意的方面,那么记者就应该随机应变,临场再设计一些题目。但是,如果事先没有充分准备,临访时是很难提出好问题的。

草拟提问纲目应注意哪些问题,或者说应遵循哪些原则?英国著名电视人罗伯特·蒂勒尔在其《电视新闻的采制方法》一书中对问题设计提出了三个要求:其一,采访者必须搞清自己要从回答中得到哪几个要点;其二,采访者必须肯定自己的提问能使采访对象明白自己的意图;其三,采访者提出的问题能使观众立刻听明白。[①]上述三个要求对我们如何拟订提问纲目是有启示的。按第一个要求,记者在准备问题时,就应该围绕报道主题,抓住重点;按第二个要求,所提问题的含义必须清楚、明白;按第三个要求,记者在提问时要运用简洁、具体、通俗的语言,避免使用晦涩难懂的词句。

此外,记者在草拟提问纲目时,还应注意问题的指向性和程序性。换言

---

① [英]罗伯特·蒂勒尔:《电视新闻的采制方法》,中国广播电视出版社 1989 年版,第 153 页。

之,要注意问题之间递进的逻辑关系,以避免提问支离破碎。如果提问东一榔头西一棒槌,既不利于事实的深入挖掘,在后期编辑时,面对一大堆毫无章法的素材,还会使人感到无从下手。

(六)制定拍摄方案

电视新闻的采访和摄制是分不开的。所以,记者在采访前还应制订拍摄方案。拍摄方案包括确定采访报道的表现形式,选择拍摄现场,考虑画面表现内容。如果有多套摄像机采访,还要设计机位及其运动方向。现场直播还应考虑背景资料的穿插运用。

除了突发性事件,绝大多数的拍摄方案都应进行反复推敲。越是重大的活动,拍摄方案越应周密、细致,尽可能将各种有利的、不利的因素都考虑进去。一套详细周密的拍摄方案是采访成功必不可少的保证。

优秀电视新闻《六年冠军梦,圆梦在津门》(中央电视台),它的成功得力于记者在采访报道前的充分准备。请看:王涛战胜佩尔森后,中央电视台记者在全场观众把目光集中在相拥而泣的中国男队队员时,只用了全景、中景等寥寥数笔,勾画出乒坛健儿为国家争得荣誉时激动不已的心情。随后,中央电视台记者冲出众多记者的包围圈,抢先赶到运动员休息室,采访刚刚走下赛场的教练员、运动员,抓住他们情绪最高涨的时机,用镜头并通过采访回答把蔡振华及其队员激动、兴奋的心情淋漓尽致、真实可信地传达给观众。这篇独家报道于夺魁后第二天播出,在观众中产生了巨大反响。暂且不论记者采访前的其他准备,只要试想一下,如果记者在采访前没有与摄像商量制订具体而详尽的拍摄方案,那么,等他们意识到应赶往运动员休息室时,可能连门都进不去了。

有经验的记者常常会拟定备用方案,以应付采访现场的突变因素、突发情况。这就要求记者在采访前要尽可能设想可能突发的情况和处置办法,一旦发生就能有备无患。

最后,临访准备还应包括器材准备。在采访前,记者应试一试摄像机运转是否正常,检查一下磁带、电池、话筒、灯光是否带齐,电池是否充足了电,等等。与前面所述几项准备不同,器材准备不允许在采访实施中调整、完善,所以在采访前应做到万无一失。

第九章
电视新闻采访(下)

第一节 现场观察

现场观察,即指记者亲临新闻事件发生的现场、新闻人物活动的现场去目击采访,从而获得第一手材料。现场观察,是记者进行采访活动的一个重要手段。记者只有在采访中学会观察、善于观察,才能捕捉到生动、典型、鲜活并有说服力的事实材料。

电视记者除了像文字记者一样以敏锐的观察力收集事实材料外,更应重视通过摄像采访,在新闻事件现场捕捉有价值的形象素材。因而,培养敏锐的观察能力,熟练掌握观察采访的基本功,对电视记者显得尤为重要。

一、现场观察的作用

(一)增强新闻的实证性

现场观察是记者获取第一手材料的基本途径。所谓第一手材料,是指记者直接从他所要报道的事实那里得来的材料。记者和事实本源之间没有任何中间环节,是直接来自原始发源地的材料。

　　"眼见为实,耳听为虚","百闻不如一见"。第一手材料以其无可辩驳的、切实可信的说服力,给人以最大程度的可信感和实证性。正因为第一手材料具有亲眼目睹的实证性,往往成为记者订正和检验第二手、第三手材料的重要手段和途径。因而,现场观察也是保证新闻报道真实准确的一种可靠的采访手段。

　　中央电视台《焦点访谈》曾播出一个节目《收购季节访棉区》。当时记者随内贸部检查团了解部分地区小棉纺厂违反国家规定,私自高价收购棉花的问题。检查团一到,一些小棉纺厂闻讯后,马上停止了自己的违法活动。当地领导也向检查团大讲今年全县如何采取措施,扭转去年违法收棉的混乱局面。记者没有被表象所迷惑,而是进行深入的现场观察,出其不意地来到一个当时没有做好掩饰工作的棉纺厂,拍下了私自收购、加工棉花的真实场面,以事实胜于雄辩的力量,揭露了当地违法收棉活动的严重状况。对此,《焦点访谈》记者叶晓林在谈批评性报道的采访技巧时说:"记者必须通过各种方法排除障碍,拍摄到真实、生动、具体的第一手资料。"①而真实、生动、具体的第一手资料的获取,来自于记者深入现场的观察采访。

　　(二)增强报道的感染力

　　记者通过现场观察,可以捕捉到生动典型的形象材料和有声有色的细节,从而增强报道的感染力和说服力。

　　电视新闻《特殊的"推销员"》,报道的是在'96上海全国商品交易会上的浙江省副省长叶荣宝。全片没有副省长居高临下的指示,没有泛泛而谈的说教,随着摄像机的跟踪,展示的是一个个场景与细节:她要求把展台整理得清楚一点,为企业即兴编广告词,以现身说法推销空调器等,这样,一个有责任感、平易近人的公仆形象跃然于屏幕上。报道有血有肉,真实生动。如果记者没有敏锐而细致的现场观察能力,不用全副身心去捕捉、去采访,那么,展示在我们面前的也许只能是以往我们在屏幕上司空见惯的领导走走看看、视察工作的那种抽象化的新闻报道。同样,浙江电视台的另一则新闻《李泽民参加西险大塘劳动》,里面有这样一个特写镜头:省委书记用自己的衣袖擦去满头的大汗。这个细节也许有些不太雅观,但给人以自然和谐的真实感。这种真实感一定会引起观众的联想和激动,可以说,这一点睛之笔使报道有了更多的人情味,更强的感染力,这得益于记者敏锐的观察力和捕捉力。

---

　　①　叶晓林:《批评性报道的采访技巧》,载《电视研究》1997年第2期。

(三)激发记者的报道激情

深入现场观察采访,火热的生活和激动人心的场面会使记者产生激情,从而迸发出报道的冲动。

生活是创作的唯一源泉,而情感,应该是创作的唯一动力。成功感人的作品不仅要有感人的素材,还要有作者的激情。德国诗人歌德曾说过:"只有对自己所表现的东西怀着深情的时候,你才能淋漓尽致地去表现它。"电视新闻节目创作也情同此理。中央电视台优秀专题《三军战三江》,展现在人们眼前的是一幅幅气壮山河、气势磅礴、激情充沛、震撼人心的抗洪救灾画卷。人民解放军那惊天地、泣鬼神的英雄壮举深深地感染了记者,激励他们用真情捕捉抗洪救灾的动人场景,满腔热情地投入拍摄和制作,让观众既领略到片中恢宏的气势、昂扬的激情和时代的主旋律,又感受到军民同呼吸、共命运、心连心的鱼水深情。

电视新闻反映的是与人们休戚相关的现实生活,这就不可能不带有真情实感。因此,电视记者应该时刻把人民挂在心中,枝叶关情,满腔热情地投入生活,深入现场观察,才能赋予新闻作品以强烈的情感震撼力,从而引起观众的共鸣和深思。

(四)加深对事物的认识

现场观察,是取得对事物感性认识的必由之路,而从感性认识提高到理性认识,是符合人们的认知规律的。现场观察,有利于加深对事物的认识和理解。

美国著名记者哈里森·索而兹伯里 1984 年来我国采访当年中国工农红军万里长征的事迹。他先是访问了不少老红军,并阅读了大量的历史资料,但对当年红军克服重重艰难险阻、勇往直前的无畏精神,依然感到理解不深。于是,他决心沿着当年红军长征时走过的路进行实地考察。在两个多月的时间里,穿越 6 个省,行程 11500 公里。当他完成这次长途采访回到北京接受我国记者访问时,兴致勃勃地谈起他在当年腊子口战场实地考察的情景:"你只有来到腊子口天险的悬崖峭壁面前,看到此情此景,脑子里才能重现当年红军冒着敌军枪林弹雨攀登绝壁的情景。如不到现场观察,这是难以置信的……"说着,这位 76 岁的老记者又激动地挥着手说:"不,我无法向你们说真切。你们必须亲眼去看,你们才能了解这些战士所表现的勇气和无畏精神。"①

索尔兹伯里的采访经验告诉我们,记者只有亲眼去看,也即通过对现场的观察了解,才能有自己的感受与见解,对事物的认识才能深入,报道也才能深刻。

此外,在一些无法进行访问采访的情形之下,惟有现场观察才能获得新闻素材,成为采访的唯一有效手段。比如,1997年6月30日,有关最后一位港督彭定康离开港督府及查尔斯王子等乘船离港回国的现场直播,由于特殊原因,记者只能凭借现场观察向观众作些描述性的解说。同样,在《收购季节访棉区》一片中,记者来到一个非法收购棉花的黑窝点,这里人去房空,找不到采访对象,怎么办?这时,我们看到记者的现场观察力发挥作用了:桌上一只正冒着热气的茶杯和椅子上搭着的衣服;当一位姑娘进到院里,自称是来玩时,镜头又不失时机地对准了她头上的一朵棉花。观众从这些细致入微的镜头中,能自然而然地想象出这之前非法收购棉花的情景。

总之,观察与访问一样,都是记者必须熟练掌握的基本功。电视记者应该在采访实践中不断摸索,学会观察,善于观察。

二、如何进行现场观察

观察是用眼睛采访,但有眼睛不一定会观察。艺术大师罗丹说过一段极有启示的话:"所谓大师,就是这样的人,他用自己的眼睛,去看别人见过的东西,在别人司空见惯的东西上,能够发现美。"②记者的观察,无疑也应当练就大师的这种眼力,对事物具有强烈的洞察力和理解力。

记者如何进行现场观察,具体说来,应注意以下几个方面的问题。

(一)观察的内容

记者亲临新闻事件现场观察采访,观察的内容大体有两个方面。

一是对物的观察。它包括现场的环境、布置、气氛及其景象等。也就是通常所说的现场场景。例如,山西电视台电视新闻《南浦、南原两村党支部作用不同结果不同》,记者的场景观察非常细致,镜头刻画入木三分。请看,展现在我们眼前的南原村,是这样一幅幅画面:破烂的党支部办公窑洞,破窑洞顶端一个露天的大窟窿,窑洞内破烂的桌凳以及合作社的牌子,残破不堪的

---

① 转引自杜荣进等编著:《中外新闻采写借鉴集成》,浙江教育出版社1990年版,第182页。

② 同上,第194页。

南原村村貌。这组场景镜头有力地说明了南原村党支部领导不力,形同虚设。

二是对人的观察。它包括人物活动及人物特征。诸如表情、手势、眼神、对话等等。人是新闻报道的主体,现场气氛除了用场景烘托外,主要是靠人物的活动和语言来表现。那种见物不见人、干巴巴的工作总结式的报道只会令观众望而生厌。例如,中央电视台电视新闻《天安门广场竖起"中国对香港恢复行使主权"倒计时牌》,记者的观察视线除了倒计时牌的揭幕,就是现场参加揭牌仪式的数百名群众。在片中我们看到,天安门广场大雪纷飞,银装素裹,数百名群众静候在历史博物馆门前。当遮盖在倒计时牌上的巨幅红绸徐徐落下,中国对香港恢复行使主权倒计时开始时,在场人们的表情十分激动。接着,记者通过现场采访参加揭牌仪式的人们,纪录了此时此刻他们的真情实感,表达了他们对 1997 年香港回归祖国的企盼和信心,反映了全国人民的共同心愿。由于有了人物及其活动,使得这条新闻场面活跃,气氛浓厚,情绪饱满,非常好看、耐看,给人留下深刻印象。

(二)观察的方法

电视记者到了新闻事件现场后,应该如何进行观察,如何采集富有新闻价值的东西呢?

1. 宏观扫描与微观细察相结合

宏观扫描是指对事物的整体性轮廓进行全景式观察,以此了解事物的概貌和面上的情况。而微观细察则是指对事物进行深入精细的观察,以捕捉最有特色的典型事例和具有新闻价值的生动细节。

鲁迅曾说过:"譬如身入大伽蓝中,但见全体非常宏丽,眩人眼睛,令观者心神飞越,而细看一雕梁一画栋,虽然细小,所得却更为分明,再以此推及全体,感受遂愈加切实。"[①]这段话形象地说明了宏观扫描与微观细察的统一性。事实上,只有对事物进行多侧面、多角度的观察,事物才有立体感,它不仅使记者在进行新闻报道时能掌握报道的分寸,防止片面性,而且还是获取新颖独特的新闻视角,发掘重大而深刻的新闻主题的必由之路。特别是报道一个大场面的新闻事件,更需要纵横透视、点面结合。

优秀新闻专题《三军战三江》,其中,既有宏观扫描:"天泼雨,雨撼地,天地混沌,浊浪滚滚;灾情重,将士急,三军齐动,共赴险区"。表现出人民解放军官兵在危急时刻置个人生死于不顾的英雄行为和不屈斗志;也有微观细

---

① 转引自杜荣进等编著:《中外新闻采写借鉴集成》,浙江教育出版社 1990 年版,第 193 页。

察:"他们睡了——他们太累了,近 30 个小时连续奋战之后,他们就这样头枕大江洪涛,背靠万家安宁,在大堤上走进军人的梦乡"。大水终于退去,大军即将撤离,但救灾官兵还在继续着另一种战斗:"他们为街道清除上千立方的淤泥,还城区面貌整洁;为工厂接通电源,使车间机器轰鸣;为城市修复通信电缆,让灾民向远方的亲人报一声平安……"宏观中现精神,微观中见真情,宏观微观相结合,展现军民生死相依的鱼水深情。

2. 观察与思考相结合

记者的观察,不仅要用眼,更要用脑,要把观察到的事物和现象加以理性的思考和分析,以透视事物的本质,从而使新闻报道具有更广泛、更深刻的社会意义。

事实上,观察与思考,从来就是相辅相成、互为补充的。观察是基础,观察现场有利于思考。但观察又要在思考的指导下进行,离开了思考的观察则缺乏深刻的识别力,难于在现场发生的事件中或人物活动中捕捉到本质的、富有新闻价值的信息。所以说,观察实际上是记者用敏锐的新闻感觉去打量、洞察他所采访的事件和人物以及涉及到的环境和现场。

河北电视台新闻《儿童节不见儿童片》,就是记者靠敏锐的新闻观察力抓到的。在采访"六一"节庆祝活动的途中,记者无意中看到在影剧院高高悬挂的"热烈庆祝六一国际儿童节"的大条幅下,一个个渲染恐怖、凶杀、武打、色情内容的影视预告牌上,都以醒目的大字煞有介事地注明:"儿童不宜观看。"记者通过这一典型事例,以理性的思辨揭示了"全社会都应重视教育,关心下一代健康成长"这一深刻主题。生活中,我们每个人碰到的、看到的东西都不会少,但缺少的是发现。而发现,则需要一双善于洞察事物的眼睛。

(三)观察与询问相结合

记者的观察还应和询问密切配合。观察可以为询问提供材料,询问可以深挖、印证、核实观察到的材料。一个人亲眼能够看到的东西毕竟有限,"事必亲历"事实上也不可能做到,而且有时候看到的东西不一定都是真实的(真能反映事物本质的)。这一点,著名新闻记者邹韬奋为我们作出了表率。他在采访中特别注重口问目察,有一次在瑞士作旅游考察,他曾"跑了三个小时走了不少的山径",找到中国公使馆,把他在瑞士各地看到的情况向秘书请教,以检验这些事实的真实性。

在电视新闻实践中,也有许多成功的新闻报道依赖的是现场的细致观察和及时的询问。例如,电视新闻《市府门口的又一次咨询活动》(浙江慈溪广播电视台),记者在紧靠市政府大院的市人民大会堂门口举行的为配合《中华人民共和国种子法》正式实施的宣传活动中发现,从上午8点半到10点半的两个小时里,共接待了13位咨询者,而这13位咨询者中只有4位是农民,于是有了下面的采访:

农民:我不晓得有咨询活动。看到这里有横幅挂着才来看看,是路过的。

现场工作人员:人少?人少也不要紧。只要你们电视台等媒体能够在全社会播一下,有个印象就好了。

市人民大会堂工作人员:因为这里地点好,前面是市政府,后面是市政府招待所,这里又是大会堂,来往的人比较多,领导干部走来走去,到招待所去开会都经过这里。

正是由于记者在现场的细心观察,并及时地转入询问,从而将活动组织者走形式、走过场的心理揭示得淋漓尽致,也使新闻的主题得到了很大的提升。

(四)观察与其他感官体察验证相结合

记者在现场观察时,应以眼为主,五官并用,协同作战,充分调动视觉、听觉、嗅觉、触觉等多种感官作用,向观众传达丰富的信息。这就是新闻界流行的所谓"全感采访"、"立体观察"。

如《矿山小英雄张喜忠》(太原电视台)中,记者来到救人现场,先是用眼观察,又用扔石头的办法利用听觉探测地缝的深度:

(记者在现场报道):观众朋友,这就是张喜忠救出幼儿龚喜喜的那条地缝。从画面上我们可以看出,这条地缝的宽度,窄的地方有20公分,宽的地方不到30公分,长度越过了整座山,大概有1000多米……往下看黑乎乎的什么都看不见,深不可测。

记者:都先别说话,扔块石头听听……好像能听到往下滚的声音,根本听不到落底的声音。

中央电视台"新闻调查"栏目播发的《污染事件发生前后》,是有关云南省热带作物科学研究所橡胶种质资源库被周围八家砖厂严重污染事件的调查,为了表明污染的严重性,记者除口问目察外,还将难以用画面和音响传递的嗅觉感受,通过语言传达给观众。如:

(画面)记者站在橡胶林里,背景是一家正在冒烟的砖厂。记者(解说):"现在我站在这里,能闻到一股刺鼻气味……"

一个出色的电视记者，他们的所有感官几乎无时无刻都在积极地工作着，去吸收和摄取有关这个事件的各种信息，以向观众传达尽可能多的、有利于主题表述的信息。

第二节　现场采访提问

电视新闻采访是电视记者屏幕外的采访活动与屏幕前的现场采访的有机结合。

电视新闻屏幕外的采访是与报刊、广播记者相通的共性化的采访活动，遵循新闻采访活动的共性规律和基本方法；而屏幕前的采访，是具有电视特色的个性化采访活动，体现了电视视听兼备、声画并茂的现场纪实性的最本质特征。

本节要讨论的是有关电视记者的个性化采访活动，即电视新闻现场采访。

一、现场采访

现场采访，指电视记者在新闻事件现场，面对摄像机，对新闻当事人或有关人士进行的采访提问。通常亦称镜前采访、电视采访（狭义）。

现场采访，使电视新闻的采访活动最大限度地发挥电视媒介的独特优势，极大地拓宽了新闻采访活动的外延内涵。以往的新闻，无论是报纸、广播还是传统的"画面加解说"的电影模式的电视新闻，采访仅仅作为一种新闻的采集手段，新闻报道的是采访的结果。现场采访，把记者的采访活动推到屏幕上传播给观众，观众看到的不仅是采访的结果，而且是采访的全过程。显然，在现场采访中，采访活动既是为了搜集材料、调查事实、印证问题，是作为新闻节目内容的采集手段发挥作用的；同时，它又作为一种新闻节目内容的表现手法。在这里，记者的提问和采访对象的回答，都成了新闻的组成部分，采访本身就是报道。所以，记者的采访活动又成了一种报道手段。

现场采访，通过屏幕将记者的采访活动一览无余地呈现在观众面前。同时，也将采访空间、环境、氛围、情绪直观形象地传达给观众，既增强了新闻报道的真实感、现场感，又提高了新闻传播的可信度。因而，现场采访已成为电视新闻的特色与标志。

更值得一提的是，现场采访实现了电视传播中人本化的传播方式。现代电子技术使得电视新闻能够充分发挥电视人际交流的特性，利用面对面的人际交流状态来传播信息,"在面对面交流的情况下,有可能刺激所有的感官并使交流的对方同这种全身心的交流相呼应。""面对面的交流,在其他条件相同的情况下,应该能够传达更多也更全面的信息。"①电视记者的出镜采访,使得电视的报道充满了鲜活而具体的"人"的个性,使观众的收视过程恢复为最原始的也是最具传播效力的人际传播。

此外,现场采访还在很大程度上改变了电视记者的传统形象。以前的电视记者几乎是"幕后英雄",其主要职责是采访拍摄新闻和撰写新闻稿,很少出现在屏幕上。今天,越来越多的采访活动改为在镜头前进行。我们的屏幕上日渐涌现出一批具有较强新闻采访能力的"电视明星",如高丽萍、赵薇、白岩松、水均益等等,观众无一不是通过屏幕上看得见的采访活动认识他们的。

中外电视新闻实践表明,成功的现场采访是屏幕后的采访和屏幕前的采访的最佳结合。换言之,电视记者只有在对新闻事实作大量调查研究的基础上,才能成功地驾驭现场采访。因而,现场采访通常以先期进行的屏幕后采访作铺垫,其中包括静态采访的准备工作以及到新闻现场的动态采访过程中的调查分析。所以,对于电视记者而言,既要有认真严谨的屏幕后调查研究的本领,又要有熟练驾驭现场采访的能力,尤其是掌握一套灵活多变的提问艺术技巧。

二、现场采访提问

现场采访主要是通过记者与采访对象交谈的方式来传递信息的。现场采访能否取得好的效果,涉及的因素很多。其中,如何让采访对象依据采访者的意图回答问题,是现场采访能否成功的关键,而采访者提问水平的高低又是现场采访能否成功的决定性因素。

提问,是电视新闻采访中的一个重要环节、主要方式。它是一门艺术,也是一门学问。在现场采访中,成功的提问,三言两语可引发出丰富多彩的回答内容,并达到反馈信息与发送信息的高度和谐统一。相反,如果不善于提问,不仅得不到有价值的新闻素材,还会给采访对象带来不愉快,出现"话不投机半句多"的尴尬局面,以至让观众着急甚至反感。因之,要成为一名合格的电视记者或节目主持人,一定要研究和掌握现场采访提问的要领和基本技能。

---

① [美]威尔伯·施拉姆,威廉·波特:《传播学概论》,新华出版社1984年版,第123页。

(一)找准提问基点

要得到高质量的回答,必须提出高质量的问题。有些记者在现场采访中,往往只会提一些"你有什么感想"这类大而空的老问题。这除了采访记者缺乏想象力而又懒得动脑筋外,关键是提问的目的性不明确。要提出高质量的问题,首先必须明确提问的目的,也就是要找准提问的"基点"。有了这个基点,记者才能提出具体的、有针对性的问题。

现场提问虽然千变万化,各不相同,但主要目的或提问基点一般都出于以下几个方面。

1. 验证"何事"

验证"何事",是通过提问,借新闻当事人或有关人士之口,对新闻事件给予证实。例如,电视新闻《我国首次从大陆性病患者中发现艾滋病毒感染者》一片中,中央电视台记者就此问题采访了全国艾滋病防治组组长曹庆。采访中,记者提的第一个问题,即属于这类问题:

> 记者:据了解,北京市某医院从性病患者的血清中发现了一例艾滋病毒感染者,不知有没有这回事?
>
> 曹庆:是的,是有这回事情。患者男性,是北京市副食品商店售货员。他曾经在医院看病时,诊断为二期梅毒。这个医院从梅毒病人的血清中进行艾滋病病毒抗体阳性检查,发现他的血清为艾滋病病毒抗体阳性。这是我国大陆性病患者中第一次发现艾滋病病毒感染者。

又如,获奖新闻《这样收费合理吗?——关于大连站车票问题的报道》(中央电视台),当记者得悉乘客在大连火车站购票需多付 40 元钱的附加费后,为查明真相,来到了北京站,采访了从大连来的乘客,以证实所要报道的事实。

> 记者:你是从大连上车的吗?
>
> 乘客:对。
>
> 记者:你买的票是不是有点附加费?
>
> 乘客:有附加费,40 元钱。
>
> 记者:40 元钱,都有是不是?
>
> 乘客:听说都有。
>
> 记者:是开的旅游发票吗?
>
> 乘客:是。

(记者出示一张发票与乘客对照)

记者:是不是这样的?

乘客:一样的。

从上述两例中,不难看出,验证"何事",其实是通过记者的提问、采访对象的回答,告诉观众发生了什么事。

2. 探问"何因"

探问"何因",是通过提问了解新闻事实发生的原因,即"为什么这样做"、"产生的原因是什么"的问题。这是在采访实践中运用得比较多的问题。例如,浙江电视台获奖新闻《全旺乡农民贴对联》,记者在现场抓住农民贴对联这一线索,围绕农民为什么要给干部贴对联这一问题,顺藤摸瓜,揭示主题:党员干部只有和群众同甘共苦,才能得到群众的理解和拥护。

(解说词):12 月 1 日,是衢县全旺乡秋粮收购的第一天,一大早就在全旺粮站发生了一件新鲜事。几位卖粮的农民给全乡党员干部送来了一副对联。上联是:笑声喊声称赞声声声入耳;下联是:急事难事大小事事事关心。横批:群众欢迎。

记者(采访群众):为什么要贴这副对联?

群众:因为现在干部和过去不一样,他们自己田不种,帮助我们抗旱浇水。

又一群众:村里领导和乡里领导都下来帮助我们抗旱。设备没有,领导到外村去借。劳力不够,领导组织力量把田种下去……

记者通过现场采访问答向观众提供背景情况,把"过去时"的一些难以再现的事实和不易表现的思想观点,从采访谈话中适当地报道出来,使观众了解新闻事件产生的原因。同时,还能起到深化主题的作用。

3. 寻求"何法"

寻求"何法",是通过采访新闻当事人或与新闻事件有关的人士,对那些尚未解决或来不及实施处理的问题,以答问的方式提出解决问题的方法。例如,电视新闻《我国耕地人口的承载力处于临界状态》(中央电视台),通过专访的形式,提出问题,专家、权威直面观众,陈述现状与对策。

(在陈述了我国耕地的危机现状以后)

记者:能不能用开发新的土地资源来解决人口和土地的尖锐矛盾呢?

国家土地局局长王先进:建国以来我们一直在开荒,大概一共开了 3.77 亿多亩;但是建国以来我们减少了土地 6 亿多亩,这样增减相抵,还净减少了 2 亿多亩。现在我们还有能开的土地大约 5 亿多亩,其中能做耕地的也只有 1.2 亿多亩。所以,通过开荒这个途径想解决中国人的吃饭问题是办不到的。

记者:那么解决人口与土地的矛盾还有没有其他的办法呢?

王局长:这个问题只有采取综合治理的办法。我看首先应该向全国人民进行国土观念教育。要告诉广大干部、群众,我们是人多地少,要十分珍惜和利用每一寸土地;再一个恐怕是要严格控制人口……所以,一定要严格控制人口。如果人口能控制在 15 亿或者 16 亿,我们的日子就好过了。

又如,电视新闻《锲而不舍,绿我神州——中央领导参加植树》(中央电视台)中的提问,也是基于寻求"何法"。

记者:总书记,我想提个问题,就是说,现在全民义务植树已经以法律的形式确定下来了。但从全国的情况看,参加义务植树的人数和植树的数量都没有达到法律的要求。对这一问题你看应该如何解决?

江泽民:一个是靠宣传,必须把植树造林、为子孙后代造福这个问题讲清楚……我们中国的面积比较大,但如果我们不锲而不舍,水土保持不住。主要要抓紧宣传……

需要指出的是,记者寻求"何法"的问题,应考虑采访对象的权威性。上述两例,有关土地问题采访国家土地局局长,有关提高全民植树意识,采访总书记,由他们提出的对策自然是具有权威性的,令观众信服。

4. 了解"何议"

了解"何议",是记者以问答的形式将观众对新闻事件的看法和权威人士的点评客观地报道出来。它一般用在社会上反映强烈而群众又比较关心的"焦点"、"热点"问题上。记者通过采访,对新闻事件进行大众评说、专家点评,实现舆论的引导。大众评说具有代表性,专家点评具有权威性。例如,电视新闻《一脚油门踩到底》(海南电视台),报道了海南省在全国率先推行交通规费的征收改革。那么,这项改革究竟好不好? 司机们是否欢迎? 它有什么意义? 带着这些问题,记者首先采访了两位司机:

记者:师傅,你从哪里来?

司机:长春。

记者：请谈一下在海南驾车有什么感受？

司机：海南在加油的同时，就征收了所有的交通费用。岛内行驶一脚油门踩到底，畅通无阻，是我最大的感受。从长春到海南途经七八个省市，经过关卡三十多个，占用了我们大量的时间。

海南司机：简化手续，撤销所有关卡，节省了我们大量的时间，运输能力比过去提高差不多一倍。

在司机们对这一改革举措交口赞誉之后，记者又转而采访了海南省交规费征稽局局长陈福华，请他从征收部门的角度谈谈实行这项改革的好处。陈局长提纲挈领、言简意赅地讲述了这项改革举措的种种便利和优点。通过采访介绍，为全国推行这项大胆而又有实效的改革树立了成功的典型。

又如，《这样收费合理吗？——关于大连站车票问题的报道》，在验证了确有其事之后，记者又就如何看待大连站多收费的问题，分别采访了其他乘客以及列车长，又在后续报道中采访了铁道部运输局副局长。

（记者采访另一位乘客）

乘客：这个价钱怎么比卧铺票本身还贵呢？让人理解不了。

（记者采访其他乘客）

记者：你们几位怎样看待这一问题？

乘客：这有点太坑人了，手续费 5 元、10 元还可以理解。40 元钱，卧铺票才 70 元嘛！全国来讲，可能只有大连这样干！

（记者采访 82 次大连至北京列车车长）

记者：你觉得这种情况合适吗？

车长：上级有什么指示我们不清楚。如果上面有什么指示，我们就照办。没有的规章制度我们也不执行。别人为什么这样做，我们也不清楚。

（记者采访铁道部运输局副局长）

记者：您对这个问题有什么看法？

副局长：我认为这种做法既不合法也不合理，必须坚决制止。铁道部曾经三令五申，要制止这些不合理的收费。

通过大众评说，还有助于增强受众的参与意识，改变了以往记者怎么报道，受众就怎么接受的"一家之言"的信息传播方式，实现了最广泛的信息沟通交流。

（二）掌握提问要领

现场采访时间极其有限,现场出现的情况千变万化。要在较短的时间内使采访对象愿意谈并且能谈出有价值的内容,除要遵循问题设置的基本原则外,记者还应掌握提问的基本要领。

1. 提问要具体

现场采访因时间所限,一般不宜提大而抽象的问题,而要提具体的能使采访对象直截了当、简明扼要回答的问题。那些诸如"请你谈谈"、"你有什么感想"、"你此刻的心情如何"等等庞大而笼统的问题,其结果或使采访对象不知所云,或泛泛而谈,言不及义,达不到记者期望的目的。中央电视台新闻节目主持人敬一丹在新闻采访实践中体会到:"要让采访过程顺畅,就得要有到位的问话,就像俗话说的:这话问到点儿上了。这是我们要追求的境界,而横在这境界面前的一大天敌,就是这句'请问你有什么感想?'"她认为:"这句话在制造着屏幕上的苍白,也在培养着采访者的懒惰。懒惰则又一遍遍地复制着屏幕上的苍白。"[①]所以,敬一丹就给了自己一个约束:采访时不许问"请问你有什么感想"。

提问要具体,要求记者提问口子要小。只有问得具体明确,才能得到具体明确的回答。1993年"两会"召开期间,中央电视台记者采访了新当选的总理和副总理。这本来是一个很好的采访选题,但记者现场采访的功夫不到家,或许由于准备不充分,或许过于紧张,缺乏自信,提问不太得体,问题不到位。例如,采访李鹏总理时,她最后一问是:"你有什么希望?"问题提得太大,让人无从回答。幸而李鹏总理反问一句:"对哪方面的希望?"采访才得以进行下去。相反,在电视评论《无法掩盖的罪恶》(中央电视台)中,记者为了证明日军在撤离中国时,留下了数量惊人的毒气弹这一无法掩盖的罪恶,在当年毒气弹掩埋点采访当年运输过毒气弹的老工人刘立爱。记者问:"您那个小队是负责运输的吗?""运了多长时间呢?""天天运?""一天能运几趟?"记者的这些问题非常具体,采访对象很容易回答,即使是一个知识水平有限、接受采访经验并不丰富的人也容易作出令人满意的回答。

提问具体,不仅便于采访对象作出明确简要的回答,还能通过具体的问题引发出生动、有特点的细节。例如,中央电视台新闻《来自地下600米的报告》,是反映人民解放军支援国家经济建设成就的报道,片中记者在井下那段

---

① 敬一丹:《给自己一个约束》,载《电视研究》1997年第2期。

现场采访就较为成功。

（施工现场采访战士）

记者：你在井下干几年了？

战士甲：三年了，一当兵就在这儿干。

记者：有什么想法吗？

战士甲：没啥想法，就想早点完成工程，国家能多生产点镍了，我也该复员了。

记者：洞子打通了，你第一件事想干什么？

战士乙：就想回家看看我的父母。

记者：你呢？

战士丙：想看看镍是什么样子。

多么朴实生动，战士的话语与地下 600 米的施工现场形成了极其鲜明的对比：一方面战士们为国家经济建设没日没夜地干；另一方面，战士们没有一丁点儿要求和奢望，纯朴真诚，似乎这一切都是他们应该做的。而这一生动典型的细节正是通过具体的提问才挖掘到的。

当然，提问具体，并不等于琐碎。记者在提问时，应把自己对客观事物的了解，化为人们普遍关注的能激起对方兴趣的具体问题，做到具体和概括的统一。

2. 提问要简明

这是指记者的提问本身就要简洁明了，要令采访对象和观众一下子就能听明白。如果提问过长，采访对象会记不住，听了后头忘了前头，抓不住问题的核心，回答自然不会尽如人意。相反，简短明了的提问，采访对象可以毫不困难地回答，用不着费劲思考、修饰、选择、做作。例如，电视新闻《农机千里走中原》（中央电视台、河南电视台），记者在国道上、在麦田间采访了许多农机手和当地农民。记者没有滔滔不绝，而是以简洁明了的提问挖掘到丰富的有价值的新闻素材。请看：

（在河南境内 107 国道上采访农机手）

记者：老乡你好，你是哪儿来的呀？

农机手：我从山西来。

记者：你们那儿像你这样跑到河南来收麦子的人多吗？

农机手：多啦、多啦，100 多台。

记者：在河南这儿收完了还往北走吗？

农机手:我们在河南这儿收完吧,估计我们大概9号、10号我们就往河北走。河北估计打完的话吧,我们就上我们山西。山西割完吧,又上这内蒙。

(在麦田间采访农民)

记者:用收割机收一亩地得交多少钱呀?

农民:20块钱。

记者:20块钱你觉得贵吗?

农民:20块钱中呀,这省力啦。

农民:这主要怕天赖,要下一天雨麦子一坏,还不及这会儿收完。

记者:村里像你这样雇这机子割的人多吗?

农民:那几乎占多一半。

…………

这两段采访提问中,问题最长的不过20个字,最短的才8个字,提问简短有力,问话实际中用。从采访画面中我们看到,农机手和当地农民在回答问题时几乎不假思索,脱口而出,但回答又紧扣问题的核心,一来一往,提问到位,对答如流,采访十分成功。

有时在采访提问前,需要交代背景材料,要求尽量简短概括,在用词表意上,要善于把背景交代与问题本身分开。

例如,《锲而不舍,绿我神州——中央领导参加植树》(中央电视台)中的提问:"总理,现在我国植树的面积在不断扩大,但有些地方树木的成活率却不高。(交代背景)您看该怎么解决这个问题?"

《走马上任新部长》中的提问:"吴(仪)部长,我们知道您大学里学的是石油化工专业,曾长期在基层做技术工作,到现在被任命为国家对外贸易经济合作部部长,这是一个很大的跨度(交代背景)。我们想知道,您认为您的优势是什么?"

上述提问,先交代了背景材料,然后通过"您看","我们想知道"等作为过渡,转入问题本身。

问题中背景材料的交代,要尽可能简明扼要。如果背景材料比较复杂,可由记者、主持人出镜交代,也可在后期编辑时由播音员介绍。如《这样收费合理吗?》的后续报道,先由记者在电视台编辑机房介绍情况,交代必要的背景:"各位观众,花70元钱买一张卧铺票,还要花40元钱买一张空头的旅游发票。这种收费是否合理呢?今天我们走访了铁道部"。之后,马上切入对铁道部运输局副局长的采访:"您对这个问题有什么看法?"

还应注意,记者尽量不要提那些合二为一的复合问题,最好一次只提一个问题,回答一个再问一个。切不可用一连串的提问将采访对象问住。事实上,即使你提了一长串的问题,采访对象一般也是回答最后那一问的,或是避重就轻地打发你。例如《哈尔滨的孩子回家了》中的提问:

> 记者:你知道你来的这个地方是什么地方吗? 你是想到西安来吗? 你是怎么出来的呢?

> 王晓静:哥哥领我出来的。

所以,记者在采访时,问题一般不宜过长过多。当然,特殊的情况也是有的。如国家领导人或某重要人物举行的记者招待会,轮到你提问的机会难得,一般情况下绝不可能有第二次。因此,在获得提问权时,你只能把你想要提的问题一锅端了。总之,一定要从实际出发,从具体对象出发,把问题问得适度,恰到好处。

3. 提问要有信息量

现场采访,主要是用提问的手段,通过采访对象的答话满足观众获取信息的需求。节目能否满足观众对新闻内容的需求,完全取决于电视记者与采访对象的对话内容,而新闻的事实内容主要包含在采访对象的答话之中。采访对象的答话能否揭示新闻事实的主要内容,清晰地交代出新闻的五个要素,最关键的是记者的提问要富含信息量,要像一根导管,引发出多种信息,让观众从中了解到更多的东西。

我们时常在现场采访节目中看到这样一种情况:有的记者在采访时把采访对象当成"傻子",似乎什么也不懂,而自己却是个无所不知、无所不晓的"圣人"。采访过程中,记者喧宾夺主、滔滔不绝,把采访对象的思维禁锢在他所指定的范围里,对方只能被动地回答"是"、"不是"、"对"、"没有"等。例如,《酒乡徐水打假酒》中的两段采访:

> 记者:这些假酒厂年创收入多少?

> 财政局长:100多万。

> 记者:……换句话说,假酒厂并未给徐水带来什么好处!

> 局长:对,并未带来什么好处。

> …………

> 记者:假酒厂宣告破产,其实自己赚了不少钱,损失的只是国家的……(记者的话很长,略)

工行行长：应该是这样的，但他们赚了多少钱，我们也不知道。

从画面上看，这位银行行长已显得有点不耐烦了。与其说这是一种采访，倒不如说是一种"逼问诱供"，这种毫无启发性的提问又能让观众从中获得多少新闻信息呢？

记者在采访现场应明白，自己是代表观众在提问，不能先入为主，而应该通过采访对象之口将观众欲知而未知的新闻信息传达给观众。你提问的目的，是要让采访对象充分地讲，不应喧宾夺主，自己讲得过多。像上述例子中，记者成了采访的主角，采访对象则成了配角，成了记者用来印证自己观点看法的活道具，这当然满足不了观众获取信息的需求。因而，记者在现场采访所提问题应富有张力，扩大提问的信息量。

例如，电视新闻专题《矿山小英雄张喜忠》，采用的是现场采访报道的方式，张喜忠下地缝救人的详细经过、地缝救人的难度、张喜忠平时的思想表现等全部内容，主要通过记者在镜头前的采访来完成。请看：

（在事件现场采访当地煤矿工人和事件见证人）

记者问：这条地缝存在多长时间了？

答：有几十年了，以前没人下去过。

问：他下去时的情形是什么样子？

答：好多人围观，有30多个小学生在场。最后喜忠自告奋勇下去了，在下面呆了很长时间。

问：你下去多深？

答：十几米，大人根本下不去。

问：下面什么情形？

答：七扭八歪的，越往下越窄，曲线形状。

问：张喜忠下去后，大家害怕吗？

答：害怕，很多老人都哭了。

问：他下去多深怎么知道的？

答：用了三根15米长的粗绳子拉他。上来之后，好多人都哭了，喜忠也抱着孩子哭了。

张喜忠救人的事情是在当地群众多侧面介绍下逐渐清楚完整的。人物形象和性格特征除了镜头的直接表现外，是在周围人的描述介绍下逐渐清晰丰满的。而这一切，得益于记者在提问时，能巧妙地启发和引导采访对象的思路，使观众在采访对象的讲述中获取丰厚的信息。

依据上述分析,提问要有信息量,就是要求记者在现场采访时,应问之有物,问之有理,记者要做采访对象的"导航员"和"台阶",所提问题能够激发采访对象打开思路,有话可说,有话要说,并积极引导采访对象按照采访目的,围绕问题的核心提供大量信息,在现场限定的时间和环境下保质保量地完成采访任务。

4. 提问要有特色

现场采访中,记者面对的采访对象是各式各样的,工农商学兵、三教九流无所不包。如果记者提问时不看对象,千篇一律,千人一腔,用问知识分子的话问工人、农民,用工人、农民的语言采访科技人员或大学教授,其采访显然难以成功。因而,记者在现场采访提问时,应针对采访对象的不同特点,提有特色的问题。所谓有特色的问题,即指那些最适合于问你眼前的这个采访对象的问题。外国专家艾泼斯坦说:"要问的只有他本人才能告诉你的问题,或者他能陈述他的观点的问题。这样,你就进行了一次丰富多彩的采访,充分利用了时间,给了人家一个好印象。"①

要做到提问有特色,记者必须事先作好提问准备,尽可能多地了解新闻事件及采访对象的背景材料,根据采访对象的不同情况,如不同的个性特征、职业特点、文化修养、思维方式等来设置问题,提出问题。

例如,《矿山小英雄张喜忠》,采访喜忠的邻居和老师,目的一样,但记者所提的问题却有不同。采访邻居时的问题是"这孩子平时表现如何?"采访老师则问:"作为他的教师,您觉着这孩子做这件事是偶然的吗?"前者比较具体实在,不会令文化水平相对比较低的人感到窘迫;而后一个问题则带有一定的思辨性,具有探寻原因的意味,相对而言,这样的问题比较适合具有一定文化水准的人回答。

记者在现场采访时,要学会"看人",充分考虑采访对象的职业、身份、性格、气质、思维能力、语言表达情况以及他们所处的环境、此刻所表现的心态,等等,然后决定提什么样的问题。只有这样,才能有得体、到位的提问,也才能收到良好的采访效果。

5. 提问要口语化

在现场采访中,如果记者用口语化的语言提问,可以给人以随和、融洽的氛围感受,易于形成记者和采访对象之间的交流感,使采访得以顺畅进行。

---

① 艾丰:《新闻采访方法论》,人民日报出版社 1996 年版,第 319 页。

如果记者在现场采访中咬文嚼字，用文绉绉的书面语言提问，不仅听着别扭，也会造成采访对象听觉上的障碍，一时听不明白，从而影响与采访对象的交流。

当然，在特定环境、特殊需要时，尤其面对社会名流、作家、教授，只要和节目风格相吻合，使用文雅的书面语言也是无可厚非的，有时甚至是必要的。在中央电视台《东方之子》栏目中，记者在与"东方之子"们访谈中的提问大都使用书面语言。例如：

（采访作家刘心武）

主持人：您处在一个这么大的历史转变时期，个人的命运和时代的变化完全铰接在一起了，您现在这种角色的转化，是不是有一种无可奈何的成分在里面？

（采访季羡林先生）

主持人：人类的科学和文化事业像一场接力赛，一棒一棒地往下传。相信先生您这一生都在努力接好属于您自己的这一棒。

可以说，上述提问使用了书面语言，洋溢着浓厚的文化气息，但并未造成采访对象和观众听觉上的障碍，相反甚感贴切。究其原因，其一，《东方之子》访谈的目的不在于了解事实，而在于思想观念的交锋，在于内心世界的展示；其二，记者访谈面对的是名流学者、文人作家，他们的学识和阅历决定了他们需要的是具有深刻思想内涵、强烈思辨色彩的提问。当然，这就要求采访记者具有丰富的学识和思想深度，否则是难以胜任的。然而，这些采访对象毕竟占少数，面对普通的采访对象还是应当提倡提问的口语化。

口语化的提问也不同于日常口头语言。日常口头语言有啰嗦重复、不准确之弊病，有的甚至语句不通。例如问："你知道你来的这个地方是什么地方吗？"（啰嗦）问："小冯，你干煤气有多长时间？"（不准确）因此，在现场采访中使用的语言，应该是一种既不同于书面语言，又不同于日常口语的谈话体语言，它是经过加工锤炼的较规范的口头语言，通俗、畅达、悦耳，亲切自然，琅琅上口，易于交流。例如在《惜哉文化——吉林市博物馆、图书馆遭受严重火灾》中的提问：

（在火灾现场采访吉林市公安局丰满分局副局长）

问：你能给我们讲一下里面大致损失的情况吗？

答：不清楚，现在不清楚。

问：根据现在勘察的情况呢？

答：我不负责现场勘察。

又如，在电视评论《红小豆热访谈》（吉林前郭尔罗斯电视台）中的提问：

（采访农民张大娘）

问：大娘，听说你们家今年种红小豆发了财？

答：是。今年春天种了一垧红小豆，没想到秋头子打了 6000 多斤，又赶上了好行情，这一垧红小豆就卖出了一万多元钱。

问：那明年你还想种吗？

答：那得种，来年还得多种呢。

总之，记者提问的语言要简洁明快，让人一听就懂，一听就明白。

（三）注意提问的方式、方法

现场采访的效果如何，与提问的方式、方法密切相关。方式、方法得当，能为整个节目添彩增色。反之，现场采访就难以进行。因此，记者在进行现场采访时，要认真分析采访对象的心理和其他各种因素，因人而异，因时而异，因地而异，因采访内容而异，灵活多变地运用各种提问方式，使现场采访真实、自然。常用的现场采访提问的方式有如下几种。

1. 单刀直入式

开门见山，直截了当，直刺新闻的实质性内核的提问。

电视现场采访，不同于一般意义上的采访。只要你一拿起话筒进入镜头，事实上的新闻报道就已开始。而这种特定的采访报道方式又有严格的时间限制，要求记者在有限的几分钟内挖掘出有价值的新闻事实。所以，时间不允许你在采访现场徐徐道来、婉转提问，而应抓住新闻报道的重点，单刀直入，以求得对方具体、明确的回答。例如，《这样收费合理吗？》的后续报道，记者采访铁道部运输局副局长，提问就是单刀直入式的："您对这个问题有什么看法？""这个问题应该怎样解决？"直截了当，简单明了。提问回答都是直来直去，观众一目了然。

单刀直入式比较适合习惯于接受采访的领导干部、社会名流以及比较健谈、乐于合作的采访对象。

2. 迂回入题式

对于不太愿意合作或在镜头前情绪紧张的采访对象，不宜作单刀直入式的发问，而要通过旁敲侧击的方式，消除其戒备或紧张情绪，在对方不知不觉中把话题渐渐引入正题。例如，电视专题《青春追踪》（中央电视台），采访北

大生物系博士生吕植,由于采访是在山路上突遇吕植的兴奋中即兴开始的,记者采用了迂回入题的方式,记者的提问是:

"今天看见熊猫了吗? 刚才在路上,我们看到了熊猫的毛和血,是你们逮来做实验的吗?"

"你们今天的任务结束了吗?"

"今天做了什么实验?"

"你一个女孩子,怎么选择这个职业?"

"这里寒冷,对一个男孩子来说都很艰苦,你一个女孩子怎么受得了?"

提问围绕熊猫,激发对方的谈兴,然后切入正题,在轻松自然的气氛中,展现了吕植的理想和情感。

3. 追述提问式

在现场采访中,记者应对关键性的问题、情节抓住不放,进行追问,打破沙锅问到底,最大限度地挖掘出新闻报道所需了解的事实材料。

例如,《惜哉文化——吉林市博物馆、图书馆遭受严重火灾》,面对这起突发的火灾事件,记者以敏锐的观察分析能力,及时准确地抓住两个要害问题,也是观众最为关心的问题,即:火灾的损失和火灾的原因,穷追不舍,层层深入,以无可辩驳的事实,向人们揭示了火灾的深层原因是官僚主义在作祟。其中,有关"夜总会开业是否经过消防验收"的追述提问十分精彩:

(记者赵微采访吉林市副市长徐祚祥)

徐:这个事,现在不能和火灾联系起来。我认为,谁知道有火灾谁啥也不干了。

赵:夜总会在开业的时候有没有经过消防部门的审查?

徐:有。

赵:有验收吗?

徐:有。

赵:验收通过了?

徐:要不开不了业,这是程序、手续,必须有。

赵:就是说如果没有消防单位的验收应该是不能开业的,是吗?

徐:不能开业,这是肯定的。

赵:那么当时他有这个手续吗?

徐:那肯定有啊! 没有他不能开业啊!

赵：您是……

徐：这，我昨天核对这个问题了。

赵：您已经核对了？

徐：哎。有。

赵：你是看到这个文件了……

徐：我没看文件。我需要听汇报。那，我哪能不相信我的局长呢？

赵：是文化局的同志汇报的？

徐：哎。

接着记者又就这个问题分别采访了文化局主管副局长、市工商局长、市消防支队长等人，得到的回答却是不同的。记者在采访中紧追不放，提问到位准确，敏锐地触及到了问题的实质、要害，使事实真相昭然若揭。

有时候，在现场采访中，采访对象的回答又透露出新的内容，而这些内容又是十分有价值的，那就应该深入追问，迅速捕捉，深化报道。例如，电视评论《与联合国秘书长对话》（中央电视台）中有许多这样精彩的追问：

记者：……您这样频繁的出访和繁忙的工作，对您的家庭生活有没有造成什么影响呢？

加利：很幸运，我没有孩子。所以，这里不存在对孩子们的影响，但这却对我和夫人的关系有一定的影响。

记者：是什么样的影响呢？

加利：我出访太多的时候，她就会不高兴。她说我工作太忙，对她的关心不够。

记者：我注意到您刚才说"很幸运"，您没有孩子。您是否认为一个没有孩子的小家庭比一个子孙满堂的大家庭好呢？

加利：不是的。因为如果你没有孩子的话，那么全世界的孩子们不就成了您的孩子了吗？

记者笑：是的，多么巧妙的回答。

正是记者善于抓住瞬间，及时追问，才能让观众再次领略了加利这位世界一流的政治家的机智幽默。

4. 激将反问式

对某些一定要采访对象本人回答，而采访对象又不愿意作答的问题，记者可采用心理刺激的方法，提出一些不符合真实情况的说法，或故意反问，刺激采访对象,激化采访对象情绪,迫使对方不得不予以解释、说明、反驳和答辩。例如,山西电视台新闻《昔日逃荒路,今日致富路》,反映的是昔日到内蒙逃荒要饭"走西口"的陕西农民,如今在改革大潮中,生活发生根本变化的情况。片中,记者随着路上赶集的人们,边走边问一位肩挑一担菜的农民:

记者:你是保德人吗?

农民:是。

记者:家里过去有走西口的人吗?

农民:有。我爷爷和我父亲走过。

记者:那你现在不也是走西口吗?

农民:我现在"走"和他们不一样。

记者:咋不一样?

农民:我现在富起来了。

记者在聊天式的访谈之中,非常机敏地抓住关键话题,适时反问:"那你现在不也是走西口吗?"对方自然答出今昔走西口有了本质的不同:"我现在富起来了。"一下触及了新闻的内核。

西方记者大都热衷于用这种激将反问式的方法,使对方"愿意"谈出报道所需要了解的事实情况。"不要不愿意提那些令人发窘的问题"①。在西方,提"激将式"的尖锐问题,成为时髦的东西。与之相反,我国对记者的采访提问则要求:不要提刺激对方的问题。对此,著名记者艾丰认为:"一般地说,这个要求是必要的。无目的地刺激对方,把双方关系搞得很紧张,将会影响采访的顺利进行。但是,这个要求不可绝对化。在一定的情况下,不仅可以而且必须提刺激性的问题,才能达到采访的目的。"②尤其是在一些批评性的、揭露性的报道中,用得好,可以起事半功倍的效果。例如,《焦点访谈》曾播过一个节目,一位患者在某医院安装了一台已过有效期的心脏起搏器,而说明书明文规定:"起搏器严禁在有效期之后植入人体,否则不予担保"。病人家属多次找经销公司交涉索赔未果。于是,有了片中那一段段绝妙的问答:

记者:出问题的这台起搏器经过商检吗?(国家明文规定:未经商检的进口心脏起搏器一律停止使用,否则即是违法)

答:这台没有。

---

① [美]麦尔文·曼切尔:《新闻报道与写作》,中国广播电视出版社1981年版,第266页。

② 艾丰:《新闻采访方法论》,人民日报出版社1996年版,第231页。

记者:那这样的商品能够使用吗?(激将反问一句)

答:可以使用。

记者:根据什么规定可以使用?

答:这个……我们对产品的质量啊,是有了解的。我们国家的商检,其目的不是对它的质量进行商检,它是用一个法规来规范这种行为。这种商检,我觉得也没有什么实质的意义。就对产品质量来讲,没有什么实际意义。(竟然全盘否定了商检的意义)

真是"哪壶不开提哪壶",记者通过巧妙的提问、反问,让对方自己把想要极力隐瞒的真实情况说了出来。

5. 聊天谈心式

记者在现场采访中,要善于采取聊天谈心的方式,以生动而亲切的语言,拨动对方的心弦,打开对方的感情闸门。这样获得的材料,最能反映事物的本来面目,也最富有真情实感。因为这是心与心的交流,心与心的碰撞。

例如,电视新闻专题片《凝聚力之谜》(中央电视台),介绍了唐山市刘庄一个小型煤矿,在陷入"只掘不采"的困境和职工收入下降的情况下,仍然"人心不散"的事迹。那么,这个凝聚力之谜在哪里呢?记者采访了各种人物,其中包括矿领导。记者问矿长:"贺矿长,我想听听你的真心话,你就从来没有想过给你爱人换一个干净一点、轻松一点的工作吗?"这是一个需要掏心窝的问题,它不需要空话、套话。通过回答,既反映了矿长的真实思想,又反映了他如何正确对待家庭与群众等问题,做到吃苦在前,享受在后。从矿长坦诚的回答中,记者和观众也解开了"凝聚力之谜"。

又比如《矿山小英雄张喜忠》,全片采用的都是聊天式的采访,观众似乎就是在一旁听他们讲那过去已经发生的故事,在拉家常。请看采访喜忠父亲的片断:

记者:您是孩子的父亲吧。听说当时你也在场,同意孩子下去的,害怕吗?担心吗?

喜忠父:担心是肯定的。可是当时情形很严重,地缝太窄,大人根本下不去,只能孩子下。掉下去的小孩的母亲都快疯了。

记者:孩子不知这下面的危险性,您是老矿工,应该知道,听说还有瓦斯、毒气。

喜忠父:都知道这点,可救人要紧。孩子一下去,我心里也真没底,他上不上得来?

采访过程自然朴素,这里没有华丽的词藻,没有豪言壮语,有的只是真心的直接交流,真情的坦然流露。记者与采访对象如同家人般地在聊天,在谈心,并以这平常而自然的交谈打动观众,贴近观众,走入观众的心灵,这应该说是采访的最佳境界了。

总之,现场采访提问的方式方法因人而异,视具体情况而定。但有一点是相同的,即采访中没有愚蠢的采访对象,只有无知的采访者。换言之,你的提问活力越充沛,思想越丰富,对方的回答就越深刻、越详尽。因而,要提高现场提问水平,最根本的还在于电视记者要博览群书,广泛吸收,通过坚持不懈的学习,不断提高自身的素质和修养,也要学一点心理学,学一些自然科学知识,掌握一点播音技巧,逐渐使自己拥有丰富的知识,机敏的反应,得体的语言,做到在各种场合的现场采访中充满自信,游刃有余地完成任务。

(四)提问要有镜头意识

电视记者现场采访提问时要有镜头意识,提问时必须保持与镜头展示内容之间的配合,把握好提问内容与现场画面的辩证关系。

1. 提问应超越视觉表象

电视现场采访中的提问不应重复镜头中明显存在的信息,应将采访引向画面之外,向超越表象的深层开掘。

2. 提问应注意结合采访现场的要素

作为"用特定背景作衬托"的现场采访的特性,要求记者的提问应注意结合采访现场中的一些信息进行即兴的发问。例如,电视新闻《迎战台风"杰拉华"》(浙江电视台)中,记者在省防汛抗旱指挥部现场的采访:

> 记者:在我身后这张大型显示屏上,我们可以清楚地看到,浙江沿海有一个很大的云团在发展,这就是台风"杰拉华"的全貌。这里的云团每隔一小时接收一次,那么,现在我们看到的是在 11 点 30 分刚刚接收到的云图。(采访浙江省气象局高级工程师朱惠群处长)

> 记者:你好,朱处长,现在从云图上看,台风"杰拉华"的外围已经在我省境内了,这是否说明台风在我省登陆已经是不可避免的了?

结合现场的提问,既有利于现场环境和细节的展示,又有利于强化现场的气氛,更好地引领观众进入采访的现场情境。

三、现场采访应注意的问题

要保证现场采访的成功,记者不仅要研究和探索提问的艺术,还应注意以下一些问题。

（一）注意自身形象

电视记者出镜作采访报道，其传播行为由于进入画面，观众可以通过视觉和听觉直接感知。在评判现场新闻价值的同时，他们对记者的传播行为自然也要进行价值评判。因而，电视记者在现场采访中，应给观众和采访对象以良好的印象。良好的采访形象是促使采访顺利进行和获得观众认同的有利因素。在记者采访形象的塑造中，除了采访提问水平外，记者的外貌体态，举止神情，穿着打扮，都直接影响着采访对象和观众对他的印象。我们在电视节目现场采访中常常可以看到，有的记者提问时，傲气十足，盛气凌人，和采访对象谈话有一种居高临下之势，使人反感；也有的记者嗲声嗲气地问话，矫揉造作，让人生厌，这些都是不可取的。电视记者在现场采访中如何展现自身的形象呢？

1. 态度要真诚

"人贵直，文贵曲"。在现实生活中，人们喜欢真诚，愿意和真诚的人打交道，而对缺少诚意的人避而远之。面对镜头的采访对象更是如此。"传播者如果被认为做事常具谋略和目的导向，喜欢玩弄同事、朋友，并操纵资讯的流通，则可能比较不受欢迎，别人对他也常加以防范。相反的，如果一个人比较率直，坦白开朗，不诈欺，就可以减少对方的防卫性传播行为。"①试想，面对一个油腔滑调，尽想着为我所用，急功近利的记者，采访对象会袒露自己的心扉吗？

态度真诚，要求电视记者出镜采访时必须牢固树立尊重采访对象、尊重观众的意识，摆正自己的位置，切忌在"小人物"面前，居高临下，趾高气扬；在"大人物"面前，卑躬屈膝，局促不安。在采访对象面前，一定要诚恳热情，谦虚谨慎，文明礼貌，要有虚心求教的态度和探索的精神。这样，就能树立一种真诚、随和的形象，易于为采访对象和观众所接受，从而达到较为理想的现场采访效果。

其次，真诚的态度还体现在对采访对象的言谈表现出"倾听的热望"。美国著名作家戴尔·卡内基说过："专心地听别人讲话，是我们给予别人最大的赞美。"记者在现场采访时，要认真倾听，视线不应左右飘移，应固定专一，注视采访对象，用眼神交流的方式鼓励采访对象介绍情况，发表看法。事实上，

---

① 李茂政：《传播学通论》，台湾时报文化出版事业有限公司 1984 年版，第 233 页。

认真倾听,还能抓住对方回答中的关节点,及时补充提问,使信息的传递更为丰厚。

2. 举止要大方

记者在现场采访时,神态要镇定自若,从容不迫;举止要落落大方,和蔼可亲;风度要朴实无华,潇洒自如;站姿、坐姿、走姿要得体美观,要给采访对象一种"信任感",做到"庄而不板,亲而不狎",举手投足都要表现出美好的气质和风度,显示出记者严正高雅的思想作风和品位。

大方的举止,要求电视记者在现场采访时,举止要自然、得体,不能迁就个人的日常习惯。因为镜头前的不拘小节的常态本身就是记者缺少个人修养和文化层次不高的表现。

大方的举止,还体现在记者在现场采访中切忌"故作点头状",而应以注目的眼神、观察的目光、思考的情绪以及认真的态度去呼应采访对象。

3. 穿着要得体

服饰往往显示着个人的风度,反映着一个人的审美情趣和文化素养,也包含了一个人对自己所从事的职业的理解。

"穿衣戴帽,各有所好。"这是指日常生活中,每个人都可以根据自己的喜好和情趣,选择自己的穿戴。但是,记者一旦拿起话筒,走上荧屏,他的穿戴就要服从于工作的需要,应和采访现场的环境气氛相吻合。西装革履或浓妆艳抹、花枝招展地去采访农民,必然会加大记者和采访对象之间的距离,互相客客气气,采访也就平平淡淡。同时,强烈的服饰反差,不仅会令采访对象感到压抑,产生反感,也会喧宾夺主,分散观众的注意力,使观众把注意力集中在服饰上,忽略了记者和采访对象之间的言语交流,这不能不说是现场采访的失败。

因而,在一般情况下,记者出镜采访服饰应庄重简朴,切忌过分修饰和花哨,尽量使自己的服饰与整体气氛协调一致。关于这点,西方学者曾有告诫:"没有什么事情比电视台的男播音员把领结打歪,或女记者炫耀自己的首饰,把它弄得叮喳作响更令观众讨厌。记者的仪容关系重大,尽管他并不是新闻事件本身而只是信息的传播者。"[①]

---

① 〔美〕特德·怀特等:《广播电视新闻报道写作与制作》,中国广播电视出版社 1987 年版,第 178 页。

4. 语调要平和

在现场采访中,记者提问时的语调要平和。平和的语调,不仅会让采访对象,也会令观众产生亲切感、信任感。这一点,在批评性、揭露性的报道中尤为重要。在这类报道中,采访对象往往会采取诸如封锁消息、隐瞒真相、百般狡辩的方法对付记者的采访,甚至态度粗暴,干扰采访拍摄的情况也时有发生。面对这种情况,记者更应表现出平和与理智。中央电视台记者赵薇对此有深刻感悟:"声色俱厉并不代表你是强者,能够从容不迫地、用看似平常的提问,收到一针见血的效果,是我比较欣赏的境界。"①这种采访境界,应该是电视记者所共同追求的。此外,提问还应注意语言美,要有正确的合乎情理的称呼,说话要多带"请你",采访结束要讲"谢谢"、"麻烦你了"。亲切、甜美的话语是沟通心灵的桥梁。

总之,在现场采访中,记者的气质、仪表、风度、提问的语调等等对现场采访提问的成败关系极大,不可忽视。而这一切恰恰是一个人思想修养和文化素质的外化表现。因此,电视记者只有通过学习,加强自身内在修养,才能获得良好的镜前形象。

(二)注意话筒使用

1. 指向正确

话筒指向讲话人,是现场采访的基本常识。但有些记者却常常忘记,或自己提问时,话筒仍对着采访对象;或提问完毕,话筒未及时摆向采访对象。这样,既影响话音质量,又会让观众发现破绽,影响采访与传播效果。

2. 摆放适中

话筒不应太靠近地伸向采访对象,以免挡住对方的脸;也要避免出现记者与采访对象"抢话筒"的现象,破坏屏幕形象。反之,话筒也不应该远离采访对象,一方面会影响音质;另一方面,被采访者会感觉不受尊重。一般来说,话筒位置摆放应与采访对象成 45°角,话筒顶端与采访对象的肩齐平。这样,比较自然、美观。

3. 摆动有序

记者在现场采访时,不仅话筒的指向要随问与答的转换而变更,而且还应控制谈话长短而使话筒的来回摆动富有节奏。此外,记者在现场采访时应尽可能地用短句子提问,与采访对象形成一对一的交谈态势,避免作"话筒支

---

① 赵微:《于平淡中显锋芒》,载《电视研究》1997 年第 1 期。

架"。

4. 拿稳话筒

记者在现场采访,不要把话筒当作指挥棒指来点去,这样做既不礼貌,又会使录下的声音忽大忽小,因此要尽可能标准地拿稳话筒。如果在采访报道中需要用手势帮助讲话,在条件许可时应尽可能地使用微型无线话筒。微型无线话筒的使用,能够解放记者的双手,扩大记者在镜头前自由活动的余地。

第十章
电视新闻拍摄

　　电视新闻拍摄是电视新闻制作过程中一个极为重要的环节。它关系到新闻内容的表现是否充分,关系到对问题的阐述是否深刻,因而,电视新闻拍摄是完成电视新闻报道任务的主体工作之一。

　　电视新闻拍摄工作一般由摄像师完成。摄像师是利用摄录器材在新闻现场或新闻节目演播室负责拍摄的专职人员。摄像师必须准确领会新闻主题,了解记者的意图,或在导播的指挥下抓拍有新闻价值的活动图像,创造性地完成新闻图像的采制任务。电视新闻拍摄,也可由记者自己承担。

第一节　摄像机及其操作

　　摄像机把景物的光影像转变成可以传输的电视信号。从尼普科最原始的机械电视盘开始,曾出现过各种摄像机。以 ENG 便携式摄像机为例,从摄录分离,到摄录合一的 BEATCAM,到数字式摄像机的采用,使得 ENG 摄像机具有更小巧灵便、解像力更高的特点。

一、摄像机构成

　　无论何种型号,摄像机的结构都是基本相同的,主要由三个部分构成:摄像机机头、摇摄云台和三脚架。

(一)摄像机机头

机头主要包括三个组件:光学镜头、摄像管(或图像传感器)、寻像器。

光学镜头的最基本作用,就是把自然环境中景物的影像经过选择之后投射到摄像管靶面上成像。作为摄像师,必须清楚掌握不同焦距镜头的光学性能。焦距是指镜头的光学中心到图像的聚焦点的距离。镜头拍摄成像的大小是受镜头焦距控制的。在镜头成像面积不变的前提下,镜头焦距的变化导致了镜头视角的变化。依据人眼视角,产生了标准镜头、广角镜头、长焦距镜头(窄角镜头)以及可以进行视角变化的变焦距镜头。不同焦距的镜头摄取的画面效果不同。

摄像管或图像传感器把来自镜头的光讯号转换成电信号。

寻像器是电视摄像机的"取景框"。它是摄像师进行调机、对焦、选景构图的观察器件。它可以显现镜头摄取的场景面积,也可以以文字的形式显示摄像机功能自动调节状况,如摄像机工作状态及低照度、电池电量的警告等等。

(二)摇摄云台

摇摄云台是连接摄像机机头的部件,将机头装在云台上面,可以使机头以水平方向旋转、向上或向下倾斜和做各种复合运动。

(三)三脚架

三脚架是用来固定、支撑机头和云台的,以确保摄像机平稳地摄取画面或变换拍摄角度和方向。

在电视新闻现场,一般不用云台和三脚架,而采用肩扛摄像机拍摄,以保持灵活机动。

二、摄像机操作

(一)准备阶段

1. 调节白平衡

微型计算机在摄像机上的应用,大大简化了 ENG 摄像机的调节,几乎所有的功能都可以自动调节,但是许多调节的先决条件需人工确定。根据摄像现场的照明光源色温变化不断调节白平衡,才能实现色彩的正常还原。

白平衡调节分为两大步骤:粗调和细调。粗调是根据光源色温选择相应的滤色片。通常摄像机内备有 3200°K、5600°K＋1/4ND、5600°K 和关闭四种选择状态,选择相应一档作大范围内的校正。细调的具体做法是:先将一个不掺杂色的白色物体(如白纸或白色墙壁)或灰度卡顺光放置在现场光源照明光线下,开启摄像机,镜头对准白色物体并使之充满画框,按下白平衡按钮,白平衡调节电路自动开始工作,寻像器显示"WHT:OP",待 2－3 秒钟后,出现"WHT:OK",白平衡调节完毕,并被自动记忆,只要光源色温不变,可以不必重调白平衡。

2. 确定光圈值

光圈是控制镜头进光量的装置。通过调节光圈,使得摄像机可在一个较大的亮度变化范围内灵活选择和正常工作。很多摄像机有自动光圈控制机构,机内装置自动检测进入镜头的光亮并根据摄像管最佳工作状态的需要自动调节光圈的变化,以保持合适的进光量。一般来说,自动光圈非常便于电视新闻现场的抓拍。但由于自动光圈只会根据最强光线来调节,因而在遇到景物平均亮度不一的情况,会产生曝光过度或不足的不良效果。这时应该转到手动光圈控制,以更好地反映主体景象的实际亮度层次。当采用手动光圈拍摄时,可先用瞬时自动光圈来测定不同照度时的光圈值,再手动调节光圈进行拍摄。

3. 聚焦

聚焦也就是对焦点,通过仔细调节聚焦环,使图像聚焦在焦点上,以获得清晰的图像。

(二)摄像操作要领

摄像操作要领,可以概括为:平、稳、准、匀。

1. 平

平是指所摄画面中的地平线一定要平。绝大多数摄像画面中都有水平线条或垂直线条,除非是画面造型特别需要,可以歪斜,否则,会给观众造成某种主观错觉。

拍摄时应当利用画面中景物的垂直或水平线条作参考,校正寻像器边框与这些线条相平行,大体上可以做到平的构图要求。

2. 稳

稳是指拍摄时应当消除任何不必要的晃动。镜头的晃动会影响观众的收视情绪,影响画面内容的表述。

稳是电视记者的基本功,需要磨炼。一般来说,广角镜头稳定性强,长焦镜头不易控制。如果条件允许,拍摄时应尽量使用三角架。当然,对于电视新闻拍摄,在现场拥挤或任务紧急等特殊情况下,如《潜伏行动》中追击犯罪团伙头目刘进荣的一组镜头,是记者在奔跑中拍摄的,虽然镜头晃动,但却有一种惊心动魄的效果,体现了电视新闻的真实美。

3. 准

准主要指运动镜头成为落幅画面时一定要准确无误。即要求镜头一旦运动结束,就应当是落幅画面的最佳构图,任何落幅之后(即镜头运动结束)的构图修正,都会一览无余地呈现在观众面前,给观众一种含糊其辞、模棱两可、犹豫不决的印象,破坏了画面内容的清晰表达。

4. 匀

匀是指镜头在推拉摇移运动过程的速率要匀,不能忽快忽慢。镜头进行推、拉运动时,可使用电动变焦装置以确保匀速运动。

总之,平、稳、准、匀是镜头拍摄过程中的操作要领。在拍摄时,必须严格按要领进行;同时,它们又是电视摄像的基本功,只有平时加强训练,才能确保实际操作时所摄镜头的完美性。

第二节　拍摄的基本要求

摄像师到了新闻现场,首先要根据新闻主题思想的要求去选取景物,进行构图,以拍出富含信息量、富有表现力的新闻画面。其中,角度的选择、景别的运用及用光技巧在拍摄中显得尤为重要。

一、角度的选择

苏联著名摄影师格洛夫尼亚在《摄影构图》一书中写道:"在摄影的一切场合和摄影艺术的各种体裁中,一系列构图任务之得以解决,可以说都是用选择拍摄角度来实现的。"对电视新闻画面而言,选择、提炼角度,实际上也是对画面信息的选择与提炼,它能使画面视觉信息传达更为凝练、准确,更富有逻辑性和说服力。

拍摄角度,包含着三个方面的因素:拍摄的方向、高度和距离。

(一)拍摄方向的选择

在拍摄距离和拍摄高度不变的条件下,以人物的视向所划出的一条水平线,在线的一侧即可选择不同的拍摄方向,确定不同的拍摄角度,产生不同的画面造型效果。如下图示例:

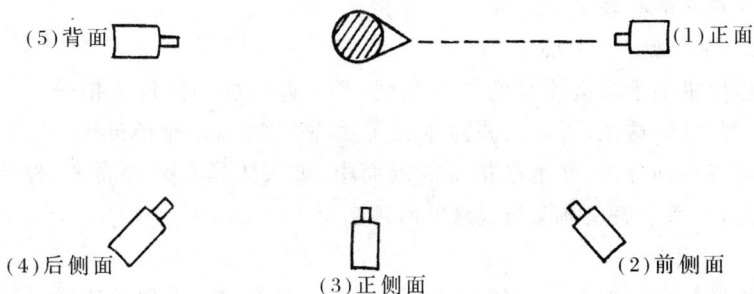

(5)背面　　　　　　　　　　　　　　　(1)正面

(4)后侧面　　　　　(3)正侧面　　　　　(2)前侧面

1. 正面拍摄

正面拍摄,能全面揭示被摄体外表特征,展开画面与观众的视觉交流。同时,这种正面的构图形式,会令观众产生庄重、肃穆的感觉。

2. 斜侧面拍摄

前侧、后侧面拍摄通称为斜侧面拍摄。斜侧面拍摄,能突出空间透视,使被摄体产生较强的立体效果和线条透视。由于斜侧面方向在画面中可以起到突出两者之一、分出主次关系的作用,因而是电视新闻采访拍摄的常用角度。

3. 正侧面拍摄

正侧面拍摄,具有明确的方向性和空间感,适于表现人物之间的相互交流以及富有动势和动感的被摄体。

4. 背面拍摄

背面拍摄,是一种"含而不露"的表现角度,当人物整个背向镜头时,令观众产生悬念感,引发观众的探究心理,突出了人物的视觉形象。同时,也有利于纵深空间的表现。另外,由于背面拍摄,可以使观众产生与被摄对象有同一视线的效果。在新闻中采用背跟拍摄表现追踪式采访,具有很强的现场纪实效果,能激发观众的参与感。

(二)拍摄高度的选择

在拍摄方向和拍摄距离不变的条件下,由于拍摄高度的变化,会产生三种拍摄角度。

1. 平角度

当拍摄高度与人的视平线相等,产生平角度。平角度拍摄的画面中,人物或物体的形状、远近比例关系等具有正常的透视结构。此外,由于镜头与被摄体处在同一水平线上,使观众处于一种"平视"状态,较适合于画内人物同画外观众的心理交流。

2. 仰角度

摄像机低于被摄体时的拍摄高度,产生仰角度。仰角度拍摄,能产生近大远小的空间透视,可以强调物体的高度,使人物显得昂扬挺拔。同时,从观众的仰视心理分析,仰角度拍摄的画面中,被摄体具有某种高大、神圣、优越的感觉,不适合表现画面与观众的心理交流。

3. 俯角度

摄像机高于被摄体时的拍摄高度,产生俯角度。俯角度拍摄,可以增强景物的线条透视,形成近大远小的纵深度和空间感,展示视野的开阔,甚而有"居高临下"的大俯瞰之感。此外,俯角度拍摄能使地面扩大,人物变小,或者透视变形,有一种情绪上的压迫感。这种俯视的画面效果,也同样不适合表现画面与观众的心理交流。

(三)拍摄距离的选择

在拍摄方向和拍摄高度不变的条件下,改变拍摄距离,既关系到景别的确定,又影响到画面透视感的强弱,以及景深的长短等等,产生不同的画面造型。

综上所述,摄像角度包括了拍摄方向、距离和高度三个因素,它们有机地组合在摄像角度的变化中,以有效地展示新闻场景和表现新闻人物。

二、景别的运用

景别,是指被摄主体在画面中呈现范围的大小。画面景物范围大,我们通常称大景别;反之,就称小景别。景别的大小与物距、焦距有关。拍摄距离不同,可以得到不同景别的画面;在同一距离上,用不同焦距的镜头拍摄,也可以得到不同景别的画面。不同的景别可以表现不同的画面内容。换言之,表现的内容不同,想达到的目的不同,选用的景别也就不一样。不同的画面内容总是适合于某一种景别来表现。

人们习惯上把景别分为五种基本形式:远景、全景、中景、近景、特写。

(一)远景

远景,是一种表现开阔场面的景别。"远观其势",由于远景包容极大的景物范围及其透视能力,因而常用来展示事件发生的环境和规模以及人物所置身的环境和背景。不适于表现具体的动作和细节。在新闻中,远景镜头常用作开篇或结尾画面。

（二）全景

全景，表现成年人全身或场景全貌的景别。全景视野比较广阔，较之远景，画面包容的景物范围小一些，但仍能表现被摄对象的整体，展示比较完整的场景。全景主要表现人与环境之间的关系、人与人之间的交流以及人体的运动等等。在新闻中，全景镜头往往用来交代新闻现场场景全貌。

（三）中景

中景，表现成年人体膝盖以上或景物局部的景别。中景适于表现人物情绪和上半身动作、人物之间的对话及感情交流、人物与他人或环境中某一局部的关系。中景将空间和整体轮廓降为次要地位，重视情节和动作，所以中景常被视为一种叙事性景别。

（四）近景

近景，表现成年人体胸部以上或物体局部的景别。近景基本上省略了环境，着重在于表现人物的情感，交代具体的细节，强调某一动作的重要性。"近取其神"，近景易于刻画人物，使观众能看清展示人物内心世界的面部表情和细微动作，易于产生心理参与和情绪交流。

（五）特写

特写，表现成年人体肩部以上头像或被摄对象某一细部的景别。特写具有刻画人物性格、描绘细节的独特功能。由于特写的画面内容相对减少，因而在画面造型上能产生强烈、鲜明的视觉效果，具有强大的感染力和视觉冲击力。

总之，对摄像师而言，景别代表着一种叙述方式和画面的结构方式。简单地说，它显示画面所包含的景物范围的大小及主体在画面中所占的面积大小；但就其内涵而言，它是创作者的思维与造型要求。

三、用光技巧

光线是电视画面重要的造型元素。运用光线的目的，不单是为了技术上的要求，以获得清晰的画面；更重要的是为了塑造人物形象和描写景物，以利于新闻主题的表达。

（一）光线性质

光线具有两种性质：直射光和散射光。

1. 直射光

直射光可以在景物上产生清晰的投影，造成景物的高反差，所以又称为硬光。构成直射光的光源可以是晴朗天气下的阳光、聚光灯等。

直射光适用于再现被摄体的外形,强调表面结构和表面质感,使画面造型具有立体感。

2. 散射光

散射光在被摄体上不产生明显投影,景物亮部和暗部之间反差小,阴影轮廓模糊,因而,散射光也叫软光。当室外太阳被云雾遮挡形成散射以及经过柔化的灯光照明等,都属于散射光线。

散射光光调柔和,适合于表现景物的细部,显示物体细腻的层次。

（二）光线方向

光线方向,即光源位置与拍摄方向之间所形成的光线照射角度。

光线方向大致可分为顺光、侧光、逆光三种基本形态。

1. 顺光

顺光又叫正面光、平光。当光源照射方向与摄像机镜头光轴方向一致时,形成顺光照明。被摄物表面均匀受光,没有大面积的阴影,人物和景物的色彩还原正常。但由于光线较平板,明暗反差小,不适合表现物体的立体形状和表面质感。

2. 侧光

当光源照射方向投向被摄物的某一侧面,形成侧光照明。被摄物受光的一侧显得明亮,而另一侧则形成明显的阴影,使形象产生明暗变化,表现出外部结构和表面质感,并使景物显现出立体感。

侧光照明,由于光源投射方向不同又可分前侧光和正侧光。前侧光大多指光源和镜头光轴方向构成 45°～60°夹角。前侧光照明,能呈现较大的亮面和较小的暗面,既能清楚地表现被摄物的主要部分,又有丰富的影调变化,效果明朗,是常用的照明光线。正侧光指光源照射方向与镜头光轴方向构成 90°夹角。正侧光照明,被摄物立体感和明暗反差比较明显,突出物体表面的细微起伏和凹凸不平,具有强烈的造型效果。

3. 逆光

逆光,也称背光、轮廓光。当光源处在被摄体后方,与镜头光轴方向相对时,形成逆光照明。在逆光照明下,景物大面积处在阴影中,只显出明亮的轮廓或景物完全成暗影调、被亮背景所衬托。逆光照明有利于区分景物层次,表现空间深度,形成大气透视效果。

由于光源位置不同,逆光照明可分为侧逆光和全逆光。侧逆光指光源在被摄物侧后方,与镜头光轴方向成 135°~160°夹角。它使被摄体侧面轮廓部分能受到光源的直接照射,突出了某个侧面的轮廓线条。景物的层次、空间深度感可利用这种明暗影调的对比显现出来。全逆光指光源在被摄物正后方,与镜头光轴方向成 180°夹角。形成亮轮廓、暗背景、暗表面的强反差画面。清晰明亮的轮廓线条突出了被摄体的外沿轮廓特征。

(三)光线配置

不同性质的光线、不同方向的光线在画面造型中各有不同的作用。

1. 主光

主光,又称塑型光,是用以照明被摄对象的主要光线。在众多光线里,主光位于主导方向,占统治地位,是画面中最引人注目的强光,同时也是调节其他光源和确定曝光量的基准。

布设主光一定要有明确的方向性。一般用正光或侧光作主光。此外,还必须注意主光的高度,一般应与被摄景物成 45°左右的俯角。

2. 辅助光

辅助光又称副光,是用以补充主光照明的光线。它可以减弱主光所造成的强烈阴影,使被摄景物暗部也能呈现出一定的层次。

辅助光亮度不能强于主光,以免产生新的光影。同时,为了使暗部有层次变化,以表现景物的立体感。辅助光与主光应该有一定的光比,通常情况下光比为 1∶2(辅助光∶主光)。

3. 轮廓光

轮廓光又称隔离光,是来自被摄体后方或侧后方的光线。其主要作用是勾勒被摄景物的外沿轮廓线,使被摄主体从背景中分离出来,具有逆光光效。

轮廓光一般应有 45°~60°俯角,以免轮廓线条过宽过大。轮廓光多以直射光照射,使照明范围小,光束强,线条清晰明亮。此外,轮廓光亮度要强于主光。

4. 背景光

背景光又称环境光,是用以照明被摄物背景及所处环境的光线。背景光可以提高景物拍摄范围的整体亮度,表现画面的空间效果,以进一步突出和烘托被摄主体。

背景光是一种大范围的光线,一般用大功率散光灯均匀照亮整个环境,表现一种完整的空间感。背景光不宜太亮,否则,会干扰主体形象的表现,其照度一般为主光照度的三分之二左右。

5. 装饰光

装饰光又称修饰光，是对被摄物某一细部进行修饰的光线。运用装饰光，或是为了造成某种特殊效果，或是为了突出某一重点部位。如用小功率聚光灯照眼睛可以产生眼神光，使双眼明亮有神。装饰光的亮度一般不应影响主光亮度。

对摄像师来说，应充分了解光线的性质、方向，正确运用光线的各种不同造型效果，依据拍摄构思，创造出特定的光线效果，完成摄影画面构图与造型任务。

当然，由于电视新闻现场采摄的特殊性及新闻报道的客观真实性要求，除节目主持人或播音员在演播室内主持播报节目要求特定环境光效外，记者在新闻现场拍摄时对光线的要求大致有以下几方面：

第一，当新闻现场的光线能保证画面的基本亮度，以获得清晰的图像时，不需要运用任何人工光源来修饰现场光线。

第二，当新闻现场的光线照度过低时，可以用人工光照亮新闻现场，提高现场光线照度。但布光时仅以获得清晰图像为目的，不追求任何以光线为表现手段的艺术效果。

第三，当新闻现场的光线本身已成为新闻内容的一部分时，如警方半夜突击行动，昏暗的现场环境等，应真实纪录和表现现场的特定光线效果，切忌人为提高照度，破坏新闻的真实性。

第三节　拍摄方式

拍摄方式的不同，带来不同的镜头功能和效果，也就包含了不同的画面语言，具有不同的表现意义。因此，能否娴熟地掌握拍摄方式及技巧，是检验电视摄像师是否称职的标准之一。

电视拍摄方式分为两种：固定拍摄和运动拍摄。

一、固定拍摄

固定拍摄，就是在摄像机机位、镜头光轴（机身）以及镜头焦距均固定不变的条件下所进行的拍摄。机位不动，指摄像机无移、跟、升降等运动；光轴不动，指摄像机无摇摄；镜头焦距不变，表明摄像机无推、拉运动。通过这种方式拍摄的镜头称为固定镜头。

固定拍摄在画面形态和视觉接受上与运动拍摄有不同的特性。固定拍摄的画面框架处于静止不动的状态,构图是固定的,没有推、拉、摇、移等外部运动因素。但这不妨碍它对运动对象本身的记录和表现,也就是说,固定框架内的被摄对象可以是静态的,也可以是动态的。

固定在某一范围来观察景物,也是人类观察自然界的一种常用方式。作为人眼视点的代表,摄像机没有理由忽视这一常规的方式。但同时,由于固定拍摄容易产生静态效果(尤其是一些内部运动不明显的固定拍摄画面),使观众得以仔细观看。因此,在拍摄时应具备较高的造型能力和构图技巧。

(一)固定拍摄的作用

1. 固定拍摄的画面有利于表现静态的环境和静态的人物。固定画面中的背景和环境的展示,能够引起观众较长时间的关注,起到交代客观环境、反映场景特点、提示景物方位等作用。人物采访时,通常也以拍摄小景别的固定画面为主,这一方面符合观众"盯看"的视觉要求,另一方面可以让观众集中精力听被采访者的述说内容。

2. 固定拍摄有利于突出和强化动感,反映拍摄主体的运动速度。用低角度固定拍摄行进中的列车,观众会感到列车好像是呼啸而来,动感得到非常强有力的甚至有些夸张的表现。

3. 固定拍摄的画面能够强化静的内容,给观众以深沉、庄重、宁静、肃穆、压抑等画面感受。另外,与运动画面相比,它富有静态的造型美,使观众赏心悦目。

4. 与运动拍摄画面相比,固定镜头拍摄者的个人主观性较少,相对比较客观。运动镜头的推、拉、摇、移等,让观众感觉内容上有强烈的指向性,明显地表现出创作人员的创作意图。而固定拍摄的画面,观众感觉是自己有选择地观看,镜头是在客观地记录和表现被摄对象。

(二)固定拍摄应注意的几个问题

1. 固定镜头拍摄,强调一个"稳"字,要消除任何晃动因素。在条件许可时,应使用三角架。如果条件所限,也可以用生活中的支撑物来替代三角架。

2. 在固定拍摄时,要注意拍摄方向、角度、轴线关系和景别设计,多拍一些不同机位、不同景别的镜头,以免给后期制作中带来许多不必要的麻烦。如越轴,画面"跳动"带来的视觉不流畅等。

3. 固定拍摄的画面容易缺乏生气,所以要学会捕捉动感因素,让固定画面"活"起来。如拍摄鲜花满园的镜头中,可以摄入几只飞舞的蝴蝶等。

二、运动拍摄

运动拍摄,就是通过移动摄像机机位,或者变动镜头光轴,或者变化镜头焦距所进行的拍摄。通过这种方式拍摄的镜头称为运动镜头。

运动拍摄,改变了观众视点固定的状态,使观众能够通过屏幕,以流动的视点观察运动中的生活和生活中的运动。

运动拍摄,根据摄像机运动方式的不同,可分为:推、拉、摇、移、跟等几种主要形式。

(一)推摄(推镜头)

推摄是摄像机向被摄主体推进,或者变动镜头焦距,使画面范围逐渐缩小,最后集中到主体的拍摄方法。用这两种方法拍摄的镜头叫推镜头。

推镜头具有强烈的指向性和明确的表现意义,将观众的视觉注意力集中引导到特定主体上。因而,推镜头的落幅画面应该是观众最感兴趣的内容。

在推镜头中,由于画面所包容的空间范围由大到小逐渐收缩,次要信息不断被移出画外,主体形象愈趋明显、突出,因而有突出重点、强调细节的作用,常用于从群体中突出主体,从全局中突出重点或强化人物情绪等方面。

运用推镜头,应该注意落幅画面的内容和构图设计,因为它是推镜头的核心和引起推动的动机。另外,推进要平稳,推进速度应与画面内在的情绪和节奏相一致。

(二)拉摄(拉镜头)

拉摄是摄像机逐渐远离被摄主体,或变动镜头焦距,使画框由近而远,与主体脱离的一种拍摄方法。用这种方法拍摄的镜头叫拉镜头。

与推镜头相反,拉镜头是一个空间范围逐渐扩大,画外信息不断进入的过程,能够交代局部在全局中所处的位置及它与周围环境的关系,可用于从局部引出全局,由个别到整体,有总结收场、概括归纳的表达功能。

在一个拉镜头中,起幅画面的物体是灵魂,应该成为整个镜头的主体或构图中心。同时,在拉的过程中,要有明确的意图,要随着画面表现范围的不断扩展,不断有新的表现元素入画,从而与起幅物体构成一种新的情节关系,满足观众的视觉期待。拉镜头还经常用于表现事件结束、人物离开等。

(三)摇摄(摇镜头)

摇摄是指摄像机机位固定不变,通过改变摄像机镜头拍摄轴线方向的一种拍摄方法。在摇摄过程中,镜头水平方向运动叫横摇,垂直方向运动叫竖摇,还有水平和垂直方向同时发生摇动的斜摇。

摇镜头可以不用切换便造成场景的变化,满足观众对被摄主体的各部分逐一审视的需要。可以突破固定视点的限制,拓宽镜头视野,扩大画面表现空间,展示规模与环境,可以显示同一空间中各形象间的相互关联,起到联想、对比、隐喻等艺术效果。

运用摇镜头,首先要有摇的契机和落的依据。摇摄时,从起幅到落幅的中间过程应遍布兴趣点(甩摇除外)。摇速要考虑观众是否可以看清画面内容和依据画面节奏确定。摇镜头中起幅和落幅两个画面非常重要,要有比较完美的景别和构图,起幅和落幅画面一般要停留 10 秒钟左右,这样给后期的剪辑可以带来多种选择和方便。

有起幅无落幅的急速摇被称为甩镜头,可以表示同一时间内几个空间里事物变化的情况。一般,甩镜头后面接的是固定镜头,画面从急速运动到急停,有一种突然性,使画面产生内在张力和爆发力,能够创造出某种特定气氛。甩镜头有时也可用来转场。

(四)移动摄影(移动镜头)

移动摄影是将摄像机架在运动着的工具上所进行的拍摄,所拍镜头称为移动镜头。移动镜头按其移动方向可以分为三种基本类型:一是横移——展示横向空间;二是纵移——显现纵深空间;三是曲线移——交代多重景物。

移动镜头最显著的特点在于摄像机摆脱了定点摄影方式,摄像机可以在所能进入的空间里随意运动并通过运动形成多角度、多景别、多构图的画面,对场景空间进行立体的多层次的表现,获得全方位的视觉效果。

移动镜头由于机位的不断运动,造成视点的连续变化,从而更擅长表现人在行进中或在运动物体上的观察效果。在电视新闻拍摄中,摄像师运用移动镜头,连续不断地把新闻现场一一展现给观众,具有不容置疑的现场真实性,使观众有身临其境之感。

拍摄移动镜头,应尽可能地选用广角镜头,以增强画面的稳定性,取得较好的画面效果。

移动镜头拍摄一般有特定的工具,如轨道、滑轮、升降机、摄影车等,在日常的电视新闻采访报道中(大型现场直播报道除外),也可由摄像师肩扛摄像机直接走动来进行移动摄影。因此,摄像师要有过硬的拍摄基本功,移动速率尽可能匀称,以确保画面的清晰。

(五)跟摄(跟镜头)

跟摄是摄像机跟随一个动体移动时所进行的拍摄,所拍镜头为跟镜头。跟摄一般分为三种,一是前跟。镜头设在动体前方,跟拍主体的正面;二是背跟。镜头设在动体后方,跟拍主体的背面;三是侧跟。镜头光轴与主体运动方向垂直,跟拍主体的侧面。

跟镜头的特点是镜头始终跟随一个动体,一般以等速伴随其运动;主体在画面中的位置、面积相对稳定,因而适合表现动体的形态和情绪。此外,在电视新闻中,还可利用这一特点拍摄采访活动,形成漫步式的采访方式。由于人物和镜头的运动,背景空间的不断变化,增强了画面的动感,克服了固定场景的呆滞感。

摄像机后跟方式的跟镜头,可以表现一种主观视向,使观众的视点与被摄主体的视点合二为一,从而表现出一种强烈的现场感和参与感。这种方法常见于电视新闻拍摄中,镜头紧跟在记者或主持人背后进入新闻现场进行采访和解说,观众也被引入现场,"耳闻目睹"了现场所发生的一切。

总之,在实际拍摄中,上述五种运动镜头可以单独使用,也可以几种结合起来使用。例如,在推镜头中结合摇,在摇镜头中结合推,在移动镜头中结合摇等,形成综合性运动镜头,既增加了画面动感,同时,在一个镜头中,构成了对景物多景别、多构图、多层次的立体化表现,具有一种形式的美感,使观众获得全新的视觉冲击。

第四节　采访摄影

电视新闻拍摄,有别于艺术摄影,应遵守新闻的真实性原则,对于新闻的地点、环境、背景、规模、人物以及光线的明暗等等镜头表现,都必须符合实际。因此,为了维护电视新闻画面形象的真实性,摒弃弄虚作假,在电视新闻拍摄中,要提倡采访摄影,反对导拍、摆拍。

采访摄影要求记者基于对新闻现场研究的基础上,选择拍摄那些最能表明事物本质的事实材料来传递信息。

采访摄影的基本方法是挑、等、抢。

一、挑

挑,就是挑选,指记者在新闻现场通过对事物的观察、采访和分析,将最能体现事物本质、最能阐明事理且极具信息量的拍摄素材挑选出来。

例如,消息《检查团来了!走了!》(哈尔滨电视台)是一则抨击和揭露"新形势下的形式主义"的优秀电视新闻。作者改变同类新闻事件的采编思维方式,把新闻触角定位在卫生城市检查评比中搞形式主义、弄虚作假的行为上,挑选了几个具有代表性的新闻事实发生地,分几个时间段,对哈尔滨市城市卫生状况进行了跟踪拍摄。屏幕上,检查团到来前夕的"紧急行动",检查期间的"干净整洁",检查团走后的"新貌换旧颜"等一组组镜头之间形成了强烈反差,新闻主题在这强烈对比中更加鲜明、深刻。

电视新闻是用形象说话的,而形象画面也正是新闻主题的物化和表现载体。因此,只有对画面内容的认真挑选,才能加强电视新闻主题的表现力。

二、等

等,就是等待拍摄时机。电视新闻拍摄,并非有形必拍,有闻必录,它要求记者必须等候捕捉新闻富于表现力的最佳时机与角度。当然,"等候"不是"守株待兔"式的消极等待,而是记者立足对新闻事态发展进程的分析与把握的预见性等候。

仍以《检查团来了!走了!》为例,这则消息,记者是以检查前、检查中、检查后为时间段分别进行拍摄的。在这三个阶段的拍摄过程中,记者采取的是积极、进击的耐心等候,而不是摆拍、导拍,以虚假替代真实。因而,所摄画面真实可信,极具说服力。

三、抢

抢,就是抓拍,指记者不失时机地抓取新闻事态发展过程中最富有表现力的场面和细节。抓拍,要求记者行动敏捷并拥有娴熟的拍摄技巧,以便能迅速、及时地捕捉稍纵即逝的典型而精彩的形象画面。

'94 中国电视奖一等奖作品《崽伢子,莫过来》(湖南长沙有线电视台),其成功之处就在于记者在报道抗洪救灾事迹中选取了一个真实、感人的侧面,抓拍了一组独特而典型的镜头:趴在危房上等待营救的大爷,面对冒险前来援救的解放军官兵的声声急喊,以及官兵们置生死于度外的壮举。颂扬了部队官兵和灾民在生死关头迸发出来的真、善、美的心灵火花和崇高品格。

应该指出的是,作为具体的拍摄方法,挑、等、抢三者之间是相互关联的。"挑"就必须"等"待最佳拍摄时机的到来,当时机出现时,又必须"抢"方能实现"挑"的目的。而在具体拍摄时,三者又是同步进行的,"等"到时机到来时要"抢",而且要边"挑"边"抢"。

最后,在电视新闻采访拍摄中,还应注意同期声的采录。同期声是电视新闻重要的表现手段之一,能够起到传递信息、增加画面信息量、烘托气氛、表现环境特点、增强新闻的真实性和感染力等作用。因此,同期声是电视新闻拍摄中需要认真处理的工作环节。作为摄像师,应注意了解和掌握一定的录音技术,在拍摄镜头的同时,采录到清晰、响亮的同期声,使声音和画面达到完美和谐的效果。

第十一章
电视新闻写作

电视新闻写作,主要是指解说词的写作。

作为电视新闻的表现元素之一,解说词并不仅仅对画面语言起解说、补充的作用,更重要的是它对于画面语言有着串联、提示、丰富的意义,使听觉信息与视觉信息有机结合,并延伸和深化画面内涵,从而拓展视觉的深度和广度,以便观众能更好地理解画面,加强电视新闻的传播力度。因此,解说词写作是电视新闻创作的重要组成部分,是电视记者的基本功之一。

第一节 解说词写作要求

电视新闻声画合成的结构方式,决定了解说词有别于普通文体,它有自己的特性和写作规则。"解说词是一门艺术。它不是散文,比散文还散;它不是诗,但又的确属于诗。它不是说明文,也不像叙述文,又不像议论文,但是,它需要说明,需要叙述,需要议论,它是一种特殊的文体。"①

解说词的特性体现在:

---

① 田本相,夏骏:《电视片艺术论》,工人出版社 1987 年版,第 23 页。

第一,解说词和画面是相伴而行的。解说词塑造形象的手段不能仅凭语言自身独立完成,而是要根据电视画面的特点,与画面及其他表现手段共同配合才能完成对形象的塑造。好的解说词总是同特定的画面紧密配合,浑然天成,互相开拓,以丰富各自内涵的;而一旦脱离画面,解说词则常常显得残缺不全,东一榔头西一棒槌,难以完满地表情达意。因此,严格地说,电视新闻的解说词是不能离开画面而独立存在的,它缺乏独立性。所以,解说词的优劣,不能简单地从文章谋篇布局、遣词造句的好坏来评价,最重要的是在于与其他表现元素的配合协调。

第二,解说词是用来播讲的。解说词是以有声语言的方式诉诸观众的听觉感官。因此,电视新闻的解说词应该同广播稿一样具有有声语言的特点。

基于解说词的上述特点,写作解说词时,要把握为看而写,也为听而写的基本原则。

一、为看而写

为看而写,是指解说词写作要充分考虑到画面是电视语言中最基本的表现元素,也就是人们常说的"本",要注意解说词与电视新闻其他表现元素尤其是与画面之间的配合关系。具体地说,为看而写要注意以下几个方面。

(一)解说要紧密配合画面,以加强"看"的效果

坚持从画面出发,结合画面进行写作。即解说应根据新闻主题的需要,去挖掘画面内在的涵义,交代计算题。画面无法交代计算题。而又需要传达的信息,使解说与画面形成一种呼应、一种默契,不仅解说依据画面的内容进行补充和拓展,而且画面内容也依赖解说得以丰富和延伸,两者紧密交织,互为融通,完成形象的塑造。

一般来说,解说与画面的紧密配合、相互照应有两种方式:

其一,解说词直接解说画面,补充画面表现不了的内容,使画面更精确,从而为观众提供更多的信息。

例如,湖南长沙有线电视台优秀电视新闻《崽伢子,莫过来》中的解说词:

画　　面	解　　说　　词
大堤决口,洪水肆虐,趴在房顶、树梢的灾民	今天上午 11 点 15 分,凶猛的洪水终于撕裂了岳麓山乡丰顺垸墩厚的大堤。垸内数万居民被突如其来的洪水逼上了房顶、树梢……

　　解说词依据画面,从内容上补足了画面语言难以涵盖的部分,如决堤的时间、地点、灾民人数等,使画面形象更加具体化,新闻要素的表现更完备,让观众在视听兼备的具体形象中获得了信息的全部。

　　又如,中央电视台获奖新闻《生猪私屠滥宰贻害无穷》中的解说词:

画　　面	解　　说　　词
某患者大脑切面标本	这就是一个 23 岁的小伙子因患脑囊虫病亡故后留下的大脑切面标本。这一粒粒白色的小痘就是置他于死地的囊虫。
患病儿童	12 岁对于大多数孩子来说,正是无忧无虑的花季,而他却只能每天躺在病床上,他已经休学好几年了。

　　解说词既补充交代计算题。画面本身无法传达的信息,又通过诸如"这就是"、"他"等指代性语词,将观众的注意力牢牢地吸引在画面上,去直接感受画面形象,去品味由视听语言互为补充、相互交织所引发的心灵震撼。

　　其二,解说词根据主题的需要,提炼画面含义,发掘画面内涵,升华画面内容,既加强了画面的力量,又深化了主题。

　　仍以中央电视台新闻《生猪私屠滥宰贻害无穷》中的解说词为例:

画　　面	解　　说　　词
停产的国有肉联厂屠宰车间 闲置的屠宰设备	一边是个体户"千把刀杀猪"的热闹场面,另一边却是国有肉联厂"门庭冷落车马稀"。哈尔滨肉联厂原来每天可以宰杀生猪 5000 多头,如今每天只能杀三四十头猪,200 多名工人被迫下岗。

闲置的设备	据统计,截止1994年底,全国商业系统拥有机械自动化的畜禽屠宰设备利用率仅为15%,国家投入巨资兴建的现代化屠宰场大部分被闲置,有的设备已经报废。

从上例可以看出,解说词从具体可视的画面形象出发,并以独到的方式将局部引向整体,从看得见的事实逐步写到看不见的道理和观点,加强了画面内在张力,拓宽了观众的视觉范围,使得新闻主题有了更深一层的展示。

再如,中央电视台获奖新闻《国际田联对中国田径运动员进行飞行药检》中的解说词:

画面	解说词
两名药检代表走进体育场卜令堂向皮塔拉女士出示尿样瓶 尼尔斯先生发现门外的记者,走过来把门关上	今天上午刚刚抵达北京的尼尔斯先生和皮塔拉女士的这副装扮着实给人一种神秘莫测的感觉……在今天下午他们交给中国田协的尿检名单中,除了高红苗等竞走运动员之外,还有在西安训练的邮电体协运动员谭明军。至于这两人是否赶赴西安或者云南呈贡检查还在那里集训的王军霞,尼尔斯先生只是用生硬的中国话说了两个字:"秘密。"

解说词及时捕捉了画面的视觉因素作为遣词造句的依据,幽默诙谐,但意蕴深厚。解说与画面和谐统一,相辅相成。在轻松幽默中,讲明了一个异常严肃的事实,令人回味无穷。

综上所述,解说词的写作要贴切、到位,应该力求紧密配合画面。这种配合,不是简单地看图说话式的图解画面,讲述画面已一目了然的内容,也不是对画面亦步亦趋地被动追随,而应根据画面所展示的视觉形象,具体、准确地挖掘画面无法表现的视觉深度和广度,使观众能更深地感受画面的情境和气氛。画面与解说交相辉映,相得益彰,既迅捷地传播了信息,又构成了和谐统一、令人称道的视听效果。

(二)简洁凝练,为观众腾出理解和思考画面的余地

电视新闻以简约为审美标准之一,解说词写作更是如此。解说词是和电视画面互相配合使用的语言。画面强烈的现场感和色彩多变的特点,使观众把注意力主要放在画面上。在对解说词注意力相对下降的情况下,解说词必须简洁、精练、概括,以便能在瞬间给观众留下深刻的印象,达到最佳传播效果。那些拉杂啰嗦的解说，不仅破坏观众对解说词的理解，而且也影响观众对画面的注意。例如，浙江某县有线电视台新闻《九万灾民紧急大转移》，在不到三分钟的消息里，表扬县委、县政府领导英明决策、迅速组织群众转移的话出现达五次之多，其中，有三次是这么说的："在这场与狂风恶浪生死较量中，县委、县政府把群众生命安全放在首位，作出了正确的决策"，"在各地指导防台抗灾已经一天一夜没有好好休息过的县委书记、县长等领导冷静、果断地作出命令"，"正是县委、县府的正确决策，才使全县处于生死危急关头的九万灾民在大台灾中实现了科学、有序大转移"。

而获奖新闻《世界首例壳外孵小鸭成功》（中央电视台）则是一条以解说词简洁凝练见长的优秀电视新闻。

画　面	解　说　词
李赞东在试验	今年 3 月 26 日，北京农业大学李赞东副教授成功培育出我国第一只壳外孵化的北京鸭。至今这只小鸭生长良好，顺利地渡过了初生的危险期。这项成果经我国科技情报信息网联机检索，在世界上尚无先例。李赞东继 1990 年创世界首例在蛋壳外孵化小鸡成功后，又开始了研究鸭胚胎在代用蛋壳外的孵化试验。
待孵鸭蛋	他们针对鸭胚胎发育期比鸡长，蛋黄易散，后期死亡率高的特点，进行了两年多的探索和试验，先后转移了 1000 多个种蛋，终于获得了成功。
李赞东谈话	（同期声）略

这是一则科技成果报道，新闻总长度为 1 分 40 秒，其中一大段还是同期声，解说词言简意赅地交代了画面无法表述的新闻要素及相关背景，并配合画面及同期声，使观众的听觉、视觉、大脑思维达到和谐统一。该片作者骆红在介绍创作经验时说："……看了画面人们还需要了解怎么回事，如果解释太快，信息量太大，人们会有反应不过来的感觉，10 秒钟人们能反应过来两个意思，就不应写进三个意思去。我在写这条新闻解说词时，充分考虑了这些因

素,因此画面能表达的不再多说。"①可以说,好的解说词应是"惜字如金",要精心提炼,以准确、概括、洗练的文字说清新闻事件的核心。

一般来说,新闻中诸如新闻现场环境、气氛、新闻人物的外形特征等已由具体可视的画面展示出来,解说词没有必要再去描绘叙说与画面重复的内容,而应着重用简明扼要的语言填补画面难以表现的内容。

另外,解说词写作不宜过满,要避免播音语言同画面争地盘、抢时间,既造成听觉负担,也破坏收视效果,要为观众腾出理解精彩画面,感受现场氛围的空白时间。毕竟,解说词是为了促使观众看画面,引导、帮助观众理解画面、思考画面而写的。如中央电视台获奖新闻《代表民心的四次掌声》,解说词没有一贯到底,只在导语和结尾处用了两小段言简意明的解说,留出了声音处理上的空隙,充分发挥了画面与同期声的作用,使观众能全神贯注地"身入"新闻事件现场,感受现场气氛。荷兰纪录片大师伊文思曾说过,当动人的场景、画面出现的时候,解说员应立即退出银幕,让画面的形象直接去感染、影响观众。这应该成为解说词写作的一条不可背离的原则。

二、为听而写

电视新闻是线性传播,不同于报纸的平面阅读。在阅读报纸时,读者可以从容不迫,边读边思考,有较大的选择性和支配性。而电视新闻传播属"一次性消费",转瞬即逝,观众无法叫暂停去思考和慢慢咀嚼。因此,解说词语言要适合于观众的听觉习惯,让观众容易听,愿意听。换言之,解说词写作除了写是为了看以外,写也是为了听。

为听而写,就是要求解说词语言要清晰明快,琅琅上口,不含糊,不朦胧,不呆板,不晦涩,让人易听、易懂、易记。

具体地讲,为听而写,应注意以下两个方面。

(一)通俗易懂,明白晓畅

解说词写作要尽力排除观众理解和接受上的障碍,要深入浅出,让人一听就明白,不用拐弯抹角地令观众费心思考。

一般来说,电视新闻解说词要达到通俗易懂、明白晓畅,应注意把握:

---

① 骆红:《意外的收获》,载《中国电视奖获奖新闻作品选评》,中国广播电视出版社1994年版,第55页。

1. 多用口语词

在写作时,要尽可能将不怎么听得懂的书面语改为口语词。如"缄默"改为"沉默","函"改为"信","即"改为"就是"等。当然,也不排除书面的通用词以及群众熟悉的谚语、俗话、歇后语、成语、古诗词等。例如:

> "一边是个体户'千把刀杀猪'的热闹场面。另一边却是国有肉联厂'门庭冷落车马稀'。"(《生猪私屠滥宰贻害无穷》)
>
> "一位山东籍的汉族干部,两次告别白发苍苍的老母亲"、"他为这片土地的发展与兴旺呕心沥血勤奋工作"、"他同这里的藏族同胞结下了生死相依的鱼水深情。"(《领导干部的楷模——孔繁森》)

2. 尽可能避免使用方言、土语

电视新闻是大众传播,而方言、土语容易造成其他地区观众听不明白。例如:"这样做,准没冒儿!"(《红小豆热访谈》),"没冒儿"是关东方言。因此,即使是地方电视台播发的新闻中,也应在解说词中避免使用方言、土语。因为方言、土语不是通俗的语言,它不仅会影响传播效果,也会给祖国文化造成混乱。

3. 要尽量少用生僻的行业词、科技词

在新闻报道中,尤其是一些行业成就性报道、科技报道中,往往会碰上生僻的行业词、科技词,在难以回避的情况下应尽可能用浅显易懂的语言解说清楚,让专家不觉得外行,而老百姓也能听得懂。例如,在系列报道《原材料涨价,产品成本降低的奥秘》中有关"成本否决法"的解说:

> "什么是模拟市场、成本否决法呢? 比方说:这块钢坯目前的市场价格每吨1000元钱,总厂为了让它能卖得出去又能赚钱,在减去了税收管理费之后,落实到分厂的最后成本就变成了800元,再经过工段、班组层层分解落实到某个具体职工时,目标成本就变成了10元。谁完不成这个指标谁就要被扣去当月奖金。这种最初被职工们称为"不讲理"的"成本否决法",就是以市场价格为尺度,采用倒推的方法,层层分解,让每个职工都承担一定的成本指标,犹如给每个职工划出了一块责任田。"

4. 数字的表达应选用合适的视听元素

数字是比较枯燥的概念,观众对单纯的数字难以留下深刻印象。因此,在运用数字时,必须考虑观众对数字的承受力。一般来说,在运用数字时,应注意以下几点:

第一，报道数字，宜粗略不宜精确。粗略简单的数字能使观众在瞬间内理解所用数字的意义，便于记忆。同时，简化数字也是为了更适合口头表达。比如，将3621万写成3600多万，把1.9％写成近2％，这样写，就简单、易读、易记。

第二，开拓数字的可视因素。用打比方的方法描绘数字，可以给观众留下更深的印象。比如，"河南、山东两省沿黄群众，为了加固黄河河堤，造起了'地上悬河'。他们搬动的土石方约7亿多立方米，相当于建起13座万里长城，开挖两条苏伊士运河"（中央电视台《黄河巨变》）。用这种形象化的比喻描述数字，能使观众直接感悟出数字本身所蕴含的意义和价值。

第三，采用对比的方法，加强观众对数字的理解。比如，电视新闻《还水一条畅通的路》中的数字对比："据统计，建国后我国被围垦的湖泊至少有133万公顷，减少蓄洪容量350多亿立方米。曾经号称八百里的洞庭湖是长江洪水的重要调蓄场所，但围垦使之缩小了1/3的面积，减少了40％的蓄洪能力。"通过建国前后洞庭湖面积、蓄洪能力的数字对比，既显示了问题的严重性，又加深了观众的印象。

当然，在报道中，有些数据确有意义，有必要让观众了解和记忆，通常做法是借助于视觉元素，用字幕的形式将精确的数字逐一显示在屏幕上，供观众阅读、理解和记忆。

总之，电视新闻解说词语言应少一点故弄玄虚，多一点明白易懂。

（二）琅琅上口，悦耳动听

电视新闻解说词语言既要利于播音员口头表达，又要让观众感觉易听、好听。

要上口、要悦耳，解说词就得生动活泼，明快有力。例如：

平坦宽阔的路，气势恢弘的桥给北京社会经济发展注入了勃勃生机，使北京人越来越深刻地认识到，路本身就是生产力，修路就是发展生产力。（《跨世纪之路》）

法网恢恢，疏而不漏。谁蓄意造假，谁就难逃法律的制裁。（《打击棉花掺杂使假行为刻不容缓》）

黄金有价，精神无价。张喜忠无疑是我们这个时代青少年儿童学习的楷模。（《矿山小英雄张喜忠》）

这些解说词，铿锵有力，措辞严谨，掷地有声。

上口、悦耳的解说词写作，具体讲，应该做到：

1. 字数少、段落多、句子短

在写作时，应避免使用那些修饰成分、联合成分比较多，结构层次比较复杂的长句子。那种拖泥带水，马拉松式的长句子，只会令播音员读着拗口，观众听着别扭，不利于新闻传播。

2. 讲究节奏

强调解说词语言的节奏，除了要配合新闻主题及画面内在、外在节奏外，在写作时，可以适当地运用一些层递、对偶、对比等修辞手法，以增强语言的节奏感和韵律美。例如：

　　哪里水最深，哪里就有解放军的身影；哪里最危险，哪里就有人民子弟兵的足迹。（《山东灾民挥泪哭送人民子弟兵》）

　　北京离灾区很远，远隔千里；党又跟群众很近，心贴着心。（《三军战三江》）

　　天泼雨，雨撼地，天地混沌，浊浪滚滚；灾情重，将士急，三军齐动，共赴灾区。（《三军战三江》）

上述例子中，解说词语言优美，富有节奏。在传递信息的同时，又给人以听觉感官上的享受，令人回味无穷。

第二节　写作构思

电视新闻解说词的写作构思，不能单一地考虑文字语言的组合构成，而应根据新闻主题的内容与报道的表现形式两方面的要求，确定解说词在电视新闻报道中的地位与分量，并将其有机地协调在电视新闻各表现元素之中。在此基础上再考虑段落层次的划分及具体语句的斟酌推敲。因而，解说词的写作构思是对电视新闻报道的通盘、整体的考虑，它应当贯穿于整个电视新闻节目的创作过程之中。

根据题材内容决定主题立意，根据素材特点确定新闻报道体裁之后，电视新闻解说词的写作构思主要应考虑与画面、同期声的协调配合关系。

一、依据画面，确定写作内容

解说词的写作内容，总的说来是要求和画面有机配合，为表现主题思想服务。其写作内容包括如下几个方面：

(一)揭示主题

具象的画面难于明确、简练地表达抽象的主题思想。因而,电视新闻中需要用解说词将主题思想表述清楚。在消息中,多采用通过导语点出主题思想的写作方法。例如:

> 填报的数字是一回事,实际状况却是另一回事。武功县在计划生育工作中,弄虚作假,干部带头超生,致使全县人口管理失控。(《武功县计划生育工作弄虚作假》,陕西电视台)
>
> "一脚油门踩到底",标志着海南省交通规费的征收进入全新阶段。(《一脚油门踩到底》,海南电视台)

(二)阐明意义

意义也是抽象的,要靠解说词来讲明白。例如:

> 海南在全国率先推行交通规费征收的这项改革,成功并有效地建立健全了燃油经营管理、运输管理和跨省市行驶管理等制度,使各项工作不断完善。同时,全新的交通规费征收体制,不仅提高了公路运输的通过能力,也取得了较好的经济效益和社会效益。(《一脚油门踩到底》,海南电视台)

配合血脉畅通的公路线,井然有序的来往车辆,漂亮的加油站等画面形象,解说词言简意赅地阐明了海南省推行交通规费改革这一重大举措的现实意义,为在全国推广树立了典范。

(三)交代背景

在新闻报道中对事件的背景作必要的交代,有助于观众了解事件的来龙去脉,使主题表现更深刻、更丰厚。背景的交代,可以是画面的,也可以是文字的。当新闻有画面背景资料时,解说词简明扼要,点到为止;当缺少画面形象资料时,解说词理所当然要将背景交代清楚。

例如,系列报道《边疆行——今日珍宝岛》中:

> 珍宝岛,位于黑龙江省虎林县与饶河县之间的乌苏里江中,隔江与俄罗斯交界。这个面积不足一平方公里的小岛,曾经在60年代末由于笼罩过战火的硝烟而一度成为中国乃至世界关注的焦点。

新闻开头利用解说词,将珍宝岛的地理位置,曾经的历史沧桑,来衬托今日珍宝岛安宁、祥和的气氛,揭示今日中俄两国的友好关系来之不易。

(四)介绍情况

画面语言只能完成一条电视新闻中具体形象的部分,综合抽象的事实材料,诸如,说明事情的经过、介绍相关的情况等只能由文字解说来完成。解说词要用概括、洗练、准确的语言,把情况交代清楚。

例如,江苏电视台新闻《"扶贫状元"华西村》中的解说词:

画　面	解　说　词
宁夏华西新村外景 华西新村规划图	这座华西村是由江苏的华西村最近出资 180 万元帮助修建的,他们使 300 多户 1800 多名原先生活、居住在山区的贫困户搬进新居。并计划用三年时间帮助宁夏 1000 个贫困户易地脱贫。

解说词以简洁明了的语言介绍了江阴华西村在宁夏的扶贫情况及计划。从中反映了华西村致富不忘国家,开展扶贫帮困的感人事迹。

(五)议论问题

现代人对信息的需求,不仅想了解"什么",而且还想知道"为什么"。随着媒介之间相互竞争的加剧,电视新闻也越来越需要向纵深拓展。新闻画面的特长是叙述而不是评论,而深度报道离不开对新闻事件作评论。评论的任务要由解说词来承担。

例如,陕西电视台《一批劣质钢材的"大旅游"》中的解说词:

画　面	解　说　词
检查人员讨论研究 劣质钢材 检查人员 主持人图像	面对这个事实,人们不禁要问,当前不合格产品满天飞的情况,难道仅仅是由于生产劣质产品的企业造成的吗?答案显然是否定的。在流通领域里,一些企业唯一关心的只是自己的经济利益,发现所经营的产品存在质量问题,并不是考虑如何去阻止不合格产品的继续流通,而首先考虑的是如何甩掉包袱,甚至从中牟取暴利,从而人为地给不合格产品的畅行培养了滋生蔓延的环境。

一批劣质钢材在近两年的时间里先后被六个企业转手倒卖,价格从每吨 2500 元猛抬到 5900 元。解说词针对这一奇怪的现象进行深层次的剖析,并在结尾点评中针砭时弊、鞭挞丑恶,加大了电视新闻的报道力度。

(六)抒发感情

以情动人,是电视新闻的审美追求。饱含感情的镜头语言能够再现现实生活中的动人情景。如果感人的画面再配以深情的解说,情感的表达会得以强化,从而促使观众在情感的体验中,进一步认识事物,品味事件的内涵。

中央电视台优秀新闻专题《三军战三江》中的解说词,就有多处感情抒发:

这是记者在大堤决口时拍下的一组镜头:群众正在向安全地带转移,某英雄连却向着洪水、向着危险冲去!

这情景使我们想起这些英雄部队的昨天,在那条漫漫几十年的英雄路上,有过许多相似的情景,写下了许多感人的故事。为民抗敌是英雄,为民抗灾是好汉——人民军队唯一的宗旨,老一辈人造就的传统,就这样溶进后代的血液,铸成今天的故事。

…………

50年代的英雄和90年代的英雄,跨越不同战场,在这里紧紧拥抱;为人民舍生忘死,赴汤蹈火的主题,穿透漫漫时光,在这里展示历史的永恒。

这些精到的解说,优美的语言,饱含着作者深厚的感情,配以感人肺腑、震撼人心的抗洪救灾画面,表达了作者对人民军队抗洪救灾壮举的由衷敬佩和对人民军队忠于人民的优良传统的热情礼赞。

当然,解说词在抒发感情时,要以画面提供的视觉形象为依据,与画面事实相辅相成,有感而发。

(七)突现细节

细节,一般是指作品中与人物性格、事态发展、生活情景等产生有机联系的局部或细部叙述单元。它是形象展现的"活性细胞",是构成新闻作品整体的基本要素。在电视新闻中,细节的表现形式有以下几种:其一,纯粹画面语言组成的细节;其二,单项听觉语言构成的细节;其三,由视听复合语言组成的细节。

画面语言组成的细节具有强烈的视觉冲击力、感染力和表现力。如《难圆绿色梦》中,徐治民老人痛苦的表情、抽搐的哭泣以及那开了天窗的徐治民英雄业绩纪念碑等等,作品主题的内核全部凝结在画面细节的组合中。

但是,在电视新闻中,也有部分细节不具备直观的外在形象或在时态上属于"过去时",画面难以再现。此时,只有靠时态自由的解说词来完成细节的刻画,以增强主题深度。

例如,新闻专题《中国蓝盔——赴柬工程兵大队采访散记》(中央电视台)中的一段细节描写:

陪同我们的副大队长高军讲述了修桥时遇到的一个小插曲。

那是7月5日上午,中国工兵正在抢修5号桥时,一位法国少校开了吉普车来到桥头,说有紧急任务要求通过。中国工兵急中生智,用25吨的大吊车像抓小鸡似的连人带车地吊过河去。这位少校连说:"伟大,伟大",并拿出一瓶葡萄酒请中国军人赏光。

这段细节幽默风趣,但内涵丰富,反映了中国工兵的聪明智慧及高超的技术,以自己的行动赢得外国同行(维和部队)的赞誉和敬佩。

这种用解说词表现细节,画面常常使用空镜头或表现新闻人物"现在"活动的镜头。从表面上看,解说词暂时离开了画面内容,但并没有离开主题,离开表现内容。这种声画对列的表现方式仍是以画面为存在依据的。

当然,对表达细节来说,视听复合语言是较为完美的方式,它同时具有画面的优势和解说内容的吸引力。

例如,电视新闻《打击棉花掺杂使假行为刻不容缓》(中央电视台)中的细节展示:

画　　面	解　说　词
掺杂作案现场	这是一家县属棉花加工厂,打包流水线的一块挡板被有意拆掉,很少有纺织价值的短绒就从这里一点一点掺入好棉花之中。
作案现场	这本来是加工皮棉用的废渣出口,如今被堵得严严实实。走投无路的废棉籽、棉秆,顺着这条管道源源不断地输送到打包车间。
作案现场	这家工厂想得更绝,干脆附加一套吸纳装置,短棉绒、废棉籽通过这条吸管也混入了好棉花。

上述三个细节表现得非常具体、形象,充分发挥了电视新闻的视听综合效应,将不法分子蓄意破坏棉花资源的卑劣行径通过视听两个渠道一览无余地呈现在观众面前,令人发指,具有不容置疑的说服力。

当然,由视听复合语言来完成的细节,其中听觉语言不仅仅指解说词,还包括人物同期声。同期声在细节表现上也具有同等重要的地位。

以上所列举的解说词写作内容并非都需将其容纳于一则电视新闻报道中,而应根据不同的新闻主题和体裁样式择其所需灵活处理,用以丰富画面表现的内容,开掘新闻主题的深度,活跃视听语言。

二、解说与字幕、同期声关系

解说、字幕、同期声（此处特指人物同期声）作为语言符号在电视新闻中的三种表现形态，都能体现语言文字的抽象意义。换言之，对于形象画面难以表现的内容，诸如背景交代、情况说明、主题揭示等，三者均能独立完成。因此，在电视新闻中，语言符号传播部分究竟是由解说独立承当，还是配合字幕或同期声综合运用的问题，需要对此进行宏观设计并处理好三者之间的配合及承接转递关系。

（一）解说与字幕

在电视新闻中，由于解说与字幕诉诸于观众不同的感觉器官，因而，作为补充信息的另一个重要手段，字幕能弥补解说涵盖不了的重要信息，并与画面、解说构成视、听、读三位一体、优势互补的合理结构。

例如，中央电视台优秀新闻专题《三军战三江》，片中成功地将字幕与解说合理配置，从而拓展了画面的广度与深度：

画　面	字　幕	解　说　词
部队奔赴险区 部队官兵在重灾区抗洪救灾	从6月13日至6月28日，人民解放军广州军区紧急出动兵力近17万人次，民兵预备役部队210万人，车辆船艇2万4千多艘，飞机110架次。	百万雄师开赴千里灾区，所有救灾部队的开进目标，同是危险堤段，同是重灾区。这就是我们的人民军队！也只有这样的军队，才能视灾情为命令，视人民为父母，视救民于水火为己任。
塌方的龙王港大堤。 黄祖示少将在危堤上组织官兵奋勇抢险	抗洪救灾中共有46名将军亲临重灾区指挥，760位师团级领导与官兵一样风餐露宿	6月19日凌晨，龙王港大堤出现大面积塌方，严重威胁长沙高新技术开发区和望月湖8万多群众的安全。危急关头，省军区副政委黄祖示少将冲上危堤，置身险境，激励1000多名官兵拼死苦战……4个昼夜就这样过去了，军人们用胸膛挡住洪水，保证身后的万家灯火，城市安宁。

这里，字幕用充分的事实和言之凿凿的数字既免去了解说的繁杂啰嗦，精练了节目，又更深层次地拓宽了画面与解说的内在张力，增强了信息传播的丰厚度，使解说、字幕、画面浑然一体，发挥了电视新闻综合传播的立体效

应,使观众真切地感受到了人民军队为国为民抗险救灾的英雄壮举和不屈斗志。

有时为了强调,解说词的内容与字幕内容完全一致。这种字幕往往是解说中某一个重要的数字、某一句观点性的语言等,如《粪桶畅销的启示》中三次字幕就是解说词中三个层层递进的观点。字幕与解说可以互为强调、互为补充。字幕运用的时机要适当,注意同画面、解说的有机配合。

(二)解说与同期声

用同期声代替解说,能增强新闻的权威性、真实性、亲近性。此外,解说与同期声的相互协调、合理配置运用,能起到相互印证,共同深入、深化主题的作用。例如《一脚油门踩到底》,当解说词谈到海南交通规费征收改革"方便了司机,加快了运输速度"时,立即接上采访司机的同期声:"岛内行驶一脚油门踩到底畅通无阻,是我最大的感受"(长春司机),"简化手续,撤销所有关卡,节省了我们大量的时间,运输能力比过去提高了差不多一倍"(海南司机)。这里,解说与同期声巧妙配合,既相互印证,互为补充,令人信服,又起到揭示新闻主题的作用。

由于解说与同期声均属于听觉通道的传播,因而,在处理解说与同期声配合上更应注意两者之间的起承转合,避免生硬突兀,过于随意。

解说与同期声的交替运用,应注意以下两个方面:

第一,解说要为同期声的出现作必要的铺垫,设计引入的渠道,为同期声的引出创造时机和语境。

例如,中央电视台、湖北电视台的电视新闻《抢险工地老鞋匠》中:

(解说)在湖北省黄梅县正在抢修的"八一"大堤上,记者意外地发现一位正在给解放军战士修鞋的老鞋匠。(镜头推向鞋匠车上挂的红牌)看到这块牌子,我们忍不住要采访他。

自然导入现场采访同期声。又如,该片结尾处:

他不愿记者采访他,他认为战士最辛苦,应该把镜头对准他们,最后在记者一再追问他为什么要这样做时,他只讲了四个字(老鞋匠的同期声):"鱼水之情!"

在这里,解说为同期声的引用作了必要铺垫,水到渠成,自然而然。

第二,同期声之后,解说应给予必要的概括、点化,以承上启下,展开进一步的报道。

例如,中央电视台新闻评论《无法掩盖的罪恶》中:

记者:坑里的炸弹数量有估计吗?

侯天生:现在整 3 个坑的数量有估计。

记者:这 3 个坑的炸弹的数量加起来有多少?

侯天生:加起来总数的数量是根据历史记载及当时查找知情人、走访受害人和当时操作的工人,计算大概有 180 万。

解说:这 180 万枚毒弹,还远不是日军遗留在我国的化学武器的毒弹的全部。

以"180 万枚毒弹"作为承接语,又为下文的展开作了铺垫,以进一步揭露日本军国主义在中国犯下的滔天罪行。

又如,黑龙江电视台的新闻评论《"三国四方"何时拆除篱笆墙》中:

(同期声)迎春镇派出所所长:迎春镇上共有四支警察部队,但由于不是一个系统,像铁路警察各管一段,到管区外执行公务必须经对方同意。

(解说):四支警察部队有干警 300 多人,小镇上平均 100 多人就有 1 名警察。这实际上是各单位为完善自己小机器运转的产物。因为他们都有自己的地盘,有地盘就不能没有维持秩序的警察。

解说紧接同期声并针对同期声内容进行分析、点化,一针见血地指出:之所以一个小小的迎春镇有四支警察部队,其本质是各自有各自的地盘。而这一本质原因又为下文分析各筑篱笆墙造成制约经济发展的严重后果埋下了伏笔,使评论巧妙自然地进入更深层次的挖掘和剖析。

因此,在处理解说与同期声交替运用时,一定要注意两者的承接,解说词要能"递过去",又能"接过来",尽可能消除听觉语言形式转换的痕迹,以保证全片结构顺畅自如。

第三节　各类新闻体裁解说词的写作特点

不同的新闻体裁,由于其对题材内容表现方式的相异,在解说词的写作上,诸如结构布局、表述方式、语言运用等方面均有不同的要求,形成不同的写作风格和样式。这里,我们根据目前电视新闻报道的实践,将各类新闻体裁解说词的写作特点作一初步探讨。

一、消息类新闻解说词写作

消息,是对新闻事实简明、扼要的报道。由于其篇幅短小,语言讲究简洁凝练,解说词的文字表达重在叙述,要有高度的概括性。

消息的解说词一般由导语、主体、结尾三部分构成。其中,导语写作尤为重要。

(一)导语写作

导语是一则消息的"脸面",代表着新闻内容的精神和灵魂,对全篇要旨有提纲挈领的作用。同时,写好导语,也是消息能否吸引观众的关键所在。

电视新闻导语写作应注意两个方面。

1. 要符合一般消息导语的写作要求

如提纲挈领,简明扼要,抓住事物的特点,寻找事实的变动及新意等等,使导语成为一种提示,一种摘要,甚至一种高潮,激发观众的兴奋点,引起观众的注意。

例如,电视新闻《我军在台湾海峡成功举行三军联合作战演习》(中央电视台)的导语:

> (导语):3月18日至25日,我军在台湾海峡进行的三军联合演习取得圆满成功,显示了我三军官兵优良的军政素质,高昂的战斗意志,表明我军完全有决心、有办法、有能力维护祖国统一,捍卫国家主权和领土完整。

导语凝练和升华了新闻主题,突出了新闻的内在意义,从而唤起观众的充分注意。

又如,电视新闻《中英街两旁国旗高悬》(深圳电视台)的导语:

> (导语):今天是中华人民共和国诞生47周年的国庆节,以"一街两制"闻名全国的深圳沙头角中英街,第一次在街道的两旁,同时升起了五星红旗。

导语提纲挈领,准确抓住新闻的核心事实,先声夺人,吸引观众看下去探个究竟。

2. 导语写作要有画面感

电视新闻的视听合成,决定了在写电视新闻导语时,要考虑用什么样的画面与导语对列,要重视与"导语画面"的配合。所谓"导语画面",是指电视新闻开头的一个或一组画面。

目前,屏幕上出导语的方式主要有三种:

(1)口播导语。即由播音员出图像播念导语。采用这种方式,一是出于节目编排的需要,作为串联词之用;二是在导语的写作内容比较抽象、比较概括以及交代计算题。背景或难以找到合适的新闻画面与之对列时采用。

例如,中央电视台新闻《还水一条畅通的路》的导语:

> (播音员口播)(导语):河道里建房,"眼前得利,长远忧伤",这是今年河北省井陉县老百姓水灾过后痛定思痛的感受。而像井陉一样,全国许多地方普遍存在着"向湖泊进军,向河滩要地"的现象,这些违反自然规律的做法直接威胁到我们抵御洪水的能力。请看报道。

(2)出新闻画面与导语相对列。即在文字导语出现的同时,伴有典型环境或典型人物、典型事态的画面出现。这种方式要求导语写作与新闻画面紧密配合,互为开拓。

例如,电视新闻《总书记与大学生在一起》的导语:

画　　面	解　说　词
大学生鼓掌欢迎场面	(导语)1993 年 4 月 14 日上午,海南大学校园里成了一片欢腾的海洋。

(3)现场播报导语。即由记者在新闻现场向观众进行报道,是记者进行现场报道的开场白。记者应交代新闻发生地以及报道的缘由。

例如,浙江电视台新闻《城里人下乡购时装》的导语:

> 观众朋友,我现在站的地方是桐乡濮院镇羊毛衫市场。今天是星期天,显得特别的热闹,一辆辆车、一群群人拥到这儿。我们仔细观察一下,发现这些车都是来自杭州、上海等一些大城市,这些人都操着外地口音。

总之,导语写作,要善于挖掘新闻事实的精华,达到"一眼功效"(艾丰语),引发观众的收视兴趣。

(二)主体写作

主体是新闻的主要部分,它是对导语中所涉及的事实作进一步的丰富和充实,是对导语的展开和深入,加深观众对新闻事实和新闻主题的认识和理解。

主体写作最重要的是对事实材料的合理安排,或对比,或因果,或并列,或由点到面,层层递进,讲究结构的严谨。

例如,《还水一条畅通的路》的主体部分写作:

> 日前记者沿河北省井陉县金良河采访时拍摄到这样一组镜头,这些建筑全都建在河道上或者河滩上,从这些残垣断壁人们依然能够感受到 8 月的洪水带来的深重灾难。尽管 4 个月过去了,但谈起洪水带来的损害,这位农民仍然掩饰不住内心的伤痛。
>
> ············
>
> 这位农民花了 12 万元辛辛苦苦盖起的楼房只住了 40 多天,就被洪水冲成了眼前这副模样。这位老乡在为自己的损失悲伤时也许不会想到像他们这样在河道里建房,不仅给自己带来了毁灭性的灾难,还殃及了他人。这幢河道中的小白楼和下游的其他楼房在 8 月的洪水中就像一座座水中孤岛,阻碍着洪水的下泄,加重了井陉县的灾害损失。
>
> 像这样挤占河道的现象在我国十分普遍……据统计,建国后我国被围垦的湖泊至少有 133 万公顷,减少蓄洪容量 350 多亿立方米。
>
> 今年汛期黄河花园口的流量每秒只有 7600 立方米,相当于建国以来最大洪水流量的 1/3,但水位比那时高出了近一米……出现这么大的险情除了泥沙淤积的原因外,河滩中人为障碍物阻水是一个重要原因。

解说词巧妙地从一户农民遭大灾的事实出发,进行深入细致的微观剖析,再由"点"到"面",引发出全国性的普遍问题,点面结合,使点的分析具有深度、力度;面的扩展具有宽度、广度,加强了新闻主题的深刻性。

此外,也可依据事物发展进程,采用行进式结构来安排事实材料。例如,1998 年评选的第八届中国新闻奖一等奖的消息《浙江百万群众大转移》(浙江电视台),较好地运用了这一结构方式:

> 今天下午 4 点,省气象台专家最终确认,今年第 11 号强台风今晚 9 点前后在我省沿海登陆……
>
> 时间在分秒流逝,台风在步步紧逼。下午 6 点,离台风登陆只有 3 个小时了……
>
> 天渐渐黑了,风更大,雨更紧……
>
> 晚上 9 点 30 分,11 号台风在台州登陆,其强度之大,为我省历

史所罕见……

四次交代时间,步步紧逼,渲染了台风压境时的紧张气氛,较好地衬托了省委、省政府领导重视人的生命、尊重人的生存权利这样一个重大主题。

电视新闻的现场报道,往往采用这一结构形式。

(三)结尾写作

结尾一般用来揭示新闻内涵,深化主题,以达到影响舆论、引导舆论的目的。

电视消息结尾的写作方式,类同于报纸、广播,常用的有总结式、议论式、展望式、呼吁式、悬念式、照应式,等等。目前,屏幕上也有一些消息只对主要事实作概要性解释,只有主体部分,言止意尽,也可以没有结尾。

此外,消息类新闻还应重视口播稿和简讯的写作。

口播新闻,是播音员口头播报的新闻。其特点是简洁、灵活、迅速、及时。口播稿的写作有别于画面新闻的解说词,在写作上要求新闻五要素完备,短小精悍,简明易懂。在内容上不宜展开,也无需提供细节。

简讯,由于有声画的配合,较之口播新闻,在文字上更为简略、概要。一条简讯往往只有15秒钟左右,只需几十个字。因而,简讯不必按导语、主体、结尾的格式去写,只要用最简洁的语言(有时甚至是一句话),将最重要、最新鲜的新闻信息传播给观众即可。例如简讯:

> 余姚市以下岗职工为主经营的阳明东路夜市一条街开设半个
> 月来,生意十分红火。200多位下岗职工进场设摊经营,找到了一条
> 再就业之路。

二、专题类新闻解说词的写作

新闻专题是对新闻题材作比较详尽而有深度的报道。由于容量大,较之消息,新闻专题可以对新闻事实作比较具体、系统的分析,能较完整地反映和再现新闻事件的发生、发展过程,使观众对新闻事实有全面、立体的认识。因此,新闻专题写作要求对丰富的事实信息和翔实的背景材料进行整体构思,注重新闻的有序结构,使作品脉络分明。

目前,专题类新闻解说词的常用写作方式大致有这样两种。

(一)按照时间顺序写作

许多纪实性的新闻专题往往是按时间顺序依次拍摄的。解说词也就按照事件的主要发展线索、发展过程的先后次序来安排材料。这种结构方式,

比较适合于那些事实线条比较单纯,事件本身具有很强的情节性的新闻事实。这种结构方式,符合观众的收视心理,提高了新闻的可信性、真实性。

例如,新闻专题《哈尔滨的孩子回家了》所采用的就是时序性结构。它按照新闻事件发生、发展的时间流程,向观众娓娓叙说事件的全过程。从发现流浪儿童,到多方寻找儿童的父母;从找到孩子的母亲,到劝说她由哈尔滨去西安接孩子;从孩子不认母亲,到事情最终的圆满解决。新闻环环紧扣,把观众带进故事之中,跟着情节的发展亦喜、亦忧、亦恨、亦悲,感情波澜起伏,从中得到启迪和教育。

在纪实性的新闻专题中,画面和同期声承担主要的叙述任务。解说词主要是配合画面进行阐释、说明、介绍,较少议论和分析,力求平实、简洁。

(二)按照逻辑顺序写作

即按照新闻事实的内在逻辑关系(如因果、主次、对比、递进等)对相关材料予以选择、提炼,并加以妥善安排,使内容扎实,有说服力。例如,新闻专题《人性、金钱、罪恶——深圳特大杀人劫车案透视》,就是采用由"果"溯"因",由罪犯的行为追究其思想、人生观、价值观这些深层次的因素,从中透视出引发这一耸人听闻的案件的必然性。

按照逻辑顺序,对材料的安排还可以采用多侧面组合,围绕主题思想,将新闻事实方方面面的情况一一展现,以构成事实的全貌。例如,新闻专题《中国蓝盔——赴柬工程兵大队采访散记》,就是通过典型事实的精心选择,材料的妥帖安排,以散记的形式多侧面地记录了中国军队在柬埔寨的工作、生活情况以及各界对我国军队的评价,折射出我军指战员那种为国争光、为我军争光的高尚品格。

按照逻辑顺序写作,对材料的安排也可以像剥笋一样层层递进,深入挖掘,中央电视台的《新闻调查》栏目报道经常采用这种方式;还可以由点到面,点面结合,既有宏观形势的概括介绍,又有典型事件的叙述分析,如对重大事件的综述报道往往采用这种方式。在这种结构形式中,解说词语言力求概括、精练,观点明确,层次分明。

三、评论类新闻解说词的写作

电视评论是对国内外重大的、具有普遍性、倾向性的新闻事件与问题发表看法,表明立场、观点、态度。电视评论写作首先要遵循新闻评论的共性要求,具备评论的三要素,总的要求是论点要立意深刻,论据要典型充分,论证要逻辑严密;同时,也要体现电视评论的个性化特点。现将电视评论的不同形式分别予以阐述。

(一)编后语

编后语是配发在新闻事实后面的简短评论。大多是一事一议,写作时要就事论事,抓住新闻事实中最有教育意义的东西加以论述和阐发,评点得失,说出新意,讲清道理,言简意赅,切中要害,提倡什么,反对什么,态度明朗。

(二)主持人议论

主持人议论是独立播发的简短议论,由主持人在屏前就某一事实或某一现象、问题,谈看法,表态度,是主持人的有感而发。因此,写作时议题要抓准,并用简明扼要的语言加以概括,议论时无须讲大道理,也无须提供论据、展开论证,直截了当地发表看法,传达对新闻事实的某种观点和见解。

(三)电视新闻述评

电视新闻述评是以电视的手段就某一新闻事件、某一社会现象展开述评。在写作时,要注意以下两个方面。

1. 就事论理,叙议结合

电视新闻述评不能一开始就直陈观点和思想,而应摆事实、讲道理,选择典型事件或现象加以剖析,展示其本质内涵,从而阐发具有指导意义的观点和见解。

例如,山西电视台电视评论《半个世纪的重合》,是由两组经历 50 年沧桑却令人心惊地重合在一起的镜头对比作为评论依据的。请看:

观众朋友:这里是山西省武乡县八路军总部的旧址——石门乡砖壁村。

革命战争年代,朱德、彭德怀、刘伯承、邓小平等老一辈无产阶级革命家曾和这里的人民一同浴血奋战,武乡的小米养育了八路军和中国革命。老一代摄影家也为我们留下了这些珍贵的历史镜头。

然而,50 年后的今天,当我们站在同一角度拍摄同一镜头的时候,我们惊奇地发现,除去风雨冲刷的痕迹,这两个镜头竟然十分相似地重合在一起——八路军总部旧址砖壁村 50 年的历史无情地重合在了一起,现实使人们陷入了沉思。

可见,在评论写作时,首先要准确而独到地选择议论的切入点,使评论有的放矢。

叙议结合,是述评的基本要求。电视新闻述评写作没有一定格式,可以根据述评内容、节目样式进行布局。有时,记者在采访回答过程中进行点评,有时在画外音解说中评述,有时在节目开头或结尾处阐发观点、表明态度。

2. 分析透彻到位,论述精辟有力

著名记者艾丰曾说过:"记者要做思考的笔"。对于评论写作,更应如此。记者的论述不能轻描淡写,蜻蜓点水,而应在敏锐透彻的分析、富有哲理的思考基础上,以一针见血、掷地有声的解说,并配合富有说服力、感染力和震撼力的镜头语言以及同期声采访,达到评论的哲理深度和思辨力度。仍以电视评论《半个世纪的重合》为例:

砖壁需要什么? 需要钱吗? 当然需要,但是砖壁近50年的发展史说明,钱并没有从根本上解决砖壁的问题。

那么,砖壁需要什么?

(采访略)

记者认为,贫困地区之所以贫困,原因是多方面的,贫困是一个综合的历史的社会现象。贫困地区恶劣的自然条件,封闭的生存环境,决定了贫困地区人群素质的低下。发展教育、科技、文化,发展乡镇企业、种植业、养殖业,迁村移民,挖煤种树,发展商品经济,机关干部下乡,等等,所有这些,都是消灭贫困的有效途径。

但是,仅有这些行吗?

不行! 在砖壁,思想观念的更新,传统习惯势力的转变,远比物质上的脱贫更加艰难。

(采访略)

偏远的地理位置,恶劣的自然条件,封闭的社会环境,低下的人群素质,这种种原因使贫困的农民孤陋寡闻,缺乏改变生活的信心和勇气,甚至没有向往现代生活的冲动。

(采访略)

砖壁究竟需要什么? 砖壁需要一种精神,一种自力更生、艰苦奋斗的精神,一种在血与火的战争年代中产生并发扬光大的精神,一种如同大寨、西沟、神南等许许多多自力更生、艰苦奋斗终于摆脱贫困的奋斗精神!

....

没有这种精神,别说是现在,就是再过50年,历史还将再度重合,砖壁依然贫穷,砖壁还将是这个砖壁! 扶贫攻坚任重道远!

老区人民到底需要什么？评论用事实胜于雄辩的镜头语言和同期声采访，以及步步深入、层层递进的分析与评述，发挥视听语言的综合效果，构成评论内在的逻辑推理力量，顺理成章地得出结论，旗帜鲜明地点明了主旨：扶贫治贫，最重要的在于扶精神、扶志气。

第四节　标题写作

标题是电视新闻写作重要的一环。它是在新闻播出时，在屏幕上打出的文字传播符号，用以揭示新闻的主要内容，对传播信息、沟通观众、引导社会舆论有着重要的作用。因而，标题写作一定要精心设计，反复推敲。

一、标题的作用

与报刊新闻标题的"导读"作用不同，电视新闻标题不是在新闻前面出现，而是在新闻播出开始以后才加上去的。因而没有起到提示后一条新闻开始了的作用。换言之，电视新闻标题没有标位作用。其出现的目的主要是对报道内容的概括、提示，以帮助观众加强对新闻的理解，或者表明态度，引导舆论。

（一）突出要旨

标题是新闻中最重要、最有新闻价值的那部分事实的浓缩和概括。例如，《我国预报天体相撞已达国际领先水平》、《锲而不舍，绿我神州——中央领导参加植树》，标题提纲挈领，清晰明白，使观众一眼便能从标题中看清新闻的要旨，对主题的表现有着直接的促进作用。

（二）评价事实

标题对读者的引导，不仅仅表现在对新闻核心事实的提示上，还能够对新闻所反映的事实的意义作出恰当的评价，巧妙地揭示其实质，并以此影响舆论。例如，《合资，引进来，更要利用好》、《打击棉花掺杂使假行为刻不容缓》，深刻尖锐，直接触及新闻事实的本质内涵，借以引导舆论。

二、标题与新闻体裁

俗话说："量体裁衣"。新闻标题之于新闻体裁，也像衣服之于人，应视体裁的不同而具有不同的写作特点。

（一）消息的标题

消息主要是迅速、简要地报道国内外发生的事实。因此,电视新闻消息的标题主要在于摆事实,侧重于表现事物的动态,回答的是正在发生什么。一般可分为叙述式标题和概括式标题。

1. 叙述式标题

就是用直接叙述的方法,把消息中最有新闻价值的事实,简明扼要地标示出来。这种类型的标题是电视新闻消息中广泛采用的。例如,《天安门广场竖起"中国对香港恢复行使主权"倒计时牌》、《国际田联对中国田径运动员进行飞行药检》、《广东警方迅速破获"东星轮"千万元劫案》等等,都是新闻中最重要的事实的直接陈述,通俗易懂,明白如话。

2. 概括式标题

是对报道的内容、主题的概括和凝练。例如,《朱卡嘉没有走》、《代表民心的四次掌声》、《广东:农民成了现代农业投资的主体》等等,都是对报道内容和思想的最集中的概括。

另外,采用提问式的写法,如《这样收费合理吗?——关于大连站车票问题的报道》,这种问题性标题也是对报道内容的另一种形式的概括,以引起观众的注意。

目前,在一些短消息,特别是大杂烩式的组合式编排的消息中,标题往往是不完整的,它只是提示式的,如《美国:火山》、《匈牙利:汽车大赛》、《珍稀动物》等,极为简练。

（二）专题的标题

专题,是就某一新闻题材作比较详尽完整的报道。它的标题一般不宜太实、太露、太直,要做得虚一些、含蓄一些。不宜像消息那样把新闻中所言之事、所明之理,在标题中直截了当、和盘托出。由于专题需要比较详尽地描述新闻事件发展变化的过程,需要再现人物的精神风貌,主要着眼于开掘事物的本质特征和思想意义,使之成为窥见人物心灵的"窗口"。例如,《三军战三江》,气势恢弘;《粤海情融天山雪》,寓意深长,耐人寻味;《兄弟情》颂扬了在社会主义祖国大家庭里,人与人之间兄弟般的真情厚谊;《西海固连着中南海》,生动形象地传达了党和国家对贫困地区群众生活的关心,对贫困地区经济发展的支持这一全片的主旨。

（三）评论的标题

电视新闻评论是虚实结合、论叙结合。因此,其标题的特色是据事立论,带有提问题、指方向、阐发观点的特点。例如,中央电视台《焦点访谈》节目中经常采用这类标题:《法规为何成空文》、《连续诈保为何得逞》等,既点明事物的本质,又直截了当地提出问题,引人深思;《苦涩的苹果》、《难转的"金轮"》等,把要论的事和论及的理都概括地写进了标题;《"罚"要依法》、《对话比对抗好》,旗帜鲜明,直接阐发对所要论及的问题的看法、见解和观点。

电视新闻专题和电视新闻评论的标题,有时除了主题之外,往往还有副题,如《潜在危机——关于童工现象的思考》。

了解不同新闻体裁标题的不同特点,便于掌握标题写作的一般规律,以免出现张冠李戴、题不对文的现象。如《洋河污染导致大片农田绝收》,应是消息的标题,引出的却是一则评论。《十世班禅转世灵童金瓶掣签仪式在拉萨举行》,如此具体、实在、直白的标题似乎不适合新闻专题。当然,在实践中,各种新闻体裁的标题之间,既有区别,往往又是互相渗透的,相互之间并非完全不可逾越,关键是要运用得当。

三、标题写作要点

具体说来,标题写作应注意如下几点。

(一)标题要概括新闻中最重要、最有特点的精华部分

标题是一则电视新闻报道的提要和点睛之笔,因而标题写作要紧贴主题,对新闻事实的表述要准确精当,以概括新闻内容的精髓和实质。

(二)标题要简洁明快、通俗易懂

标题的遣词造句要平实朴素,明白晓畅,让观众在一瞥之中,不假思索地便能了解它的内涵,切忌艰涩、生僻或华丽词藻的堆砌。当然,通俗化并非简单化、公式化,标题写作忌讳相互模仿,重复陈旧。比如,《我国核工业成绩显著》、《……留给我们的思考》,等等。此外,电视新闻的标题相对要短,尽可能减少副题的出现。

(三)标题要形象生动,力求新颖独到

标题要让人俗中见雅,俗中见奇,俗中生趣,起到"言近而旨远,辞浅而义深"的表达效果。因此,可巧用修辞方法,用具体、浅显的事物替代抽象深奥的事物。例如,《一脚油门踩到底》,生动活泼,简洁明快,动感强烈;《六年冠军梦,圆梦在津门》,对仗工整,语言凝练,文采斐然;《检查团来了!走了!》,言简意赅,内涵丰富,引人深思。

此外,由于电视画面连续运动的特点,标题的写作要尽可能地传达出动

感,如《城里人下乡购时装》、《走南闯北看浙货》。

　　总之,标题用语并非是可以信手拈来的毫无语言色彩的"大白话",而应当作一门学问,去精心锤炼题意,认真推敲用字造句,使电视新闻标题既形象生动,又有一定的思想内涵和文化意蕴。

第十二章
电视新闻编辑

电视新闻编辑,是电视新闻节目制作流程中的一个工作环节。如同记者之于报道,电视新闻编辑面对的是节目。因此,从新闻节目生成的角度出发,电视新闻编辑工作主要在于节目内容的开发和组织、节目内容的处理以及节目内容的编排等等。

第一节 节目内容的开发和组织

如果说,在信息社会,媒介间的竞争主要是在信息领域的竞争,那么,新闻节目就是各电视台竞争的主战场。其中,新闻节目能在多大程度上有效地满足社会日益增长和多样化的信息需求,将成为媒介在激烈竞争中立于不败之地的决定性因素。

目前国内的电视新闻已经进入一个群雄逐鹿的时代,新闻竞争日趋白热化,在以争夺"媒介注意力"为主导的新闻竞争中,各家电视台各尽其能。日趋激烈的竞争,使电视新闻编辑记者感到前所未有的压力,抢拼新闻"独家题材"的时代已经过去,现在拼的是新闻处理的"独家视角"。如何在同题、同质化新闻竞争中开发更多的注意力资源?如何真正把注意力转化为影响力?

这是几乎每一位编辑记者都面临的问题。因此,重视新闻节目内容的开发和组织,也成了探讨电视新闻编辑工作的题中应有之意。

一、节目内容的开发

(一)电视节目内容开发

我国电视新闻的管理一直沿用采编分离的体制。在我国一般的电视机构中,电视新闻的采制流程大致可简化为两个环节:一个环节是由采访部门派记者将新闻采访回来并加以制作;另一个环节则是由编辑部门将这些新闻编排成可供连续播出的一档新闻节目。而这两个环节中间是脱节的,其结果是,在新闻现场,尤其是在一些重大的、突发性事件的新闻现场,由于没有后方编辑的全景式支持,我们的记者总是单枪匹马作报道,缺少新闻的组合和新闻背景的现场分析,使得一档新闻节目在信息量的增加上仅仅只注重了新闻条数的增加,而忽视了信息的有效性、递进性,忽视了新闻节目的内涵式发展,从而影响新闻节目的权威性和影响力。

在进入信息时代的今天,媒体林立,大量信息全方位地展现在受众面前,对受众而言,由于生活、工作节奏加快,时间有价的观念越来越强,他们不愿花费太多的时间盲目地寻找对自己有用的信息,更希望从权威媒体那里随时得到已经整合精练过的有用信息,在最短的时间内有效获得最有价值的信息。此外,网络新闻的崛起,能够保证网民们在第一时间获得有关世界各地发生的新闻,网络以消灭时间差距的手段把世界"压缩"成了一个眉头有区域间隔的平面。

对于电视新闻而言,传统的以"第一落点"为特征的"独家新闻"已难以存在,新闻信息资源的源头空前地为各类媒介说共享,竞争的焦点已经不在于独家发现,而在于独到的开发和配置。由此,当今新闻竞争的基本模式已经从信息采集为中心转变到以编辑为中心的阶段,把以前靠记者个人智慧抓线索并独自采写新闻的"个体"行为,转变为用集体智慧选择线索、整合新闻信息的"群体"行为。电视新闻节目有没有核心竞争力,取决于编辑部对信息的选择和加工。这种以"大编辑部"意识整合本台乃至国内外的新闻资源,建立一种上下贯通、内外配合的信息流通渠道,使得电视新闻节目向更快、更活、更深方向发展,实现由一般性报道向针对性报道转变,由简单式报道向详尽式报道转变,由动态式报道向背景式报道转变,从而向观众提供全面、准确、深刻、权威的报道和背景分析,满足受众对新闻的多样性需求。

(二)内容的深度开发

传递信息,是电视新闻传播的首要任务。在传递信息中,整合筛选、优化和提炼信息可以说是重中之重。新闻报道的功能不仅仅是告知,还应该"阐释"、"剖析"和"预警",应该以理性的事实选择和诠释使新闻报道具有建设性意义。在事实的传达上,进一步赋予更充分的背景、前景和相关信息的分析,使社会大众获得寻找方向和对策的参照系统,才是一种更具有人文关怀精神和说服力的新闻传播。具体到电视新闻编辑工作中,电视新闻编辑在节目内容的开发上不仅在于一般意义上的组织采访报道,更在于对新闻信息的深度开发。

所谓新闻信息的深度开发,指新闻工作者"不仅运用实践能力和新闻价值判断能力及时地发现、甄别和获取客观存在的新闻信息资源,而且还要根据受众需要和媒介自身的定位、功能和特点,循着事物的发生发展的自身规律进行更深层次的调查研究,以个性化的角度和方法揭示新闻事实的本质和内涵,从而赋予新闻信息更明确的针对性和更高的使用价值。"①

对于电视新闻编辑而言,新闻信息的深度开发应着重放在下面几个方面。

1. 背景性信息的开发

背景性信息是对新闻时间的一种补充和说明。它展示了新闻时间自身无法展开的内容,它能够丰富报道的信息量、含金量,延伸和拓展事件内涵,给受众以广阔的思维空间,加深他们对事件内容、意义的理解。

2. 前景性信息的开发

前景性信息是根据报道客体目前的存在状态及其条件,对未来发展变化的预见性信息。前景性信息能有效克服信息扁平化,在新闻信息的传达中体现了层次感和追求深度的递进性,提高新闻报道的前瞻性。

3. 相关信息的开发

相关信息是与报道客体之间有相互联系的其他客体的信息。有互为因果的联系,有属同一类型、本质一致的联系,有相互矛盾、本质对立的联系等等。相关信息的开发,使新闻事件与社会环境的关系得到更全面的揭示,也为揭示事物的本质提供了必要的参照,这样的新闻报道可以在告知的同时进行深度的分析,为受众解惑。

江苏电视台城市频道的《绝对现场》,作为一档以报道现场突发性新闻为

---

① 蔡雯:《新闻信息的深度开发和优化配置》,引自中华传媒学术网。

主的日播类新闻栏目,除了将现场连线直播应用到常态的新闻报道中,以凸显电视传媒的本质和特色,更重要的是其新闻的内容和深度并没有因为追求直播连线而变得弱化、浅薄,这当然与现场记者精湛的业务素质有关,但也与后方的编辑对信息的整合和梳理分不开。《绝对现场》栏目将各种突发事件分为 10 大类,63 小类,并配备了专门的资料链接,其日常工作就是分门别类制作相应的录像备播。例如,2003 年,南京市秦淮区一工地内两名少年在挖掘机挖出的大水坑中意外溺水死亡,《绝对现场》首先直播连线现场记者,将事件经过及现场环境进行描述,然后又配上了《现场链接:工地水坑无人管,多名儿童把命丧》(有关一年来南京地区在无人看管的工地水坑内溺亡的所有儿童的汇总)、《现场说法:儿童意外溺亡,工地赔偿十万》(事先做好的成片,讲述的是去年夏天的一桩类似悲剧中,家长拿起法律武器,讨回说法)。30 分钟的报道,既有新闻事件的现场报道,又有相关事件的新闻延伸,消息的传达是以规模化的覆盖和集群的方式出现,构成了特有的新闻的"场"式传播。

二、节目内容的组织

节目内容的组织既是新闻部的重要工作环节,也是电视新闻编辑工作的重心,尤其是在媒介竞争日趋激烈的当下,现代电视新闻运作方式已经从"记者中心制"转变为"编辑中心制",要求编辑工作的提前介入,克服新闻报道的盲目、散乱和平庸,提高新闻报道的前瞻性和有序性,增强媒介的影响力和竞争力。

电视新闻节目的内容组织不同于以往的简单的新闻编辑对于个体报道所进行的组织工作,它是更高层面上的新闻运作管理,从而保证各种新闻资源得到有效细化、优化和配置,减少信息损耗,使新闻资源产生聚合增值的效应,这种"大编辑部"框架意识,适应多媒体时代对新闻编辑提出的要求。

(一)"大编辑部"意识

所谓"大编辑部"意识,就是建立便于统一新闻标准和内部交流的衔接的"大平面"(即新闻编辑室),整合和合理配置新闻资源,打破部门所有制,确立以编辑部为中心的混合编辑制,适应流水作业和协同的需要;调动和储备与新闻生产相关的其他资源,建立和完善新闻选题策划系统、新闻资料管理系统、新闻采访传送系统,使新闻运作能在新闻编辑标准统一的前提下形成新闻生产的 24 小时高效流水作业。

具体分析,新闻编辑工作流程中的"大编辑部"意识的确立有以下几个优势。

1. 有利于新闻信息的整合传播

随着信息的日益社会化和受众认识手段与能力的发展变化,人们日趋注重整体性的思维方式,即从多侧面、多角度、多变量出发,把事物看成是一个有结构、有层次的整体性系统,注重对事物作多项因果分析的认识,而不满足过去那种偏重于对事物作单项因果分析的“一次性报道”。现代新闻,在信息收集技术变得越来越便捷的前提下,对新闻信息的梳理作用便凸显出来。通过对信息的梳理、归整,使之成为整体的、集中的、连贯的、鲜活的信息链条,使有效信息不断增容、扩散、聚拢,提升新闻信息的利用价值,让观众在有限的时空内获取最为丰富多彩的视听信息。此外,在目前媒介市场非常拥挤、受众收视份额此消彼长的状况下,以全面信息覆盖的方式能形成对竞争对手的替代威胁。

2. 有利于新闻资源的优化配置,以实现传播的最佳效果

随着新闻媒介作为一种文化产业进入市场竞争领域,越来越多的新闻工作者开始在实践中寻求开发与配置新闻资源的途径。所谓新闻资源,“是新闻媒介从事新闻传播活动的社会资源,具体包括新闻环境资源、新闻信息资源、新闻受众资源、新闻媒介资源。”①

新闻资源的有效配置和合理开发,不仅能开掘新闻的价值内涵,还能提升新闻的利用价值。美国 CNN 新闻管理运作系统中,专门设置了一个新闻调度系统,这可以说是 CNN 组织架构中的成功之作。这个系统分为国内部和国际部。他们的工作是管理控制新闻信息和新闻图像的流动,以及前后期系统的沟通。调度系统内有若干个调度编辑,各自分工负责几个区域。概括地说,新闻调度系统的职责主要有三个方面:一是新闻资源的总控。这里的新闻资源包括新闻报道和与此相关的各种信息。乃至各个渠道的新闻首先汇集到调度系统,然后由调度编辑编制好清单向各频道、各栏目提供。二是对前期采访人员的调动。调度编辑有权调动前期采访人员,由于采访人员的经费必须向调度编辑申请,保证了编辑调动记者的权利。当有新闻发生时,调度编辑往往能迅速找到相关人员了解情况或安排采访。三是各种关系的协调。前期记者的报道由他们提供给后期栏目,栏目制片人对前期有什么具体要求也由他们传送;当有某个特别事件发生时,调度编辑要负责统一安排

---

① 蔡雯:《对新闻资源的理论思考》,引自中华传媒学术网。

报道所需的各种资源(包括人员、物资等)。

CNN 的新闻调度系统,就是个较为成功的融合"大编辑部"意识的管理运作模式。有了调度编辑,前后期的情况能够得到沟通并及时协调。正是因为重沟通、重协调,CNN 记者采访的新闻利用率很高。另外,由于前期采访是在和后方编辑部门充分沟通的情况下拍摄的,传回总部的新闻做得都非常到位,这既减少了记者的无效劳动,提高了前期记者采写稿件的质量和采用率,也在很大程度上减轻了后期栏目的压力,可以把主要精力放在节目的编排和突出栏目的特色上。

3.有利于新闻资源的共享

新闻传播本质上是新闻信息资源的发现、发掘、加工、配置和交流的过程。在这一过程中,对新闻资源的合理利用和有效共享,是促使新闻信息资源增值的有效途径。

这其中,一是以"产品链"模式使新闻信息资源获得增值。即在一个频道的新闻节目中,对同一新闻信息资源通过不同的报道方式和节目形态进行开发和加工。二是以"共享"模式使新闻信息资源增值。即在同一个台的不同频道之间、不同的电视台之间或不同的媒介之间,采取媒介整合和媒介连动的方式开发和利用新闻资源。

资源共享是做好新闻的基础,而内部信息渠道的建立和畅通则是资源共享的前提和保证。定位"世界新闻领袖"的 CNN 为了方便下属各部门思想从文字到图像的共享,建立了一个巨大的电脑系统,形成了所谓的"虚拟新闻制作室"。这个系统的主机设在亚特兰大并且链接世界各地的 CNN 部门,任何部门,总部和分社的各个部门之间都可以通过终端互相沟通。这个电脑系统主要包括:通讯社新闻电稿、记者新闻稿、录像资料库、当天传入的新闻图像目录和内容概述、当天任务分配、当天 CNN 所有节目的串联单和稿件以及未来计划。通过这个系统,CNN 将自己的新闻资源全部网络化,称为可以充分利用和共享的数据库。

(二)节目内容的组织工作

在强调现代新闻运作管理的今天,电视新闻节目内容的组织工作主要是指编辑部门根据栏目的定位和宗旨,对新闻报道进行策划和组织,对报道资源进行优化配置,以实现最佳传播效果。由此,节目内容的组织工作已由过去的编辑部依据党和政府的方针政策和一个时期的中心工作,制订报道计划,包括这一时期新闻报道的指导思想、宣传重点、报道选题等宏观指导工作,转化为具体的报道策划和组织工作。这种编辑工作的前移,确保了电视新闻栏目的编播标准的统一性和整体性,也适应现代新闻高效流水作业的需求。

节目内容的组织工作可以分为以下几类。

1. 新闻选题的策划与管理——日常组织工作

在节目内容的组织工作中,建立一套完善的新闻选题策划系统可谓重中之重。在这方面,CNN 的编前会制度可以说是一个值得借鉴的范例。

CNN 每天有三次编前会,前两次分别于每天上午的 8 点和下午的 2 点召开,主要讨论当天要播出的新闻,第三次则在下午的 3 点开始,主要是对第二天或者其后要播出新闻的策划。每天早上 8 点的会是最重要的,一般由首席记者或执行制片人通过电话通报当天的报道内容,并与调度编辑约定传送时间,调度编辑则负责将已有的新闻编成报道清单向各部门通报,各部门对前期采访有什么要求也在会上提出,出现分歧也一并在会上解决。

编前会制度保证了全体采访、编辑、制作、播出人员的新闻选择和播出标准,使记者在去现场采访之前就有一个已经达成共识的选题价值标准。

据中央电视台孙玉胜在其著作《十年》中介绍,2000 年开始,中央电视台新闻中心就建立了一套选题管理系统,通过计算机管理对记者的选题进行控制。一条新闻是否具有采访价值,不应只是由记者个人来判断,而应由编前会集体讨论。由此开始,新闻中心第一次将新闻流程中的第一个环节——选题正式纳入管理范畴。新闻中心每天在上午 9:00、下午 2:00 和晚上 8:00 分别召开三次编前会,编前会上受理各部门新闻选题的申报,并规定除特别突发新闻临时报题外,未经申报并由编前会确认的选题将不予播出。[①]

通过选题的管理与控制,我们就会“依赖一个智慧的大脑给予前期记者及时而强有力的智力支持,这个大脑不是一个人,而应是一个稳定运行的、制度保障下的智慧集体——新闻的策划及组织系统”。[②]

2. 重大新闻报道的组织工作

编辑部门除了担当日常的新闻选题策划与管理工作以及咨询研究协调功能外,更需要担当指挥中心,至少是紧急指挥中心的功能,才能面对瞬息万变的新闻事态。现代媒体在面对突发事件时,不光要及时反应,更需要整体

---

① 孙玉胜:《十年——从改变电视语态开始》,三联书店出版社 2003 年版,第 477 页。
② 同上,第 481 页。

出击,巧妙安排,才能在新闻大战中立于不败之地。

重大新闻报道的组织工作在不同的情况下,具体的操作方法往往不同。一般来说,对于可预见的重大新闻报道以及媒介自己设定的重大议题报道,报道的组织工作能够早于事件的开始时间进行,相应地对报道有一个较为完整的报道涉及方案。方案中对报道思路、报道内容、报道规模、报道方式、报道力量与报道机制都应有比较详细的规划与组织。

对于那些无法预见的突发性事件报道,节目内容的组织工作往往就是在报道的进程中不断地调整和完善。中央电视台新闻评论部《时空连线——阿富汗系列报道》堪称一次成功的突发事件报道。2002年,《时空连线》栏目组派记者赴阿富汗报道中国援阿物资运抵情况,就在记者抵达阿富汗当天遭遇突发事件:阿富汗北部山区发生强烈地震。为了对震区灾情做及时报道,前方记者与后方编辑立即沟通,制作了一系列新闻和专题节目,形成了中央电视台对此事的独家报道。通过海事卫星,记者在震区现场向观众报道了阿富汗灾区的详细情况,此时,CNN还没有更为详细的报道,美联社也只有几个航拍镜头。以后几天,《从灾区到喀布尔》、《走近阿富汗重灾区》、《废墟中的希望》等节目多角度、全方位地对地震造成的后果作了报道,显示了央视新闻报道的国际化视野。

3.新闻稿源系统的建立和维护

完善的组织工作还得益于稳定的供稿系统。电视新闻节目的来源主要有:

(1)台(频道)新闻中心采访系统

这是最为重要的节目来源,也是构成新闻栏目的节目支撑主干。

在大的电视机构中,如CNN,拥有一个有效的新闻管理系统,总部的国内和国际编辑将前方记者拍摄的新闻整理、分发到下属的各个新闻栏目,并能根据栏目的需要组织、调动前方记者。中央电视台的新闻中心也将其采制的新闻作为公共稿件供台内的其他频道或栏目共享,以避免新闻采制的无序化和新闻资源的浪费。

而省市电视台的新闻采制一般都是为本栏目服务的,在栏目编辑工作的提前介入下,记者的采访角度往往依本栏目的具体需要而定。

(2)台(频道)外新闻媒体

这是一种采取与其他新闻媒体合作,共享新闻资源、拓展本栏目新闻来源渠道的有效方式。其合作的形式主要有三种:

一是采取购买的方式获取新闻信息。这里主要是指国际新闻的来源。目前最大的国际电视机构是创建于 1957 年的路透电视，它通过卫星或录像带向 400 多家电视广播站提供当日新闻。另一家大的电视机构是美国的世界电视新闻社（WTN），它在全世界有 14 个分支机构。

二是采取新闻交换的方式获取新闻信息。电视台之间本着互惠互利的原则进行节目的交换。中央电视台与地方台之间的节目交流以及城市台之间的新闻制作联盟均属于此模式。在国际新闻交换体系中起着重要作用的是亚广联和欧洲广播协会的欧洲电视新闻交换中心。

三是借用其他媒体的采访力量为本栏目提供节目。在本台采访力量达不到的地方，可以借用其他媒体的记者。例如，在伊拉克战事报道中，中央电视台就经常连线正在美国"小鹰号"航母上采访的新华社记者做连线报道。

（3）民间新闻采制力量

随着现代科技的发展，无论是在专业领域还是在民用领域，DV 时代已经来临。DV 使得每一个人都具备了新闻采制的能力。电视台通过有偿的方式获取来自民间视角的新闻，丰富新闻的节目样式和新闻话语方式。城市台民生新闻的崛起，其中离不开遍布街头巷尾的 DV 通讯员的帮助和支持。

第二节　节目内容的处理

电视新闻编辑工作的第二个重要环节是对新闻节目内容的处理，包括电视新闻的选择、文字稿编辑和电视新闻声画素材的编辑处理等。

一、新闻的选择

选择新闻是提高传播质量，满足观众需要，保持正确舆论导向的重要环节。因此，作为"把关人"的编辑在选择新闻时，要严格掌握标准，绝不能随意凑合。

那么，选择新闻应该掌握哪些标准呢？

（一）政治标准

政治标准是宏观上的把握，是大的方向，要求编辑面对整个形势，站在历史的高度，把握时代的脉搏和社会发展规律，认清大局和主旋律。在当前形势下，选择新闻的政治标准是要有利于以经济建设为中心，坚持四项基本原则，有利于安定团结，有利于改革开放。一条新闻能否播出，就要看它是否符合政治标准的要求。

（二）新闻标准

一条新闻能否采用，仅符合政治标准还不行，还必须符合新闻的基本规律。也就是说看它是否具有新闻价值。而新闻价值主要决定于下面这些因素：重要性、时效性、显著性、接近性、趣味性等。仔细分析这些因素，并结合电视新闻的本体特点，我们发现，所有这些因素其实都指向新闻判断的时刻量度：时间量度、地点量度、实用量度和审美量度。

1. 时间量度

重视新闻的时间量度是电视新闻编辑的重要职责。新闻的时效性标准，在实践中被演绎为"新近发生"、"正在发生"，特别在当前新闻竞争日趋激烈的情况下，时间量度成了判定新闻价值的最显著标准。对电视新闻而言，强调新闻时效性标准应注意以下几个问题：

一是要重视突发性新闻的播报。在资讯渠道发达且容易形成传媒报道同质化传播的态势下，谁先到达受众市场谁就将赢得更大的空间。在实践中，新闻编辑不仅要敏感地发现并快速组织记者跟踪反应，更关键的是要将新闻敏感强化为一种意识，甚至是下意识，随时提醒自己：什么是新闻？什么正在成为新闻？什么将成为新闻？只有具备这种下意识，才称得上职业化的编辑。

二是要强调现场直播。直播，一直被业界认为是一种最适合现代电视新闻报道的方式。积极倡导对"发生着的新闻进行报道"的"直播型"新闻制作理念，还原新闻的原生态，使新闻真正成为正在进行时态的事情。

2. 地点量度

对观众而言，新闻发生的地域和地点直接影响到他对这件事的关注度。因此，地点量度也是编辑判断不同事件价值和传播价值的依据。与时间量度一样，新闻的地域性也往往体现为观众的一种心理感受，是一个相对的概念。从未来新闻竞争的长远观点来看，随着观众知晓需求的不断提升，对地点量度的把握有越来越宽泛的趋势。

3. 实用量度

新闻价值显示了新闻与观众之间的关系。这种关系包括观众是否关心、有多少人关心、关心的程度如何。时间和地点是"关系"的两种表现形式（时间量度和地点量度），但"关系"还有更重要的内涵，那就是对观众的现实行为是否"有用"。因此，在关系的考量中，实用量度也应是一个非常重要的指标。

有人说，一个具有卖点的传播产品，应该具有好看、有用、重要三个基本要素。电视新闻传播就是从这三个方面围绕观众的需求展开工作的。这就要求编辑在选择新闻时尽可能选取与观众利益关联的新闻，新闻内容关系到的观众人数越多，与观众的关系越大，观众的关心程度越深，新闻就越重要。

4. 审美量度

这里的审美，首先是一个社会概念、伦理概念。具体来说，一条好的新闻，或抨击了丑恶现象，弘扬了社会正气；或传播了现代科学，促进了社会进步；或提倡了健康情趣，满足了审美愉悦。因此，新闻应该"示美"，具有审美品格。

其次，审美又是一个艺术概念。新闻目前已经成为媒体竞争的重要手段，而这种竞争，很大程度上是围绕收视市场和观众注意力的竞争，因此，判断新闻的价值还应考虑满足受众的收视趣味，以受众喜闻乐见的形式报道和传播新闻。

二、文字稿编辑

电视新闻的文字稿，包括两部分：一是口播新闻的文字稿；二是图像新闻的解说词。文字稿的编辑，首先要纠正文稿中用词不准、搭配不当、文句不通的地方，并注意文字新闻稿是否可听、易听，修改不适合口播的语词和句式。

文字修改特别要注意以下几个问题。

(一) 规范化

电视新闻的文字新闻稿在用词语法上要遵守现代汉语标准语言规范。需要注意以下几方面。

1. 尽可能避免使用方言、土语

电视新闻是大众传播，而方言、土语具有较强的地域色彩，对本地区以外的观众有一定的排他性。当然，同期声中出现这种情况是允许的，但要配合字幕使用。

2. 慎用简称

简称的使用应把握一个原则：简略后不能影响观众对此的理解。文稿中一般应谨慎使用简称，必须要用，也应是社会上约定俗成、大家耳熟能详的。如"非典"、"春运"、"PK"等。

必须要指出，电视新闻文字稿语言语法上要主语语序合理，层次清楚，关系明确。但因为解说词是和画面相伴而行，其塑造形象的手段不能仅凭语言自身独立完成,而是要根据画面的特点,与画面及其他表现手段共同配合才能完成对形象的塑造。所以判断解说词语法规范与否,不能简单地从文章谋篇布局、遣词造句的好坏来评价,最重要的是在于解说词与其他表现元素的配合协调。

(二)口语化

电视新闻是线性传播,不同于报纸的平面阅读。电视传播属"一次性消费",转瞬即逝,在正常播出过程中,观众无法叫暂停去思考和慢慢咀嚼。因此,电视新闻的文字稿的语言要适合于观众的听觉习惯,让观众容易听、愿意听。换言之,要注重表达上的口语化。

(三)形象化

电视新闻的可视性要求编辑必须具有形象思维的能力,这种形象思维的能力不仅体现在画面编辑中,也要求体现在新闻文字稿中,编辑要善于用形象化的语言,把抽象的东西形象化,尽力排除观众理解和接受上的障碍,使语言解说明白晓畅,通俗易懂。

三、图像的编辑

电视新闻节目是以声画结合的图像方式播出,因此,处理声画素材,进行图像编辑也是节目编辑的一项重要工作。

电视新闻的图像编辑,是根据新闻内容的实际,运用蒙太奇理论指导下的画面编辑技巧、声音剪辑技巧以及声画合成技巧,对声音和画面进行合理安排、配置,形成新闻报道内部结构的"联系性"和外部结构的"连续性",从而表现客观事实,传播信息,表达思想。

电视新闻常用的图像编辑方式有以下几种。

(一)根据事件发展的时空顺序编辑

新闻报道的事件和事件中的人物,总是在一定的时间和空间内活动的,因此,按照新闻事件发生的时间顺序和空间位置的变化进行编辑,能体现事件发展的完整过程,既还原了新闻的原生态,又尊重了观众的认知判断。这是事件性新闻的常规编辑法。

(二)根据新闻事件叙述方式编辑

记者在新闻现场依据自己的所见所闻,向观众讲述新闻事实,编辑可以根据记者的现场报道和对事实的叙述方式进行图像编辑。

例如,中央电视台记者水均益在伊拉克首都巴格达发回的现场报道《巴格达遭空袭纪实》：

同期声：观众朋友，我现在是在巴格达市中心的新闻中心二楼的平台上，我们听到整个巴格达市区爆炸声响彻夜空，我们可以看到我们的身后有很多防空火炮和高射机枪在对空射击，爆炸声音在我们附近响得非常强烈；在我们周围各个方向都有爆炸的声音，而且可以看到强烈的火光；在我们的正前方刚才已经有三颗炸弹落了下来，巨大的火光使得天空整个都染红了，在我们的楼顶上，我们可以看到有一个高射机枪不断地对空射击；在我的右侧就是伊拉克的国防部，大家可以看到远处又红了一片，我们马上可以听到爆炸声……

根据水均益的现场报道和摄像记者发回的空袭镜头，编辑以声画合一的方式进行了图像编辑。

（三）根据新闻事实主题的要求编辑

对于主题性新闻，反映了某种现象或者展现某种综合事实，图像的编辑要服从主题的需要，可以挖掘事实之间的横向联系，平行展现若干新闻内容。如中央电视台关于背景申办 2008 年夏季奥运会成功的新闻《获胜瞬间》和《神州喜若狂》，采自 13 个城市的 16 个场景，集中展示申奥成功日、万众欢腾时的喜庆气氛。

第十三章
电视新闻节目编排

在电视新闻节目呈现出越来越明显的版块化、栏目化的今天，人们已逐渐意识到仅仅强调每一条新闻的优劣已不足以使整档新闻具有更强的可视性和新闻效应，于是电视新闻的节目编排开始得到越来越多的重视。电视新闻节目编排已不再仅仅是以往的那种简单的稿件组合堆砌和新闻的单一串联，而逐步走向成熟，并向更高层次迈进。

第一节 新闻节目编排意识

我国电视新闻节目编排，曾经长期停留在安排"次序"的阶段。编排的重要性、编排工作的能动作用一直以来未受到人们的重视，仅仅将电视新闻节目编排理解为若干条新闻的排列与拼接，使节目缺乏整体感、层次感，水准较低。随着电视新闻的发展，电视新闻工作者对编排工作认识的逐步加深，为编排工作走向成熟创造了条件。1992年，"中国电视奖"评选中，首次设立了"节目编排奖"，夺得一等奖的是中央电视台2月3日播出的《新闻联播》。这档节目是在大年三十晚上播出的，总体基调欢乐祥和，节奏明快，形式活泼，丰富多彩。节目以全国各地喜迎新春为主线贯穿，配以知识性、趣味性的消息,既突出了喜庆气氛,又使整档节目呈现出内容丰富、时效性强和信息量大的特点,具有较强的可视性。

自此以后,电视新闻界逐步认识到新闻性节目是各种报道形式、节目形态的组合。这种组合并不是随意拼凑,简单堆砌,而是按一定的节目方针、意图组织起来的有机整体。那种"大记者"、"小编辑"的心理定势以及只重视单个新闻报道的采、编,而对节目缺乏整体、全面认识的节目观念,已严重影响了节目的整体质量。因此,强化编排意识,树立节目整体观念,已成了当务之急的问题。在中央电视台的带动下,许多省、市电视台纷纷进行了节目编排的有益尝试,开始以"大编辑"思维构建节目的整体框架,使整档新闻节目编排浑然一体,节目的整体感、层次感、渐进感得到了加强,提高了新闻的总体质量,逐步地使编排成为一项独立的工作,发展成为一种"艺术"。

一、新闻节目编排的作用

编排是电视新闻内容的整体表现形式,代表着新闻整体水平。完善的编排能够极大地增强新闻内容的表现力。一档新闻节目是否具有可视性与吸引力,在一定程度上取决于节目的编排形式,取决于节目编辑对编排作用的正确认识和理解。

具体地说,编排的作用有以下几个方面。

(一)节目编排能帮助与吸引观众收视

要使观众能饶有兴味地接受新闻节目传递的信息,除了新闻的具体内容吸引观众外,在节目的编排上创造优美的形式,形成特定的气氛,也能激发观众的收视兴趣。比如,节目开始时快节奏地播报提要,具有一种"吊胃口"的悬念效果;把各种不同内容、不同形式的新闻有机安排,张弛有序,层次清晰,使观众能够始终保持浓厚的收视兴趣,等等。

(二)编排能扩大节目信息量

系统论认为,信息量的大小取决于手段的有序程度。一档新闻节目作为一个大系统,其内部结构也就是说若干条新闻的组织越是有序,这一档新闻节目的信息量就越大;反之,内部结构一片混乱,每条新闻之间排列组合毫无章法,那么,这一节目的信息量就越小。不仅如此,由于新闻组合的无序,还可能导致新闻的互相干扰,影响传播效果。

(三)节目编排能彰显编辑部的立场

节目编辑可以通过节目编排的次序、提要、引言、结语,体现编辑部对新闻的评价。如：通过头条新闻的选择可以显示新闻的重要程度；通过带有议论式的引言或结语，发表对新闻事实的看法，表明态度，等等，使观众在收视新闻的同时，自觉不自觉地受着这种态度的影响，以此引导舆论。

（四）节目编排能体现栏目的个性色彩

不同的新闻栏目，因其定位的不同，所传递的情绪、节奏、风格也不一样。这其中，除了新闻内容本身的个性化之外，编辑之于节目的编排思想和手法的不同，也对节目形成个性化色彩有很大的影响。

例如，同样是中央电视台一套的新闻节目，《新闻联播》和《本周》，仅从其编排意图和手法上就很明晰地判断出栏目内在的定位和风格的不同。《新闻联播》重权威，重发布，节目编排总是先国内、后国际，先时政、后社会；而《本周》的最大特点，就是注重社会新闻，突出人情味，就其编排而言，完全按新闻的重要性来编排，把各类新闻按一定的规律有机穿插在一起，把老百姓喜闻乐见的社会新闻与必须了解的时政新闻融合在一起。

二、强化新闻节目的编排意识

强化编排意识，就是节目编辑要加强能动作用，树立节目整体观念，一切以节目为中心，把节目作为全部活动的出发点和归宿。具体地说，在新闻节目编排中，应注意两个统一：形式与内容的统一，前期与后期的统一。

（一）形式与内容的统一

新闻节目编排不仅仅是一种编排手法和技巧，更是一种总体的安排与策划。尤其要注意到内容与形式的统一，从而使整档新闻无论是在节目内容的构成，还是新闻的编排形式、言论的撰写及技术上的包装等方面都成为一个凝练、紧凑的有机整体而非支离破碎的诸多单条新闻的堆积与罗列。

（二）前期与后期的统一

新闻节目编排既是后期对新闻的编辑与排列，也包括前期对新闻的策划和安排。即从新闻事件的选择、采访、编辑，到后期组合汇编是一个完整的编排过程。所有的新闻报道前期开始就应纳入节目编排之中，即根据节目的要求、意图、特点进行组织报道。

一则报道的成功与否，可能只需记者自身的努力，而整档新闻节目的优劣，则取决于编排者的总体运筹帷幄，它需要节目编辑注重发挥编排在整体节目运作中的中枢作用，着力抓好前期和后期之间的衔接，根据每天随时掌握的动态消息，以敏锐、甚至超前的思维与判断，科学、准确地确定当日新闻节目的报道主题、编排思想,并依此进行新闻的选择与取舍,稿件的删改与提炼,节目的编排与包装,内容提要以及串联词的撰写,等等。对新闻进行"深加工",使节目编排意图更明确,更有层次,也更完整,从而增强节目的整体水平与魅力。总之,强化节目编排意识,是顺应新闻媒介内部组织向"大编辑部"框架发展的潮流与趋势,也是节目走向成熟的标志。

第二节　新闻节目编排工作

在具体的编排工作中,要求编辑明确编排思想,体现节目意图,掌握编排技巧,以求得新闻节目的整体传播效果。

一、明确编排思想

任何一档好的新闻节目,都不应该是诸多个体新闻杂乱无章的拼凑与随意组合,而应是秩序、特色、思想、风格的综合体现。其中,正确的编排思想的形成是电视新闻节目编排的前提和基础。

编排思想是报道思想的具体体现,是节目组版的灵魂。它体现了编辑部的政治倾向和态度。一档新闻节目,如果编排思想明确,观众就能够从多而不杂,快而不乱,多方位、多角度、超大信息量的报道中把握到一个潜在的思想与主题流动的脉搏。

正确的编排思想来自节目编辑对整个形势和实际情况的了解,对节目的定位和宗旨的深刻理解,对新闻的认真分析和对观众的反馈意见的了解,等等。换言之,必须从宏观上考虑,从微观上入手,宏观与微观结合,才能形成正确的编排思想。

(一)节目编辑必须从宏观的角度和视点来处理具体新闻,编排新闻节目

我国电视新闻事业的性质,全国人民根本利益的要求,决定了我国电视新闻节目编排必须要考虑政治形势,考虑党和政府的中心工作,考虑全局的利益,在政治上和党中央保持一致。因此,节目编辑要树立全局观念,加强政治理论学习,提高政策水平,以准确把握和确立科学的编排思想。

节目编辑在选择新闻和编排新闻时,要掌握政策界限,避免一概而论和片面性,注意报道的平衡性,使新闻节目的整体编排既体现党的大政方针,又切实反映社会生活的方方面面,传达社情民意。

（二）从微观上讲，必须依据自身栏目的特点确立编排思想

每个新闻栏目肩负着不同的使命，表现出栏目的不同风格和特点。因此，节目编辑在编排新闻时应依据节目的定位和宗旨，确立报道题材、报道形式的选择原则，并在对当天新闻的分析基础上，确定当天节目的骨干版块，突出重点，以求较强的可视性和新闻性。

（三）编排思想的确立，还应充分考虑观众的收视心理和要求

观众既是新闻节目的传播对象，又是新闻节目的检验者和评判者。因此，要使新闻节目真正走近观众，为观众所接受，编辑就应不断收集观众对电视新闻节目的反馈意见，并据此及时调整、改进节目编排思想，以突出和强化栏目的特点和风格。

二、体现节目意图

节目意图是指某一节目在一个时期或一次节目中所要达到的目的，或者所要实现的预期目标，它是节目方针的具体体现。新闻节目在内容的选择和编排上，无不有一定的意图。事实上，在新闻实践中具有较好传播效果的新闻节目，都是在明确的节目意图指导小，突破常规，灵活编排的结果。

例如，中央电视台《本周》在庆祝教师节的节目编排：节目开篇是祝贺教师节日快乐，接着就是小版块《本周话题：老师好》、用《乡村女教师》、《苗苗》等5部影片来展现新中国成立以来老师的精神风貌。

当然，节目意图作为一种观念形态，在具体实施时，要注意必须将节目意图建立在主观与客观结合的基础上。所谓主观与客观的结合，就是要求节目意图：

第一，符合节目的既定方针，符合节目的既定目标和内容取向。

第二，符合新闻发展规律，尊重客观实际，包括作为新闻本源的实际和社会舆论重心等。

第三，符合本次节目的实际，包括拥有多少新闻、什么新闻，还可能获得什么新闻等。

惟其如此，节目意图才能成为新闻取舍和编排的可靠依据。

三、掌握编排技巧

新闻节目编排，不仅仅是对新闻的选择、分类和排序，还需要借助适宜的编排形式和技巧，帮助观众去理解、接受、判断信息，并达到活跃版面，深化报

道,强化传播效果的作用。

一档精心组织、巧妙编排的新闻节目应该做到编排思想明确突出,新闻内容布局合理,版面丰富、厚重,新闻的排列组合疏密相间、张弛有序,脉络分明、富有美感,使节目构成井然有序、一气呵成,给人以融会贯通、气韵流畅之感。

(一)根据节目形态合理编排

1. 综合性新闻节目的编排

综合性新闻节目主要为观众提供各个领域的重要新闻,以满足观众多方面的信息需求。综合性新闻节目强调资讯的全面,信息传达的及时。在信息传达的大容量覆盖下,它的成功要依靠节目编辑是否能将一系列不同的新闻报道"拼组"在一起,使他们具有某种认同性,发挥节目应有的传播优势。

(1)选准头条新闻

电视新闻线性播出的特点决定了头条新闻是一档新闻节目的重心,是一档节目中最重要的新闻。正如特德·怀特所言:"每次新闻广播都要用当天最重要的、最新的、突发性的新闻做头条,即从高峰开始。"[①]头条新闻有"先声夺人"的效果,中外电视新闻实践表明,头条电视新闻选择得是否恰当,直接关系到整个节目的收视率。

选择头条新闻,首先要看新闻价值的高低。可以说,头条新闻是新闻节目编排思想的集中体现,应该反映党和政府当前的工作重心,也可以是国内外重大新闻事件的纪录。李海明在《电视新闻编辑制作》一书中列举了中央电视台《新闻联播》头条新闻的主要内容:一是党和政府的重大内政外交活动;二是能反映党和政府中心工作的带有倾向性的典型报道;三是重要的文化、体育活动,有突破性的重大文化体育成就;四是重要的建设成就;五是重大天灾人祸,等等[②]。

其次,还要看新闻栏目的定位特点。一般地,从电视台所处的地位出发,由近而远地安排新闻。如中央电视台,通常按先国内后国际、先中央后地方、先全国性新闻后地方性新闻或部门性新闻的次序编排新闻;地方台除对重要的全国性新闻作出安排以外,一般按当地新闻、邻近地区新闻的顺序安排播

① 〔美〕特德·怀特等:《广播电视新闻报道写作与制作》,中国广播电视出版社 1987 年版,第268 页。

② 李海明:《电视新闻编辑制作》,北京广播学院出版社 1992 年版,第 100 页。

出内容。

最后,选择头条新闻,还要看观众的兴趣喜好,以力求贴近观众,激发观众的收视兴趣。

另外,头条新闻也可由一组报道构成。

(2)突出骨干版块

一档新闻节目往往应该有骨干版块,以突出重点,形成一定的声势,成为主导舆论。

例如,江苏电视台城市频道的《南京零距离》在关于反扒英雄关志祥在反扒行动中意外受伤的报道中,不仅第一时间向南京市民报道,还全程跟踪采访,并利用新闻背景资料拓展新闻空间,更在随后的报道中融入了独家思考,以《谁来为反扒英雄解忧》的报道提出了"反扒志愿者保护市民安全,可谁来保护反扒志愿者"这一问题,把人们对英雄的关注引向更深的人文关怀。

显然,这样的编排方式在重要新闻处理上,做到了信息的发现——信息的延伸(提供事件相关背景)——信息的解读(认知)这一信息传递链接上的环环相连,用信息深化的客观手法使新闻实现了正确的舆论导向作用。

那么,在版面编排上,如何突出重点?

第一,在新闻数量上体现集合优势。一个骨干版块往往由若干条内容相关、独自成章的新闻集合而成,造成传播强势。

第二,在排序上,应将骨干版块放置在前面,使之在观看顺序上占有优势。

第三,用相应的编排技巧进行烘托。比如,在提要与串联词中予以强调,配发编前语和编后话等等,显示内容的重要,引发观众的收视注意。

(3)做好新闻组配

"实际上,有些电视新闻主编,不论他们成功与否,宁肯把精力集中在把节目内容中观众一看就懂的新闻分成几小批,而不是像五彩碎纸那样分散在节目中。""没有先后关系的事件通过主题、地理关系等等,可以连接在一起。"①这里谈到的连接,就是新闻组配。新闻组配就是将几条从不同侧面、不同角度但有一定内在联系的新闻集纳编排,或组合,或对比,或综合,互作补充,互为背景,使一档新闻节目在有限的时间内承载更大的信息量,从而增强新闻内容的密度、力度和深度。系统论认为,"整体大于局部之和"。若干单个要素按照某种合理的结构组合起来,构成一个系统,就会产生一种全部单

---

① [英]艾弗·约克:《电视新闻实用技巧》,新华出版社 2000 年版,第 194、195 页。

个要素在分散孤立状态下所不具备的新的素质、功能和特性。它为新闻组配提供了理论依据。

新闻组配有以下几种常用方法：同题组合、同类组合、对比组合、相关组合。

（4）巧用新闻提要和回报

新闻提要是为了突出节目中的重要新闻，指导、吸引观众继续收视而采用的一种编排技巧。运用得当既可体现编辑意图，又可为观众提供有益的服务。因此，电视台都很重视提要制作，除精心写作文字提要外，还选取新闻中最精彩的镜头，进行多种特技处理，并配以节奏感强烈的背景音乐，以吸引观众。新闻提要大致有两类：一类是放在一档新闻节目开始时的总提要，以字幕或口播形式选播部分重要新闻的核心内容，简洁明了地告诉观众本次新闻节目的全貌和重点，以指导视听。另一类是在新闻播出过程之中，起提示、说明作用的穿插提要。如在插播广告的新闻栏目中，每次广告之前，节目主持人通常要预告下一版块的主要新闻内容，以吸引观众收视。撰写新闻提要应注意抓新闻点，突出新闻的核心内容，文字要求准确、精练，上口、入耳。

新闻回报是在一档新闻节目结束之前由播音员或主持人将重要新闻回述一遍，加深观众的印象和记忆。同时，对于中途收视的观众，回报也是一种信息补偿。一般来说，回报的内容要比提要的内容少。另外，新闻回报也可以采用字幕的形式。

（5）适时配置串联词

串联词是指将一档节目中的各个组成部分串联为有机整体的语言文字形式。简言之，就是指上下新闻之间承上启下的简短议论和介绍。新颖别致的串联词既是巧妙衔接新闻的一座桥梁，也在有形和无形中体现着编者的意图和思想。

分析目前屏幕上的新闻节目串联词，大致有以下三类。

①新闻导语

开门见山地由播音员口播最重要的新闻事实，以引发观众的注意及收视兴趣。例如，"近日，本台质量万里行电视报道组对全国 10 大城市 114 电话查询台的服务质量进行了随机调查。发现上海 114 台的服务最快捷，质量也最好，而个别城市的 114 台的服务质量却不尽如人意。请看报道"。

②背景介绍

交代计算题。新闻背景，说明有关情况，起一种提示作用。例如，"下面请看本台刚刚收到的消息"。又如,"今天是教师节,下面请看一组报道"。通过对时效性或新闻的特殊意义的强调,激发观众的收视兴趣。

③简短议论

提纲挈领、简明扼要地点明新闻的思想意义,使观众一目了然,有助于观众对新闻内涵的深刻理解。例如,"近年来,一村一品,一县一业的经济模式为我省兴一方经济作出了很大贡献,但一些地方由于引导不力,引发了内部的恶性竞争,导致质量下降,市场竞争乏力。永康的保温杯、温州的打火机、濮院的羊毛衫等经历了由盛而衰的悲剧。桐庐制笔业的健康发展为我们提供了有益的启示,请看报道"。

(6)巧意安排结构

一档新闻节目涉及内容丰富、题材广泛,结构安排不能纷然杂陈,令人眼花缭乱,而应重点突出,条理清晰,层次分明,错落有致。

一般来说,结构安排主要有两种方式:

一是版块式结构。这种结构方式又可分为内容题材版块和节目形态版块。内容题材版块根据不同题材分组编排,中央电视台《新闻联播》、《晚间新闻报道》均采用这种结构方式。而节目形态版块则是根据不同的节目表现形式分组编排,例如中央电视台的《360°》等。巧妙地运用版块式结构不仅能对新闻进行简单分类,使整档节目结构明晰,还便于改善节目节奏,在收视心理上营造兴奋点。但是,版块式结构也容易造成考量模式化,因为观众对新闻内容的收视是有选择的,如果版块设置不合理,节目就很难在整体收视上留住观众。

二是时段式结构。这种结构方式是需要直播这一播出方式相配合的,在节目设计中不分版块和类型,只强调时段,每个时段里的新闻编排都是不固定的。如《南京零距离》的编排,60分钟的节目分成三个时段,同类的新闻今天是第一条,明天就可能排在第六条,编排不程式化,在时段上找不到这一类或那一类,让观众永远也不知道下面将会发生什么,将会得到什么,从节目开始到结束,始终处在一种收视期待之中。采用时段结构方式应充分考虑观众的收视心理,研究观众的收视疲劳曲线,合理划分节目时段;同时,在每一个时段都要设置兴奋点和具有视觉冲击力的收视亮点。

结构安排还应充分考虑观众的收视心理,遵循编排上的"峰谷技巧","电视新闻节目中不可能每一条新闻都使所有的观众感兴趣,所以必须把节目想象成一系列的山峰和峡谷,高低不平,错落有致"①。因此,在节目编排时,应注意每隔一段安排一两条可视性强的新闻,营造收视兴奋点,形成对观众的刺激高峰,以重新提起观众的兴趣,使节目由低谷状态重新回转到高峰状态中去。此外,编辑还可利用串联词、间奏乐、小栏目等形式制造能激发收视兴趣的刺激高峰。

(7)营造编排节奏

节奏意味着节目播出要保持流畅,不能迟滞或令人生厌。合理地编排可以产生富有韵律的节奏,使新闻既有轻重缓急之别,又有张弛有序之感。

营造编排节奏,就是要加强变化。第一,可采用现场与口播,图像解说与同期声采访多种新闻报道形式交替结合的编排方式。另外,字幕和图表的运用也是加强节目节奏变化的重要手段。对于一些抽象的、枯燥的经济类报道,与其去拍那些没有什么说服力的画面,不如认真制作生动的、直观的图表。或把字幕打在精心设计的背景上,不仅视觉上好看,而且能够调节和改善新闻编排的单调和枯燥。第二,可采用长短新闻、软硬新闻的穿插、搭配以及男女声搭配播报的方式,使节奏起伏、流畅。

2.整点新闻节目的编排

电视是一种深入家庭的媒介,整点新闻节目形成了与观众的约定,使得观众能够在固定时间里看到新闻。而生活又是不断向前发展的,新闻事件也在发展中,不同时间的整点新闻不断增加新闻内容,既富有生活逻辑,又推动了新闻的进展,满足人们对最新信息的需求,并且使得新闻与时间的流动相呼应,形成了与生活的伴随状态。

整点新闻节目一般时间较短,往往时长10分钟甚至更短,因此,编排上不讲究新闻的分类、组合,但在编排上要坚持"动态递进"原则。

所谓"动态递进",包含两层含义:一是新闻事件的动态发展进程,二是不断补充更多的背景和分析。对此,编辑要有连续编排意识,对于重要新闻随时跟进,在节目中突出事件的最新进展。

3.特别新闻节目的编排

特别新闻节目由于其内容有专门的取向,因此,在编排时可以围绕一个特定主题配置和安排相关的新闻。例如,2001年7月14日《新闻联播》以"北京申办2008年奥运会成功"为主题组织和编排内容,将申奥的成功带来的喜

---

① 〔美〕特德·怀特等:《广播电视新闻报道与制作》,中国广播电视出版社1987年版,第268页。

悦表现得淋漓尽致,令人过目难忘。

二、根据节目时段有效编排新闻

电视线性传播的特点,使节目的编排有了时段的概念,节目编排需要遵循的主要是"时段契合",即根据该时段可能收看电视的观众特征,以及该时段这些可能观众的收视心理,安排适合该观众群的节目,进行适位传播。

(一)节目时段

根据美国 AC 尼尔森(AC. Nielson)和阿比创(Arbitron)等专业调查公司采用的"9 段式"节目时段划分法,一天的电视节目可以划分为以下 9 个时间段:[1]

(1)4:00—9:00 晨间

(2)9:00—12:00 上午

(3)12:00—16:00 下午

(4)16:00—18:00 下午晚些时候

(5)18:00—19:00 傍晚

(6)19:30—20:00 准黄金时间

(7)20:00—23:00 黄金时间

(8)23:00—23:30 晚间

(9)23:00—4:00 深夜

各个时段是由不同的家庭角色作为主要收视群体,如美国的晚间节目中,一些带有暴力内容的节目只有到 21:00 以后才允许播放。

从"时段契合"的角度出发探讨新闻节目的编排,又有了另一种视野,即不同时段的新闻节目,即使其节目类型相同,由于传播对象以及受众媒介使用情境的不同,相应地,节目编排方式也应有不同。

(二)新闻节目的编排

从时段上看,新闻节目一般有早间新闻节目、午间新闻节目、黄金时间新闻节目和夜间新闻节目。

早间的新闻节目因为目标观众是即将上班的人,不仅为他们梳理前晚发生的事,更要为即将开始的新的一天的生活做好准备,所以,早间新闻节目强调新、快、短,追求大杂烩式的新闻信息早餐。另外,早间节目的编排节奏比

---

① 汪文斌,胡正荣:《世界电视前沿 I》,华艺出版社 2001 年版,第 91 页。

较欢快,节目形式主要注重开发电视观众的听觉,使他们可以在一边吃早饭或做其他事情的同时接收新闻。

中午,是短暂的休息时间,此时的信息提供方式宜轻松,要以新鲜和可视性强为号召力。中央电视台的午间新闻节目《新闻 30′》在节目编排上跳出常规模式,切实依据新闻价值含量进行合理编排,在报道内容上突出国际新闻、社会新闻和文化新闻,报道语言的清新自然,使栏目具有良好的收视效果。

完善,观众休息的时间长,形态比较放松,处于稳定的收视状态,因此,黄金时间新闻节目和夜间新闻节目在编排上除了强调新闻的容量之外,还应在编排上注重配置相关报道的背景分析及延伸性报道。

以 ABC 的电视新闻节目安排为例:人们上班前的 7:00—8:30 使新闻杂志型节目《早安,美国》,这一时间段的新闻节目形式轻松活泼、要闻突出;傍晚 6:30 是王牌新闻节目《ABC 晚间新闻》,其后至晚上 10:00,穿插安排调查性节目《20/20》直播性新闻节目《黄金时间现场直播》以及时事访谈节目《夜线》。总之,新闻节目编排,应发挥整体效应,拓展信息含量的广度和深度,满足不同层次观众的多元化收视需求与收视心理,并让观众在准确理解编辑意图的基础上产生共鸣,发挥新闻节目的舆论导向作用。

参考书目

[1]朱羽君,王纪言,钟大年主编:《中国应用电视学》,北京师范大学出版社
1993年版。

[2]中国广播电视学会编:《中国电视奖获奖新闻作品选评》,中国广播电视出
版社1990—2005年版。

[3][美]特德·怀特等著:《广播电视新闻报道写作与制作》,中国广播电视出
版社1987年版。

[4]杨伟光著:《电视新闻学论集》,书海出版社1990年版。

[5]叶子,刘坚著:《电视新闻》,中国广播电视出版社1997年版。

[6][英]罗伯特·蒂勒尔著:《电视新闻的采制方法》,中国广播电视出版社
1989年版。

[7][中国台湾]李茂政著:《传播学通论》,时报文化出版事业有限公司1984
年版。

[8]李平云著:《电视制作》,中国电影出版社1989年版。

[9]温化平著:《电视节目解说词写作》,北京广播学院出版社1988年版。

[10]李海明著:《电视新闻编辑制作》,北京广播学院出版社1992年版。

[11][英]卡雷尔·赖兹等编著:《电影剪辑技巧》,中国电影出版社1982年版。

[12][美]麦尔文·曼切尔著:《新闻报道与写作》,中国广播电视出版社1981
年版。

[13]艾丰著:《新闻采访方法论》,人民日报出版社1996年版。

[14]艾丰著:《新闻写作方法论》,人民日报出版社1996年版。

[15][美]威尔伯·施拉姆等著:《传播学概论》,新华出版社1984年版。

[16]杜荣进等编著:《中外新闻采写借鉴集成》,浙江教育出版社1990年版。

[17][法]马赛尔·马尔丹著:《电影语言》,中国电影出版社1980年版。

[18]任金洲,高晓虹著:《电视摄影与编辑》,北京广播学院出版社1997年版。

［19］王纪言主编:《电视现场短新闻赏析》,辽宁人民出版社1993年版。

［20］汪文斌,胡正荣:《世界电视前沿》,华艺出版社2001年版。

［21］叶子:《现代电视新闻学》,中国广播电视出版社2005年版。

［22］孙玉胜:《十年——从改变电视语态开始》,三联书店2003年版。

［23］中国广播电视学会主办:《中国广播电视学刊》(期刊)(1999—2005)。

［24］中央电视台主办:《电视研究》(期刊)(1999—2005)。

［25］中国传媒大学:《现代传播》(期刊)(1999—2005)。

再版后记

从 16 毫米的摄影机,到电子新闻采录设备的 ENG,再到卫星同步连线的 SNG,随着电视新闻采制手段的现代化,电视新闻的传播理念也已经从 TNT(Today News Today 今日新闻今日报)提升为 NNN(Now News Now 现在新闻实时报),表现在新闻形态上,现场报道、同步连线报道已经常态化。同时,随着传播理念的变迁,报道视角的下移,催生了民生新闻的异军突起;方言新闻的涌现,新闻的娱乐化演绎,电视新闻进入了新的表达时代。电视新闻呈现一派红火热闹的场景,也吸引住了更多观众的眼球。参与其中也好,冷眼旁观也罢,"不是我不明白,这世界变化太快",但至少有一点是清醒的,作为电视新闻教材,过去的要及时总结,现在的要认真把握,只有这样,才能掌控未来,《电视新闻学》到了改版的时候了。

此次再版,在结构体例上作了一定的调整。全书分为三大篇:本体篇、节目篇和制作篇,试图从三个纬度上解读电视新闻。"本体篇"着重于在比较思维中把握电视新闻的本体功能、传播特性、符号表征,是对电视新闻本质特性的解读。"节目篇"则深入探察电视新闻节目样态,无论是新闻体裁的解析,还是节目类型的划分,都是对电视新闻内容呈现方式的考量。"制作篇"依照电视新闻制作流程,对采访、编辑、制作的各个环节进行了系统的梳理。

此次再版,在内容上也作了增删。在本体篇中,结合当下实践的发展,对电视新闻的功能作了新的解读。节目篇中,在原书的基础上,增加了"电视新闻节目类型化发展"一章,对电视新闻栏目化样态进行了阐述和总结。第十二章,以"大编辑部意识"的现代新闻运作理念为指导,从节目内容的开发、组织和处理的各环节整体把握电视新闻编辑工作。第十三章《电视新闻节目编排》,在节目编排意识中,引入了"时段编排"的理念,强调电视新闻节目的"适位"传播。

最后,感谢浙江大学出版社,感谢李海燕、苗苗两位编辑,是她俩的敬业和认真,促成了这次的再版,感谢再版过程中帮助过我的诸位前辈、同仁,还有我的学生。

朱　菁
2007 年元月